Wie
Farben wirken

色彩的性格

〔德〕爱娃·海勒（Eva Heller）◎著
吴 彤◎译

关 于 本 书
Guan Yu Ben Shu

针对有关情感和特征的200个概念，爱娃·海勒进行了一次大规模的不记名调查。调查是围绕色彩展开的：爱情是什么颜色的？红色和粉红色———大多数人这样回答。幸福是什么颜色的？金色和红色———这是最常见的答案。嫉妒呢？认为黄色的居多。优雅呢？答案是黑色和银色。这次调查所提出的问题涉及代表过时的颜色、狂妄自大的颜色、芳香的颜色、越出常规的颜色直至代表愤怒的颜色、信赖的颜色、暧昧的颜色等。我们将调查结果呈现于此以飨读者。

本书并没有讲述理论性的教义，它主要展示了每种色彩在其典型性意义中的众多效果。了解这些效果，就可以自如地应用各种色彩，使它们反映出人们所要求的意义。爱娃·海勒还提供了有关色彩效果的背景材料，读来妙趣横生、引人入胜。看这本书时，人们会不时惊异于各种色彩及其效果之间闻所未闻的关联。尤其令人吃惊的是，如此众多关于颜色的联想出自口头用语，比如：为什么喝醉的人是蓝色的？为什么我们会把毒药和绿色联系在一起？

至于色彩的效果是如何形成的，文化的差异应是根本性因素：在中国，黄色代表智慧、完美；信奉伊斯兰教的国家没有所谓的毒药的绿色，因为在那里绿色是神圣的颜色。作者还解释了性的象征意义：为什么绿色象征萌芽的爱情而褐色象征隐秘的爱情？为什么黑色、红色、金色是男人的颜色，而白色、蓝色、银色代表女人的颜色？本书囊括了我们视为具有独立心理效果的全部色彩，其中包括褐色、橙色、灰色、粉红色、紫色等混合色以及金色和银色。

对于那些并非出于自愿而参加色彩精神分析测试的人，在这里可以获知顺利通过色彩测试的最佳选择方案。

作 者
Zuo zhe

爱娃·海勒曾在德国柏林和法兰克福学习社会学和心理学。她出版过实用读物《广告文化——理论与实践》。她的文学作品包括畅销小说《下一个男人会完全不同》和《值得称道的男人》。她的儿童读物《所有颜色的真实故事——献给热爱绘画的孩子们》作为颜色教科书，于1995年由德国青年文学奖评审委员会评为最佳青少年读物。

目录 CONTENTS

引言　希望和毒药可以是一种颜色吗? ………………… 1

　　如何解释色彩　关于调查结果的分析利用 ………… 8
　　　　色板说明 ……………………… 10

人们喜爱的颜色及章节的排列顺序 …………………… 1

蓝色 >>> 像忠诚、蓝色牛仔裤和谎言一样永恒 ……… 2

　　人们喜欢的颜色 ……………… 4

　1．无边无际的颜色 ……………… 4
　　2．忠诚的颜色 ……… 8
　　　3．蓝色的渴望之花 ……… 10
　　　　4．介于幻想和谎言之间 ……… 11
　　　　　5．冷与凉 …………… 12
　　　　　　6．放松于蓝色时间 ……… 14
　　　　　　　7．男性的品德与精神上的品质 ……… 15
　　　　　　　　8．喝醉的人如何制造蓝色 ………… 17
　　　9．成为染料之王的魔鬼颜色 ………… 21
　　　　10．从帝王之蓝到牛仔蓝 ………… 26
　　　　　11．为什么普鲁士人穿蓝色 ………… 28

    12．珍贵的"海的那边"的颜料..................29
      13．天神之蓝..................31
        14．玛丽亚的女性的蓝色..................32
          15．蓝色小伙子和蓝色信件..................33
            16．蓝汗衫与和平的旗帜..................34
              17．蓝色血液及蓝色袜子..................34
                18．创造性色彩构思的原则..................37
                  19．创造性的蓝色..................41

红色 >>> 不仅代表爱情——还代表仇恨
        从贵族的特权到共产主义的象征色
        代表法律和道德禁区的颜色..................46

红色是最初的颜色..................48

1．血与生命力..................49
  2．一切激情的颜色..................52
    3．武夫，法官，殉道者..................54
      4．天神之火..................56
        5．临近与物质..................58
6．男性与女性的红色——纯正与不纯正的红色..................58
  7．贵族和富人的颜色..................60

目录 CONTENTS

    8．出自虱子的奢侈染料…………………64
      9．自由、工人运动与共产主义的红色旗帜…………70
        10．法律上的禁令……………70
          11．道德上的禁令……………72
            12．修正与监控的颜色…………74
              13．动力与广告的颜色…………75
                14．动物对红色如何反应…………77
                  15．创造性的红色……………78

绿色 >>> 具有镇静作用
    介于希望与毒药之间…………82

  美丽的绿色和丑陋的绿色…………84

    1．大自然………………85
      2．生命的色彩……………86
        3．春天及生意兴隆…………88
    4．处于萌芽阶段的爱情的色彩…………88
      5．绿色是希望……………90
        6．圣灵的色彩……………93
          7．酸涩的新鲜……………93
            8．健康的绿色产品…………94

Wie Farben wirken

9. 不成熟与青春 ……………… 95
10. 毒药的颜色 ……………… 96
11. 欧洲的绿色魔鬼 ……………… 98
12. 绿色裙子——或简单或夸张 ……………… 99
13. 起镇静作用的中间位置 ……………… 101
14. 环境保护者与爱尔兰人 ……………… 103
15. 在绿色桌子旁 ……………… 104
16. 功能性的绿色 ……………… 105
17. 创造性的绿色 ……………… 106

黑色 >>> 保守主义与无政府主义
优雅与死亡 ……………… 108

黑色是一种颜色吗？ ……………… 110

1. 结束，死亡 ……………… 111
2. 哀悼的颜色 ……………… 112
3. 对彩色的否定——正如从爱情中产生仇恨一样 ……………… 114
4. 负面的情感 ……………… 116
5. 肮脏和卑鄙的色彩 ……………… 117
6. 不幸的色彩 ……………… 118
7. 神职人员的色彩 ……………… 120

目录 CONTENTS

8．色彩的消失 121
9．美化印染工与黑色印染工 122
10．黑色成为全世界的时尚 124
11．路德的黑色长袍 127
12．个性化的颜色 129
13．新娘穿黑色 130
14．没有风险的优雅 131
15．非洲美丽的黑色 132
16．非法与无政府主义 133
17．法西斯主义的理想 135
18．从德国至乌干达：黑色与红色及金色 136
19．沉重、狭窄与坚硬 139
20．设计师喜爱的色彩 142
21．创造性的黑色 144

粉红色 >>> 甜蜜与温柔
柔软与女性的颜色 146

典型的女性色彩 148

1．温柔的颜色 150
2．娇嫩的颜色 150

3．从男性的粉红色到女性的粉红色的变迁 152
4．粉红色与绿色的组合：纯真的粉红色 156
5．浅化的红色用于柔弱的性别 157
6．粉红色的特质 159
7．醉心与浪漫的颜色 160
8．完完全全的甜蜜 161
9．粉红色与褐色的组合：舒适的粉红色 163
10．旁帕多尔太太的粉红色与教会的粉红色 164
11．粉红色与紫色的组合：虚荣的粉红色 167
12．创造性的粉红色 167

黄色 >>> 意义相互矛盾的颜色 170

意义相互矛盾的颜色 172

1．太阳与乐观 173
2．光线与照明 175
3．关于黄金的正面的黄色 176
4．成熟及感性的爱情 177
5．嫉妒、吝啬和一切形式的利己主义 178
6．酸的味道 182
7．最佳的远距离效果 184

目录 CONTENTS

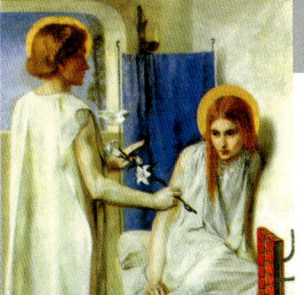

8．醒目的警示色彩 —— 186
9．番红花：植物之王 —— 187
10．受社会排斥者的识别色 —— 189
11．宇宙中心的另一种黄色 —— 191
12．这里视为叛徒——那里奉为上帝和国王 —— 194
13．创造性的黄色 —— 196

白色 >>> 冰冷的完美之光 —— 198

非色彩 —— 200

1．小麦与光 —— 201
2．神的白色 —— 202
3．完美、理想、好 —— 204
4．初始及复活 —— 205
5．清洁直至消毒 —— 206
6．祭品及无辜者 —— 207
7．白色作为哀悼的颜色 —— 208
8．真理的色彩 —— 210
9．死者与幽灵 —— 211
10．地位的象征：白领 —— 212
11．穿白色的世界时尚 —— 213

Wie Farben wirken

12．新娘礼服的历史 …………………… 216
　13．投降及君主主义者 …………………… 220
　　14．轻声、女性的白色 …………………… 221
15．从功能化的客观性到后现代 …………………… 222
　16．轻与上方 …………………… 224
　　17．白色的口味 …………………… 225
18．精细与纯净，人造与无实质性内容 …………………… 226
　19．空洞与不熟悉 …………………… 227
　　20．北方的色彩 …………………… 228
　　　21．创造性的白色 …………………… 229

紫色 >>> **从代表权力的色彩到不道德及女权运动的色彩** …………………… 232

紫罗兰、紫丁香、碘与强权 …………………… 234

1．普紫色的秘密 …………………… 235
　2．权力的色彩 …………………… 237
　　3．主教及忏悔的色彩 …………………… 240
　　　4．虚荣的色彩 …………………… 242
　　　　5．奇特与时尚 …………………… 242
　　　　　6．有魔力的紫色 …………………… 245

目录 CONTENTS

  7. 颓废与人造 —————————— 247
   8. 不客观与暧昧 —————————— 248
 9. 紫色和金色的组合：腐败的享受 —————————— 249
  10. 介于两性之间的色彩 —————————— 250
   11. 紫色与红色的组合：性之罪 —————————— 251
    12. 淡紫色——最后的尝试 —————————— 252
     13. 创造性的紫色 —————————— 253

金色 >>> 昂贵的幸福
远多于一种色彩的意义 —————————— 256

金色——远多于一种色彩的意义 —————————— 258

 1. 通往黄金之路 —————————— 258
  2. 财富的色彩 —————————— 261
   3. 傲慢的色彩 —————————— 263
    4. 蒙蔽与奢侈的色彩 —————————— 265
 5. 黄金、红金、白金、绿金 —————————— 266
  6. 神灵的识别色彩 —————————— 269
   7. 绘画中超凡之光的色彩 —————————— 270
    8. 持久的色彩 —————————— 272
     9. 幸运与理想 —————————— 273

10．华丽与欢庆 275
11．荣誉的色彩 278
12．政治中的黄金 279
13．装饰的色彩 280
14．炼金术的人造黄金 281
15．广告中的"仿金制品" 283
16．创造性的金色 284

褐色 >>> 隐秘的情人，纳粹与愚蠢 286

不讨人喜欢的颜色 288
1．懒惰与非色情 289
2．舒适与安全 291
3．松脆、芳香与腐烂 292
4．庸俗与平庸 294
5．穷人的褐色 295
6．文化人的蚤褐色 296
7．德国纳粹主义的色彩 299
8．愚蠢的色彩 300
9．暂时的铜锈 300
10．隐秘的情人 301

目录 CONTENTS

11. 过时的颜色成为休闲社会的时尚色彩 ………… 304
12. 创造性的褐色 ………… 306

灰色 >>> 中等、无聊与理论 ………… 308

没有个性的色彩 ………… 310

1. 所有混沌的情感 ………… 312
2. 不友好的色彩 ………… 314
3. 不被喜爱的品德，理论的色彩 ………… 315
4. 可怕、恐怖和残忍 ………… 316
5. 感情贫乏或者内向——或者色盲？ ………… 318
6. 人们如何看待有关精神分析的色彩测试？ ………… 320
7. 年龄与年老 ………… 330
8. 遗忘的过去 ………… 330
9. 灰色画法——死亡色彩的绘画 ………… 334
10. 贫穷与谦虚的色彩 ………… 335
11. 劣等的色彩 ………… 337
12. 格里瑟滕(Grisetten)及囚犯的灰色服装 ………… 338
13. 秘密与非法 ………… 339
14. 灰色的红衣主教和其他可怕的形象 ………… 341
15. 合适的中等：男式时装的标准 ………… 341

Wie Farben wirken

16. 歌德理论对抗牛顿理论 344
17. 歌德对德国时尚的影响 350
18. 画家对理论的反感 352
19. 创造性的灰色 354

银色 >>> 有魅力，但永远为第二等 356

与金色永恒的比较 358

1. 巨人的名字 359
2. 实用的贵重金属 360
3. 可怜及可鄙的钱财的色彩 362
4. 合金与伪造 363
5. 月亮的银色 367
6. 克制的色彩 367
7. 凉与距离感 368
8. 速度最快的颜色 368
9. 明亮及清澈，处于运动之中 370
10. 现代的金属 371
11. 比金色更优雅、更非常规及更奇特 372
12. 美化的灰色 374
13. 政治的银色 375

目录 CONTENTS

14．创造性的银色 376

橙色 >>> 廉价的现代风格，醒目，愉快 378

无人喜爱的颜色 380

1．橙子的橙色 382

2．廉价的现代风格 384

3．醒目的颜色 385

4．愉快、有趣、合群 386

5．代表能量的第二位颜色 388

6．变迁与佛教的色彩 389

7．从印度黄到散沫花红：印度多种多样的橙色 391

8．奥拉宁与新教 393

9．安全的色彩 395

10．创造性的橙色 396

200种特性和情感的色彩调查结果 398

书目索引 410

插图来源索引 415

引 言

希望和毒药可以是同一种颜色吗？

如果问"希望是什么颜色的"，大多数人会回答"绿色"。如果再问"毒药是什么颜色的"，大多数人会回答"绿色"。绿色让人联想到苦而涩的味道。但如果再问"哪种颜色更能起到镇定的效果"，答案仍然是"绿色"。

本书作者进行了大规模的调查，询问了1888名男性和女性。在调查表上作者根据不同的情感和经验的范畴罗列了多种概念，例如"爱情是什么颜色的"，"仇恨是什么颜色的"，与此同时，调查表还就过时的颜色、令人感到舒服的颜色、狂妄自大的颜色、芳香的颜色、越出常规的颜色直至代表愤怒的颜色、信赖的颜色、暧昧的颜色等提出了不同的问题。被询问者则按照这些概念和问题将蓝、褐、黄、金、灰、绿、橙、粉红、红、黑、银、紫、白等13种颜色排列顺序。调查以书面形式进行，是不记名的。被询问者需给40个概念排列颜色的顺

《圣乔治屠龙》 英国 乌切洛 1456年

色彩的性格
Wie Farben wirken

《梦》 法国 巴勃罗·鲁伊斯·毕加索 1932 年

序，回答多张调查表中提出的总共200个问题。本书即这次调查结果的呈现与阐释，而绝大多数的调查结果则直观地反映在第一部分的色谱插图中。

对每一种颜色我们都有某种特别的感受吗？

回答是否定的，因为我们的情感远远多于色彩。红色是爱情的颜色，但也是仇恨的颜色。所以重要的不仅仅是那些常常被提及的颜色——我们把每一种情感和多种颜色联系在一起，这些颜色相互补充，相互说明。代表爱情的除了红色还有粉红色，象征仇恨的有红色和黑色。如果问"哪种颜色是代表幸福的颜色"，最常见的答案是"红色"和"金色"，幸福的第三种颜色是"绿色"。非主要颜色决定基本颜色的效果。

色彩如何能够唤起如此不同的情感？

我们将每种色彩与多种多样的经验联系起来。我们注意某种颜色时的情境会令我们回想起这些经验来。这种情境可以告诉我们某种色彩是真实的还是象征性的，某种色彩是传统的还是创造性的。情境阐明色彩的效果。本书将从色彩的各种效果中来探讨所有的色彩。

引言

1. 心理效果

色彩能够唤起人们自然的、无意识的反应的联想。这种心理效果是如何产生的呢？它源于经验，这些经验我们经常体验，以至于成为我们内心世界的一部分。

就绿色而言，如果我们看到和红草莓摆放在一起的绿草莓，我们会不期然地联想到未成熟的事物，由此不成熟的颜色被概括为青春的颜色："耳背还是绿色的"是用来形容乳臭未干、未经世事的年轻人。绿色在道路交通中的效果却截然不同，在这里绿色以一种积极的意义印在了我们的潜意识里。如果在大自然体验绿色，它的效果又有所不同：绿色变为健康的颜色、生机勃勃的颜色。绿色也象征着恢复健康，因为我们到绿色的大自然中去休养生息。归于某种色彩的所有特征均源于经验。绿色介于极端的红色和蓝色之间，所以起到镇定的效果，属于中性。红色热烈，蓝色冷静，绿色则柔和。红色显得接近，蓝色远如天际，绿色则位于中间，不远不近。在精神分析的颜色测试中，位于中间的绿色代表心理上的安宁和平衡。

2. 象征效果

颜色能够被赋予真实色彩所不具备的概念。颜色的象征效果是如何产生的呢？它们也源于经验。只是这类经验极少是个人的，大多是流传了几百年的传统。为什么希望是绿色的呢？希望是在匮乏时期后产生的一种情感，人们将希望与春天相比。这一点也表现在语言上：就像种子

《静物》 法国 路易斯·欧热尼奥·梅伦德斯

3

色彩的性格
Wie Farben wirken

在严冬后发芽,在黯淡的日子后新的希望在人的心田萌发。在中世纪也有与此相同的比喻,那时人们用绿色象征处于萌芽阶段的爱情。直到今天我们说不给某个讨厌的人以"绿色",意思是我们不会友好对待此人。

和黄色配在一起,绿色则成为嫉妒的象征颜色,比如说有些人嫉妒得脸都发绿了。流传下来的经验告诉我们:经常生气的人会患胆囊疾病,而胆囊就是黄绿色的。

象征效果产生于将一些经验普遍化,将色彩的心理效果抽象化。因此心理效果与象征效果存在紧密的联系。

3. 文化效果

存在于不同文化中的不同生活方式决定了色彩效果的不同。在欧洲,绿色是风景中一道普通的颜色,而对于生活在荒漠中的民族而言,绿色却是天堂的颜色,因此绿色是伊斯兰教中神圣的颜色。埃及地位最高的神有一身绿色的皮肤。在绿色象征高贵的文化里,绿色被视为男性的颜色。各种文化中最受尊重的颜色都是男性的颜色,第二等颜色才是女性的。

《王妃像》 古埃及 公元前1360年

许多色彩效果都带有民族特征。如果形容一个英国人是"蓝色"的,则意味着这是个多愁善感的人;而形容一个德国人是"蓝色"的,则表示这个人喝醉了。本书将对这些带有民族特征的色彩意义的渊源加以解释,这样可以再次唤醒那些被我们意识所忽略的色彩效果。

4. 政治效果

在政治领域里色彩具有特殊的象征意义。古老的徽章和旗帜上的色彩就是当政王朝的颜色,即使现代的旗帜和徽章也标志着政治与宗教的权力关系。红色是革命旗帜的颜色,是所有社会主义国家旗帜的基本色彩。绿色

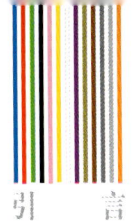

是伊斯兰教中神圣的颜色,是所有信仰伊斯兰教国家旗帜上的基本色彩。绿色也是绿色岛屿爱尔兰的国旗的颜色。在爱尔兰绿-白-橙三色旗中,绿色象征着天主教,橙色作为新教奥拉宁王族的颜色象征着新教,绿、白、橙这三种颜色的组合标志着爱尔兰国家和权力的联合。德国国旗中黑、红、金三色的组合也是如此。

5. 传统效果

看似不合理的色彩效果常常与颜料提取及印染的古老工艺有关。为什么蔬菜通常的颜色——绿色会让我们想到毒药的绿色呢?以前绘画的绿色颜料中含有砷。拿破仑最喜欢的颜色就是绿色,而这却成了他的灾难:圣赫勒纳岛上潮湿的气候把绿色墙纸中的有毒物质蒸发出来,拿破仑最后死于慢性砷中毒。绿色让人联想到有毒物质这一点保留至今。

在过去的几百年中,并非每一种颜色均可任意使用,有些颜色价格不菲,需要繁复的印染工艺。决定着装色彩的并不是品味,而是金钱。昂贵的面料用昂贵

《美惠三女神》 法国 巴龙·让-巴蒂斯特·勒尼奥 1793年

的颜料印染,便宜面料的染料自然价格低廉。深绿色是一种便宜的颜色,所以欧洲的工公贵族是不会穿绿色服装的。但是简单的毡和粗呢大多染成绿色,"在绿色桌前做计划"这句成语就与此有关:以前赌桌和书桌的毡垫多为深绿色,这句成语寓意为闭门造车,不切实际。在我们今天使用的语言中仍然蕴含着许多被遗忘的传统。"变成

色彩的性格
Wie Farben wirken

《玛丽莲·梦露》
美国
安迪·沃霍尔
1967 年

蓝色"和"制造蓝色"这两个成语就产生于古老的印染方法。历史背景为传统效果作着注释。

6. 创造性的效果

在这里我们谈一谈如何赋予色彩新的效果：为什么装葡萄酒的瓶子都用绿色的，从不用深红色的呢？为什么水怪和火星人总是绿色的呢？如果对感受进行创造性的表达时，爱情甚至可以是毒药的那种绿色。关于色彩创造性使用的原理在"蓝色"这一章中的第18节会详细加以阐述。

同一种色彩总是有不同的效果。甚至我们感觉到的色调也是由当时的情境来定义。象征希望的绿色和毒药的绿色可以是同一种绿吗？大多数接受调查的人认为：绝对不是！希望虽然是绿色的，例如可以是绿松石那样的绿色或者是五月的绿色，但绝对不会是毒药的那种绿色。没有一个人把黄瓜的绿色描述为宝石的绿色，把洋蓟的绿色形容为军绿。反之，尽管菠菜的绿确实与绿宝石的绿是一样的，却没有人将绿宝石的绿描述为菠菜的绿色。虽然画家让希望女神穿上亮绿色的衣服，但也没有人将这种绿称为毒药的绿色，而是五月的绿色——尽管色调是一样的。又有谁会将英国画家格奥尔格·弗雷德里克·瓦茨（George Friederick Watts）比喻希望时所采用的绿色（参见图22）视为典型的希望的绿色呢？

众所周知，爱斯基摩人掌握很多关于白色的名称，这看上去充满异域风情，

引 言

但也不难理解,因为爱斯基摩人必须在一个白色的世界里辨认方向。在我们对爱斯基摩人的独特世界感到惊奇的时候,我们或许忘记了在每种语言中关于每种颜色都有许多名称。

一个人认识多少颜色,取决于他与颜色打过多少交道。画家所认识的颜色比牙医多,而且能更准确地描述色彩之间的细微差别。在许多职业中,能够掌握特殊色差方面的知识起着至关重要的作用。色差决定绿宝石的价格,所以珠宝商能看出中等绿色和深绿色之间的多个层次。珠宝商还能准确描述一种绿色的不同颜色的组成成分:电气石的深绿色中的黄色成分比绿宝石的黄色成分重。皮货商和木材商能够说出多种褐色的色调。出售书写纸和绘画用纸的商人能够和爱斯基摩人一样区分不同的白色。

在德国,众所周知的绿色色调就有40多种红色的色彩变化近100种。为了丰富对五彩缤纷的色彩的了解,本书在每一章的前面均附有标着各种颜色名称的列表,其中也包括绘画颜料的名称。

一个人所喜爱的颜色能说明他的哪些性格呢?大家或许都了解为所谓的精神分析所作的一种色彩测试,在测试中被测试人需要将一些彩色的小卡片依照自己的喜好进行分类。这种测试声称能够根据整个色谱中某些色彩的排列顺序揭示人的个性,可是对此很多人却疑惑不解。

事实上是这样的:所有的

《伊莎贝拉·法尔内塞皇后》 法国 让·朗克 1723年

色彩的性格
Wie Farben wirken

情感、性格特征均可以和色彩联系起来,色彩多层次的象征意义可以给所有的重要问题提供基准点。而另一方面,科学的心理学不再承认这类色彩测试,测试的结果被认为是不可靠的,这令不少人感到失望,但这也是事实。其原因是:人类的情感、性格特征及重大问题远远多于色彩,在这类色彩测试中对于每种颜色都存在多种解释。这意味着:不同的被测试人可以对同一种色彩排列顺序作出完全不同的解释。因此测试的结果非常不准确,以至于不能做出科学的判断。

但是就像预言一样,不准确的解释也可以给人重要启迪。对色彩测试感兴趣的人可以在本书中找到所有解释色彩的背景知识,并非出于自愿而被迫参加色彩测试的人可以找到如何表现出最佳性格的说明(参见"灰色"第5/6节)。

一个人所喜欢的颜色能说明他在日常生活中的哪些喜好呢?关于所习惯的颜色的问题其实就是针对颜色本身的问题。事实上任何一种颜色都不会脱离某种功用而独立出现。20%的女性和男性称红色是自己喜欢的颜色,但不管是哪一种红色,几乎没有一名男性愿意穿红色西服,只有少数女性穿红色套裙,穿红色长筒袜的女性则更少。红色是一种温暖的颜色,尽管如此,红色墙纸并不受人喜爱。又有谁愿意要一张红色的写字桌、一台红色的冰箱或者一只红色的钟?即使是汽车的颜色也不能从统计数字上反映人们对颜色的喜好。对于颜色的每一种使用范围都存在典型的色彩喜好。每种色彩都是"美丽的",但是如果使用的地方不对,或者和不当的意义联系在一起,那么所有的色彩都会失去它们的美丽。

只有了解一种色彩所有意义的人,才能区分美丽的红色和丑陋的红色,才能区分平淡的绿色和夸张的绿色。对色彩的意义了解越多,就越能更好地对它们的效果做出判断。

如何解释色彩
关于调查结果的分析利用

蓝—褐—黄—金—灰—绿—橙—粉—红—黑—银—紫—白等13种颜色均列于每份调查表的上端。为了不至于给被采访者造成前述色差上的影响,所有色彩

引 言

均用文字的形式列出。调查范围包括所有具有独立心理色彩效果的色彩。就连常常被我们忽略的诸如橙、粉红、灰、褐等混合色及金、银等金属色也具有独立的意义,而且是其他颜色所不能替代的。

本书用200种概念分析了人们对色彩的感受,有1888人对40种概念作出了回答。在被调查者中年纪最小的14岁,最大的83岁。调查表由被调查者自己填写,为不记名形式。如果对一种概念无法决定唯一的颜色或者不愿意做出唯一的答案,可以填写两种颜色。

尽管接受这次调查的人数众多,但有些颜色提到的人数没有超过被调查人数的5%,这些颜色本书没有采纳。这样做是为了将调查结果更好地集中起来。在对一种颜色进行种概念的多解释的过程中,让大家了解这种概念的主色彩占据怎样的主导地位,色彩都做出要比对每种解释重要。

《盘》 英国 雅各布·迪·彼得罗 1510年

由低于被调查者人数5%的人所回答的颜色不具有代表性,难以解释,因为对于一种颜色的排列顺序存在太多可能的原因。例如:回答爱情的颜色是白色的少数人想到的可能是纯洁或者一颗冷酷的心,或者把爱情看做不带个人意义的感情,或者想使自己表现得非常有个性等。而正是在爱情这个概念上,出现不寻常的答案的比例最高。主色彩非常明确:70%的人认为是红色,8%的人认为是粉红色,但是剩下的22%的人的答案则分布在从白色到黑色、从金色到紫色的各种色彩中。而其他199种答案就没有这样多种多样,最小的比例平均在10%左右。

为了统计学的外行着想,或许还应该解释一下为什么这些百分数从没加到

9

色彩的性格
Wie Farben wirken

100%。到100%的差额显示在每一种色彩中不寻常的答案的比例。只有在色板上的色谱中为了能够做一个统一的图解而将调查结果推算到了100%。

为了不至于让统计学的外行产生迷惑，误以为百分数中小数点后面有几位数字可以反映调查结果的精确性，因此所有的百分数均为整数。这种精确性是虚假的、毫无意义的，无法推断出调查结果的有效性。

只有将相近的数据进行比较才能检验调查结果的有效性。举一个引言中的例子："希望"、"信心"、"乐观"这三个概念相当接近，但是并不一致。这一点反映在所划归的颜色和它们的分布上：希望的颜色有52%的人认为是绿色，接下来有23%的人认为是蓝色，7%的人认为是白色，6%的人认为是黄色。在"信心"这个概念上，占优势的仍然是绿色（26%）和蓝色（17%），第三位是黄色（9%）。在乐观这个概念上，排在第一位的是黄色（19%），然后是绿色（17%）和蓝色（15%）。代表希望的绿色比代表信任的绿色要深，即希望是比信任更强烈的一种情感。提起乐观人们想到的更多的是一种永远开朗快乐的心情，而不是经历了艰难岁月后一个新的开始。这三种概念的相近性正体现在绿—蓝—黄这三种色彩的典型色调上。所以可进行比较的概念的色彩可以补充对每种颜色的解释。例如乐观的色彩又与象征生命乐趣的色彩相吻合，爱情拥有与性爱的色彩相近的色彩，但是性爱的色彩中除了红色与粉红色以外，还有象征不道德的颜色———黑色与紫色。

对一种孤立的色彩的想象并不能满足我们色彩缤纷的联想，相对于人类的联想，色彩的数目远远不够。在我们的联想中，很多色彩含有具典型意义的色调。在相近概念的色彩比较中显示出色彩的逻辑性。

色板说明

为了能够达到图解的统一而在色板中将调查结果推算到100%，作为推算依据的百分数在行文中有所说明，或者能够通过索引找到。

提及蓝、红、绿、黄、黑和白等主要颜色的频率自然高于橙、粉红、褐、灰、紫和金属色等非主要颜色的频率，所以当多种颜色的百分值相同时，首先列举非主要颜色，它们更能形象生动地说明某种概念。

引 言

人们喜爱的颜色[①] 及章节的排列顺序

38%	蓝色
20%	红色
12%	绿色
8%	黑色
5%	粉红色
5%	黄色
3%	白色
3%	紫色
2%	金色
2%	褐色
1%	灰色
1%	银色
1%	橙色

① 对1888名各个年龄段的男性和女性的调查。通过去零化整后,各项相加之和为99%。

蓝色

**像忠诚、蓝色牛仔裤
和谎言一样永恒**

埃及蓝·苯胺蓝·蒽蓝·宝石蓝·太空蓝·缎子蓝·眼睛的蓝色·蔚蓝·婴儿蓝·巴伐利亚蓝·山蓝·柏林蓝·淡蓝·蓝黑色·蓝紫色·淡青色·光蓝·幻蓝·卡葛尔蓝·中国蓝·斯巴蓝·克雷玛梯斯蓝·柯艾林蓝·库拉索蓝·随安蓝·代夫特蓝·纯蓝色·冰蓝·铁蓝色·搪瓷蓝·龙胆蓝·陶器的釉蓝色·雷雨蓝·冰川蓝·风铃草蓝·灰蓝色·绿蓝色·欧石南蓝·天蓝色·胡克绿·风信子蓝·海昌蓝·靛蓝·印度蓝·虹蓝·牛仔蓝·女童子军蓝·加勒比海蓝·宝蓝·钴蓝色·品蓝·哥本哈根蓝·矢车菊蓝·宇宙蓝·泻湖蓝·石蓝色·透明蓝·熏衣草蓝·亮蓝色·羽扇豆蓝·玛丽亚蓝·海军蓝·暗蓝色·海蓝色·金属蓝·亚甲蓝·中度蓝色·夜蓝色·雾蓝色·氖蓝色·北方蓝·蛋白石蓝·东方蓝·海洋蓝·巴黎蓝·粉画蓝·石油蓝·孔雀蓝·李子蓝·酞菁蓝·粗棉布蓝·瓷器蓝·普鲁士蓝·烟蓝色·翠雀蓝·蓝宝石蓝·黑蓝色·钢蓝色·蓝灰色·深蓝色·墨水蓝色·土耳其蓝·群青色·制服蓝·原蓝色·紫罗兰色·勿忘我草的蓝色·交通中的蓝色·变海蓝·变胺蓝·维多利亚蓝·洗涤蓝·水蓝色·云蓝·李子的蓝色

色彩的性格
Wie Farben wirken

人们喜爱的颜色

与其他颜色相比，蓝色更受人欢迎，它是40%的男性和36%的女性最喜欢的颜色。而且几乎没有人不喜欢蓝色：只有2%的男性和1%的女性在调查表中填写"蓝色"为"我最不喜欢的颜色"。

蓝色受到如此的喜爱，是因为这种颜色象征着许多美好的东西：它代表好感、和谐、友好和友谊。

心理效果及象征效果
1．无边无际的颜色

透视是对空间的想象，而借助颜色可以达到对透视的想象。一种颜色看起来越近，它的色调越暖；看起来越远，它的色调越冷。如果观察一张由蓝色、绿色、红色构成的色彩组合图，就会发现蓝色显得最远，而红色显得最近（参见图3和图4）。

我们之所以将颜色和距离联系在一起，是因为颜色可以通过距离的改变而发生变化。红色从近处看才显得亮；离得远时，它看起来发蓝。每种颜色从远处看都显得模糊并且发蓝，这是因为隔着大气层的缘故。因此深颜色看起来比浅颜色显得近。我们也可以从层次不一、由深至浅的蓝色中看出透视的效果：

蓝 色

图 1 和图 2 中的浅蓝色在视觉里的位置靠后。

　　当我们在天空中看到从深蓝到浅蓝的层次越多，天空就会显得越远。

　　通过远近不一的颜色所产生的透视效果，画家把它称做"空气透视法"。中世纪晚期由于旅行带来的新发现，使世界在人们的眼中日益广阔，那时候的绘

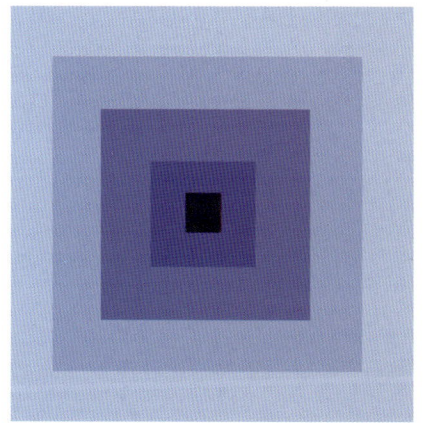

通过色彩产生的透视效果：深颜色比浅颜色显得近一些。图1：深色的中心部分在视觉上位置靠前。

图2：浅色的中心部分在视觉上位置靠后。

暖色比冷色显得近一些。
图3：红色的中心部分看起来位置靠前。

图4：蓝色的中心部分看起来位置靠后。

5

色彩的性格
Wie Farben wirken

画，不管什么题材都喜欢用无边无际、遥远的背景。图5展示的就是一幅典型的中世纪晚期绘画作品的细节：蓝色的城市。其房屋的轮廓清晰可辨，仅仅通过蓝颜色制造出了遥远的感觉。

虽然水和空气都不是蓝色的，可我们却感觉它们是蓝色的。一个玻璃器皿充满空气时是无色的；装满水时，它仍然是无色的。根据我们的经验蓝色产生于透明。（与蓝色截然不同的颜色是土地的颜色——褐色，它似乎源自山岩。）

因为蓝色是通过无边无际的透明叠加而产生的，所以它是范围广大的色彩。蓝色本身就具有大的含义。

将蓝色的心理效果普遍化便得到了它的象征效果。例如：驶入蓝色，也就是去了无目标的远方；谈话进入了蓝色，指投入于无把握的事情；向蓝色射击却射中了黑色，喻指歪打正着——一句使用了双重的色彩象征意义的俗语。

图5：古代绘画作品中蓝色的远方。距离越近，蓝色越朦胧。

信任（183）：

蓝色 44%
绿色 22%
白色 22%
金色 6%
黄色 6%

蓝色象征忠诚与信任，据说蓝宝石戴在不忠诚的人的手指上，蓝宝石会失去光彩。

渴望（147）：

蓝色 30%
绿色 14%
紫色 11%
白色 10%
红色 10%
灰色 7%
粉红色 6%
金色 6%
黄色 6%

在今天，渴望仍被视为蓝色的，因为它像忠诚一样，与遥远有关。

幻想（130）：

蓝色 19%
紫色 19%
黄色 14%
粉红色 10%
绿色 10%
橙色 8%
红色 8%
白色 7%
银色 5%

蓝色代表幻想积极的一面，它象征着乌托邦式、遥不可及的理想。

凉（95）：

蓝色 51%
银色 16%
白色 14%
灰色 12%
绿色 7%

从我们的经验出发，蓝色予人以冷的感觉。从经过转化得出的象征意义上来说，冷冷的蓝色是一种拒人于千里之外的颜色，它代表无情、傲慢和冷漠。

Wie Farben wirken

象征效果

2. 忠诚的颜色

忠诚与长远相关,因为只有当不忠诚的机会出现时,忠诚才能证明其存在。忠诚并非一种需要证明给人看的品德,比如那些不引人注目的蓝色的花朵:紫罗兰,婆婆纳属①,勿忘我,它们都是忠诚的象征。曾有一个传说,讲的是长有细小天蓝色花瓣的菊苣②原本是一个少女,为了等她的爱人回来,长久地立于爱人与她告别的路旁,直至最后变成了一朵花。[1]

在中世纪的宫廷文学作品中忠诚化身为一位女子丝苔特——"丝苔特"意为"持久不变"。丝苔特穿的就是一条蓝色的裙子。

在英国,婚礼风俗要求每个新娘的嫁妆如下:

"Something old, something new,

something borrowed, something blue."

(一些旧的,一些新的,

一些借来的,一些蓝色的——即忠诚。)

当查尔斯王储与戴安娜·思朋塞结婚时,这个风俗理所当然地受到了重视:"Something old",是新娘婚纱上的花边:出自玛丽王后遗产的英国花边。"something borrowed",为出自思朋塞家族的财产——王妃佩戴的头冠和耳环,是属于她母亲的东西。"something blue",是阳伞上的一条天蓝色的饰带,为搭配裙子而制。还有一条蓝色的饰带缝入了裙子的腰带。并且新娘手持的花束里有被称为"荣誉"的小蓝花(维罗尼卡)。从维多利亚的婚礼开始,在每个王室成员的婚礼上,新娘的花束中都要有"荣誉"这种花。如果完全遵循传统的话,这种花应与当初为女王维多利亚所选的花出自同一棵植物。

在婚礼上戴安娜王妃自然戴的是镶有蓝宝石的订婚戒指,因为蓝宝石是象征忠诚的宝石。民间迷信认为,如果戴在不忠诚的人的手指上,蓝宝石会失去光彩。[2]

---

① 此词在德文中的字面意义为"男人的忠诚"。——译者注
② 此词在德文中的字面意义为"路旁等待之人"。——译者注

《幸福》意大利 奥拉齐奥·真蒂莱斯基

画中的女性坐在天穹下,似乎正在憧憬着美好的未来。

色彩 的 性格
Wie Farben wirken

象征效果
3. 蓝色的渴望之花

《清净受胎》西班牙 穆立罗

画中圣母肩披深蓝色斗篷，双手搭在胸前，在向上天起誓。

"蓝色之花"是浪漫文学的化身。1802年诺瓦里斯发表了尚未完成的小说《海茵里希·冯·奥夫特丁恩》。在这部小说里，年轻的海茵里希·冯·奥夫特丁恩，"天生的诗人"，梦见了一朵蓝色的花，它长在一个花园里，在岩石之间，在泉水之边。他惊奇地看到了这朵花的变化：一个女孩娇嫩的面孔显现在花瓣中……梦到此突然结束了，因为海茵里希被他的母亲叫醒了。但这个未做完的梦缠绕着海茵里希，驱使他离开家，他要用诗歌的智慧来发现世界。在外地他遇见了玛蒂尔德，于是他问自己："我的心情不是和在梦中看见那蓝色的花时一样吗？在玛蒂尔德和这朵花之间有什么特殊的联系呢？那张在花萼中与我相对的面孔，是玛蒂尔德天仙般的面庞……"海茵里希认出玛蒂尔德就是他思念并一直寻找的那朵花。"我感到了自己永恒的忠诚！"他喊道。[3]可是玛蒂尔德很快就死去了。但即使是死亡也不能再让这对恋人分开。

诺瓦里斯色彩斑斓的小说涉及了对一种生活意义的渴望，这种生活意义产生于神秘的经历而且能够战胜死亡。

在今天，渴望仍被视为是蓝色的，因为它像忠诚一样，与遥远相关。

蓝色

象征效果
4.介于幻想和谎言之间

蓝色代表幻想积极的一面，它象征着乌托邦式、遥不可及的理想。而邪恶的紫色象征幻想消极的一面——近乎谎言。此消极的一面通过第三种颜色黄色得到了加强，黄色是代表谎言的色彩。

在古老的俗语中，现代人所喜爱的蓝色却是直接和谎言相关，例如："把蓝色从天上骗下来"，"施放蓝色烟雾"，在真相大白时"感受蓝色奇迹"。过去人们会形容不确切的事情为"蓝色的借口"和"蓝色消息"，不真实的事情被称做"蓝色童话"。法语中针对不真实的事情也有类似的词"contes bleues"。

荷兰语"Dat zijn maar blauwe bloempjes"，直译为"这只是蓝色的小花"，意思是：完全的谎言。在荷兰人皮特·布鲁格斯(Pieter Bruegels)所作的画《谚语》(参见图6)里，中间站着一位身穿低领长裙的年轻女子，她正给一位老人披上大衣，为他把风帽盖过眼睛。如果把这种情形理解为关心照顾就大错特错了，因为实际上蓝色的大衣即"de blauwe Huyck"，在荷兰象征对婚姻的不忠实与欺骗。

图6：蓝色的大衣在荷兰是对婚姻不忠实和欺骗的象征。

色彩的性格
Wie Farben wirken

心理效果和象征效果
5. 冷与凉

蓝色是橙色的互补色。橙色是色谱中最暖的颜色，而蓝色是最冷的颜色。

蓝色之所以给我们以冷的感觉，这与我们的经验相关：太阳光的影子是蓝色的。文森特·梵高，他的绘画不是把物体本身的颜色简单还原，而是变换成光线中的颜色，比如他画的阴影中的树，树的颜色就是蓝色（参见图66）。冰和雪发出的是蓝光，还有皮肤受冷后也会发蓝。

蓝色是代表遥远和寒冷的颜色，是一种有扩展感的颜色。蓝色作为房间的颜色会让人感觉不适，因为它破坏了空间的封闭性，使人有寒冷渗入的感觉。在蓝色的屋子里人们会低估室内的温度，歌德就说过，"裱糊成纯粹蓝色的屋子，看起来会有一定程度的宽大，但实际上显得空旷和寒冷"[4]，他还说"蓝色玻璃的物品像是处于悲伤的光线里"[5]。

如果用蓝色作为餐馆房间的颜色是极不适合的。墙的蓝色反射到顾客脸上会让他们显得苍白而有病态，而且蓝色映在饭菜上很容易败坏人的胃口。

从经过转化得出的象征意义上来说，冷冷的蓝色是一种拒人于千里之外的颜色，它代表无情、傲慢和坚硬。

图66：梵高绘画中蓝色的树。他所画的色彩并非物体本身的色彩，而是光线的色彩。这样，树木在阳光的阴影中就是蓝色的。

好感 (158):

蓝色 32%
红色 20%
绿色 18%
粉红色 11%
白色 10%
紫色 9%

蓝色如此受人钟爱,是因为它象征着许多美好的东西。

友谊 (53):

蓝色 30%
金色 18%
红色 16%
绿色 13%
粉红色 9%
橙色 7%
白色 7%

通过白色和蓝色,物质的金色获得了非物质的光辉。

遥远 (50):

蓝色 65%
灰色 16%
白色 12%
黑色 7%

当我们从天空中看到从深蓝到浅蓝的层次越多,天空就会显得越远。

大 (71):

黑色 27%
蓝色 21%
白色 15%
红色 12%
灰色 11%
金色 7%
黄色 7%

因为蓝色是通过无边无际的透明叠加而产生的,所以它是范围广大的颜色。

《舞》(第2号) 法国 马蒂斯

画家记忆中法国南方迎太阳的圆圈舞,展现了轻松、欢快的场面。

象征效果

6. 放松于蓝色时间

　　"blue hour"即"蓝色时间",在美国和英国都很流行,它指下班后的时间,也就是放松的时间。很多酒吧、酒馆都用提供蓝色时间作为招牌:酒类饮料在傍晚会比较便宜,如此便具有双倍的诱惑力,让人们一下班就立刻进入放松的状态。

　　绿、蓝、白是组成休养的三个颜色(参见"绿色"第14节)。蓝色象征休养中闲适、自我满足的时刻;绿色则代表相对活跃的部分,指在自然中度过业余时间。安宁这个概念是通过白色来支持的,它表示不附带任何色彩及兴奋的情绪。

蓝色

象征效果

7. 男性的品德与精神上的品质

在现代的象征意义里蓝色是男性的颜色,过去代表男性的色彩是红色(参见"红色" 第6节)。蓝色的男性特征包括冷静、理智。

蓝色是代表工作及精神品质的主要颜色之一。在人们列出的代表聪明和知识的色彩中,第一个颜色是中性的、不偏不倚的白色。但是在古代蓝色象征精神上的认识,它的对极是象征身体的红色。红色在精神品质方面不起任何作用。

《加谢医生》荷兰 梵高

从加谢医生神情和姿势上,可以发现一种牵挂他人的情怀,一股深深的忧虑。色彩在这幅画里充分显示着它们的光彩,响亮、和谐、强烈、有力,这样迷人的组合里浸透着画家的温暖感情。

寂静（155）：

蓝色 25%
白色 17%
绿色 17%
黑色 15%
银色 13%
灰色 13%

蓝色使人放松，象征着休养中闲适、自我满足的时刻。

安宁（135）：

绿色 32%
蓝色 22%
白色 16%
褐色 11%
黑色 10%
灰色 9%

安宁这个概念是通过白色来支持的，它表示不附带任何色彩及兴奋的情绪。

成绩（106）：

蓝色 26%
金色 24%
红色 20%
橙色 12%
银色 9%
黄色 9%

在现代的象征意义里蓝色是男性的颜色，过去则是红色。

客观（137）：

白色 32%
灰色 26%
蓝色 24%
黑色 18%

蓝色是代表工作及精神品质的主要颜色之一。

> 传统效果

8. 喝醉的人如何制造蓝色

　　蓝色的衣服看起来不刺眼,适合于每个人和每个场所。蓝色的效果不错,但不如黑色那么优雅。——在此效果背后隐藏着古老的传统。在20世纪初合成染料进入市场之前,决定服装颜色的不是品味,而是金钱(参见"红色" 第8节,"紫色" 第2节)。那时从植物上获取染料非常困难,染坊的工作强度很大,必须进口大量的染料。但蓝色却非常容易染成,在世界各地都是这样。因此蓝色就成为最常用的服装的颜色。

　　19世纪最重要的染料是靛,此染料本身无色,蓝颜色出现在印染之后。所谓靛蓝就是蓝色牛仔裤的那种蓝色。

　　靛蓝的特别之处在于它经洗又经晒,而取自自然的颜色里只有Purpur(紫色)和番红花的黄色和它一样持久,但是它们和靛蓝相比极其昂贵。并且这种染料还有一些特别的地方:它可以从许多不同的植物中提取,有史以来,世界各地的人们都曾使用过靛蓝进行印染。

　　在中部欧洲,这种染料取自于菘蓝,它在植物学上的名称为Isatis tinctoria——"tinctoria"意为"染料植物"。菘蓝是一种笔

《倒牛奶的女佣人》荷兰 维米尔

女佣人是个健壮如牛的村妇,她塞起围裙的一角,正忙着准备早餐,一个简朴的厨房流溢着感情,使不少观者产生不同的怀旧心理。

蓝 色

直生长的亚灌木，高25厘米～140厘米，它的树茎上长着小长条型的叶子，上端的花序开有很多的小黄花。

凯尔特人①用菘蓝将脸染蓝来吓唬凯撒②的军队。卡尔大帝曾下令让所有的农庄种植菘蓝。中世纪时期，人们大量地种植菘蓝，产生了一些著名的菘蓝城市：埃尔伏特、郭塔、阿尔恩斯达特、郎恩萨查、特恩斯台特，菘蓝从这些城市售往整个欧洲。直至18世纪初期还有300多个图林根农夫依靠种植菘蓝为生。

印染在中世纪时期是一项保密的技术，染方只能通过暗示相传。借助于现代化学，今天人们才部分地揭开了这些印染工的秘密。[6]

菘蓝的印染程序如下：只需收割菘蓝的叶子，把它们从茎上剥离，而植物的茎仍然可以保留很多年供继续收割。菘蓝的叶子先要弄碎，然后放在太阳底下晒干。

蓝色印染要求天气必须很热，而且至少持续两个星期。印染工具只需一个大而平的木桶，类似于牲畜的饮水槽，把树干掏空制成。印染工们称这种桶为"染缸"[7]。这种染缸必须放在阳光下面。人们在每个染缸中放入25公斤经干燥处理后的菘蓝叶子，然后注入一种液体。一个染缸大约可装600升这种液体，直至把所有的叶子都浸盖住。这种液体是一种独一无二的化学液体：新鲜的人尿。

在阳光的照射下，尿液和菘蓝组成的染汤开始发酵，由此产生了酒精，它将染料靛从叶子中分解出来。经二次发酵后染料溶解于水，这时就可以用它来印染了。中世纪时人们当然不知道这个化学过程，但人们注意到，添加酒类能加强发酵的效果，获取更多的染料。不过当时的人们不可能把酒直接倒入染汤中，因为当时这样使用酒很可惜，会增加染色的成本。酒精的获取需要绕点弯路：古老的染方上说明，如果用那些喝了很多酒的男人的尿液，染料的色彩会特别好。[8]

染料从叶子中分解出来，至少需要三天的时间。如果没有阳光的话，可能要一个星期。根据染方的说法，当染汤散发的恶臭减弱时第一次发酵才算结束。

在此期间，印染工们每天要把染汤里腐败的叶子翻转三次。他们干这活的时候，是用光脚在染汤里来回踩踏——也许因为这种方式的优点在于可以腾出手来把鼻子捂住。除此之外他们必须做的只有两件事情：保持叶子的潮湿，注

---

① 属印度日尔曼民族的一支。——译者注
② 凯撒（公元前100年—前44年），古罗马的将军，政治家。——译者注

《加拉的波林娜·埃莲诺尔》 法国 安格尔
安格尔主张极端准确的描绘，所以往往把服装、道具等细节画得过分细致，这样一来使人物本身就不显得突出。

意添加酒类。

当恶臭减弱时，染料从叶子中分解出来，可此时人们还不能用它来染色，因为在酒精中分解的染料还必须溶于水才行。为了第二次发酵，要给此时烂成泥的叶子加些盐，还要保证桶的边缘部分充满尿液。然后再等3～8天，这期间印染工没有更多的事可做，只需要在早晨和晚上小心地搅拌染汤，重新添满因阳光而蒸发的尿液，还有他们的主要工作——继续制造高质量的酒精添加物（喻指尿液），因为发酵越好，获取的染料越多，蓝色的效果越强烈。

只有等到染汤上长出霉菌[9]，人们才可以把布料和线绳放进去印染。它们应该在汤里待上一整天，直至吸收了足够的染料。接着要冲刷这些染出的布料，用的还是尿液。不过布料现在仍然没有变蓝，它们有的只是和染汤一样恶心的颜色。染色的布料在阳光下干燥后，蓝颜色才显现出来。"变蓝"——人们这样称呼蓝色印染的最后一道工序——时，必须不断地翻转布料和线绳，使染出的颜色均匀。靛蓝是一种氧化型染料，并且因为这种颜色是在光线中生成的，所以它才耐光。

当时菘蓝还有一个优点：它便于在贸易中包装并能无限期保存。比如，当菘蓝不需要马上用于印染时，或者当它准备用于出售的时候，人们便把经过第一次发酵的叶子塑成球状并在太阳底下晒干。这样一来，实用的球形菘蓝就可以用于售卖和保存了。需要染色时再把这些球溶在尿液里。

除了气味比较恶劣以外，蓝色印染还属于一桩惬意的工作。印染工需要在户外工作，有不错的天气为伴，还有很多酒喝。如果看见印染工大白天醉倒在阳光下，每个人都会知道：他们正在制造蓝色。并且谁制造蓝色，谁就会喝醉[①]！

在德国，菘蓝的种植曾经特别广，也只有在德语里"喝醉的人"被称做"蓝色的"，并且也只有这里制造蓝色是一件那么美好的事情。[10] 不管怎样，18世纪初的美好的蓝色印染在德国已成为过去，一种新的靛蓝染料使菘蓝受到了排斥。今天已经无人知晓这个曾经发挥过重要作用的植物，但"制造蓝色"[②]和"变成蓝色"[③]这两个俗语永远都不会过时。

① 德文中"喝醉"与"蓝色"为同一个词。——译者注
② 意为"不干工作"。——译者注
③ 意为"喝醉"。——译者注

《星空》荷兰 梵高

蓝黑的天空中，星星好像都在旋转，扭曲的线条，骚动的画面，星空已不再祥和。

传统效果

9．成为染料之王的魔鬼颜色

"Indigo"(靛蓝)的字面意义为"印度的"，指来自印度的染料。这是因为在印度生长着一种植物，其叶子上含有比其他任何植物都要集中的染料成分，被植物学家称为"Indigofera tinctoria"，即"印度产染色植物"，简称Indigo(靛蓝)。

靛蓝是一种亚灌木，高150厘米，开有一串串白色或粉红色的小花，从这些花中长出带荚的果实。收获靛蓝时，要把距地面两手宽的整个灌木切割下来。

《死》(自然三步曲之一) 意大利 塞冈提尼

画家以阿尔卑斯山为背景，寒凝大地，几个瑟缩一角的黑色人形把画面完全让位给了肆行无忌的卷云，展现了自然的威力与人类的渺小。

菘蓝和靛蓝从植物学上来说并非同属，但用它们制成染料的方法相同：都是用小便来使叶片发酵。需要出售时，可以把靛蓝做成粉状或压成块状，这时的靛蓝看上去像发光的蓝色泥团。

只要是炎热地带，靛蓝的物种可以到处生长。古埃及金字塔里的木乃伊身上缠裹的蓝色布料，据验证为五千年前的靛蓝染成；还有印地安人也知道怎样使用靛蓝制造染料。欧洲的菘蓝和印度的靛蓝最大的区别在于：靛蓝的蓝色比菘蓝更有光泽。再一个主要区别是靛蓝的产量比菘蓝多30倍。1498年瓦斯科·达伽玛发现了去往印度的航线，它是获取靛蓝的途径，每只葡萄牙的商船上都载回了比欧洲染料质量好得多的印度染料。由此一来，欧洲种植菘蓝的农夫们只得为自己的生存而进行抗争。德国于1577年禁止使用靛蓝，这只是许多禁令的开端；法国于1598年禁用靛蓝；英国也销毁了所有的靛蓝，直至1611年英国自己的贸易公司占据了印度，才允许进口靛蓝；1654年德国皇帝宣称靛蓝是"魔鬼的颜色"。

不过靛蓝的优点毕竟多于菘蓝，而且随着各个贸易公司之间的竞争日益激烈，使得靛蓝的价格一年比一年便宜。至于那些禁令，染色使用的是菘蓝还是所谓魔鬼的颜色，并不容易分辨，"最坏的"靛蓝和"最好的"菘蓝带来的蓝色是一样的。纽伦堡的印染工人因而每年必须宣誓保证不使用靛蓝。这个宣誓并不仅

蓝 色

仅是一种名誉上的声明，如果违誓使用了靛蓝，将受到死刑的惩处。尽管如此，靛蓝仍然出现在了各地。各种禁令没有收到任何效果，而且渐渐有所松懈：1699年使用靛蓝在法国得到许可——这时候法国人有了自己的贸易公司，可以自行进口靛蓝——保留下来的只有可以按意愿执行的条款，即把靛蓝和菘蓝一同加工。

1737年德国菘蓝的保护者不得不宣布放弃对它的保护，靛蓝变得合法。一年后在德国的土地上再也看不到收获菘蓝的景象。

菘蓝对靛蓝，这是一场次等产品对抗质优价廉产品的尝试。尽管它具有最强有力的攻势——国家对菘蓝种植的庇护以及对使用靛蓝的刑事侦查——仍然未能取胜。

此时这个曾经的魔鬼颜色在德国成了"染料之王"。而且160年后，正是这种曾经的印度染料宣告了有上千年历史的印染术在德国的终结。

《英文诗篇集插图》 英国 约1260年

这些画得很密集的人物，其姿势虽然矫揉造作，却极为生动，与背景抽象、活泼的造型相配得宜，画面的黄金底色将蓝和橙的色调衬托得更为出色。

19世纪中叶，化学家们开始研究用人造染料代替天然染料。1856年第一种人造染料上市，它呈一种柔和的淡紫色，即苯胺紫。苯胺染料取自石碳焦油的蒸馏物，苯胺紫是人们发明的第一种苯胺染料。没过多久化学家又制造出了一种合成的红色染料——品红，接着是人造绿色。但靛蓝产生的蓝颜色仍然是个谜。就像炼丹术士曾经梦寐以求可以人造黄金一样，这时的化学家也梦想着能够人工合成蓝色染料。

化学工业开始着手生产人造染料。这里有一些化学巨人的名字：赫斯特染料厂，拜尔染料厂，二者均建于1863年，还有1865年建立的巴登州苯胺及苏达工厂（巴斯夫），它们都在那时开始生产新生的苯胺染料。巴斯夫建立初期只有30个工人。

1868年，阿道夫·贝尔，柏林行业协

《圣母子》 意大利 乔凡尼·贝利尼 1480 年

乔凡尼擅长用丰富的色调刻画人物，所作圣母像，颇富人文主义情怀。

会的教师，成功地制造出人工靛蓝，但他并未找到其中化学上的联系。贝尔制造的靛蓝非常纯净，质量极好。这种人造产品只有一个瑕疵，那就是它比金子还要昂贵。直到1883年，已是慕尼黑的化学教授的贝尔，发现了化学分子式 $C_{16}H_{10}H_2O_2$——这就是靛蓝。不过他进行的廉价制造靛蓝的尝试仍未成功。

但是，贝尔绝不是唯一在这个领域探索的人。德国各个州的化学家、技术工人都在寻找能够廉价生产人造靛蓝的途径，单单巴斯夫就在这项研究上投入了1800万德国金马克①。当时巴斯夫通过苯胺染料的生产已成为一个蒸蒸日上的企业，但年复一年用于人造靛蓝的投资已经超出了公司的基本资金。因此，股东们要求停止这项在他们看来招致毁灭的研究工作。问题的焦点在于：为什么非要人造的靛蓝？那些真正的靛蓝可以在印度的种植场里种出来，而种植工人只需每天一把米足矣，其造价是如此便宜。

当时英国人是印度的殖民统治者，主宰着天然靛蓝的贸易。他们为人造靛蓝可能带来的竞争做着精心的准备，比如降低天然靛蓝的价格，以消减人们对生产人造靛蓝的兴趣。但是探索仍在继续：这时靛蓝的分子结构已为世人所知，

---

① 一战前的德国旧币。——译者注

蓝色

要找到廉价的生产方法应该是可能的。来往于英国和印度之间的靛蓝贸易商开始储藏他们的货物，一旦人造靛蓝进入市场，他们就以更便宜的价格供应靛蓝，直至人们放弃人造靛蓝。

1897年这一时刻来临了。巴斯夫的化学家和技术工人完成了这一研究，使人造靛蓝进入了市场。接下来所发生的，正如卡尔·阿罗伊斯·申茨格在其纪实性小说中所描写的那样：

> 较量开始了。德国产的人造靛蓝出现在市场上，而死守这个市场的是它的对手——天然靛蓝。几百年来天然靛蓝至高无上地统治着这个市场，最新的世界年产量已达到900万公斤。
>
> 决定孰优孰劣的战役打响了。
>
> 这场战役持续了15年。
>
> 两者第一次遭遇就显示了新生染料的优势：人造靛蓝比天然靛蓝更纯净，色彩更强烈，更易于使用；而且人造靛蓝中染色材料的含量总是保持不变，它的获取不会受到收成的影响，气候和种植的位置对它不产生任何作用，每一次的生产运行都会获得百分之百的结果。
>
> 于是天然靛蓝通过自杀性的降价来保卫自己的市场。[11]

靛蓝贸易商想尽了办法：压低种植园工人的工资，延长工作时间；为了提高产量，榨净每一片树叶的汁液，培育优良物种，人工浇灌种植园，给土地施以更多的肥料。可这一切都是徒劳："一次次的降价计策未能压倒人造靛蓝。相反，仅仅三年后天然靛蓝的世界地位就受到了撼动，又过了三年，它彻底地毁灭了。"[12]

1897年人造靛蓝上市这一年，英属印度在世界市场上出售了1万吨天然靛蓝，德国出售了600吨人造靛蓝。1911年英属印度出售的靛蓝为860吨，而出品德国的靛蓝已达到2.2万吨。

靛蓝是化学工业的一个重要成果。1911年，巴斯夫所雇佣的工人超过了9000人。阿道夫·冯·贝尔由于其对发现人造靛蓝所做的贡献被授予"世袭贵族"的头衔。

《逃往埃及途中的歇息》尼德兰 戴维

玛丽亚拿着一串葡萄给她的孩子，她的小耶稣似乎沉湎于无尽的梦幻与遐思之中，而将重担留给了背景中忙碌着的圣约瑟和那头警惕的驴子。

传统效果和文化效果
10. 从帝王之蓝到牛仔蓝

中世纪时期，红色是属于贵族的颜色，而任何人都可以穿蓝色。但是，一件衣服的蓝色越是漂亮，穿着它的人的社会地位越高。未经漂白的羊毛或亚麻用菘蓝染色后，得到的是一种显得很脏的深蓝色，它是地位低下的象征，只有佣人、孤儿、乞丐才会穿。

在质地精良的平纹亚麻布上染成的明亮闪光的蓝色才是贵族专用的高贵的蓝色。用靛蓝染色的贵重布料自12世纪起一直从亚洲进口，对欧洲的印染师而言，这种蓝色是一个谜。

有光泽的蓝色自从13世纪以来就是法国国王加冕典礼上所穿披风的颜色。

蓝 色

到了路易十四时代，靛蓝已经合法化，蓝色成为宫廷中时髦的颜色。最漂亮的蓝色是"帝王之蓝"，直到现在它仍是人们喜爱的色调。

在欧洲，靛蓝的价格越便宜，这种有光泽的蓝色就越多地用在比较简单的衣服上。在起初从印度、后来从美国进口的棉织物品上，靛蓝印花的效果特别漂亮。纺织印花机，早些时候叫"衣料印花机"，使用木制的模子，将蓝色的图案印在白色的底面上；或者将图案用含有油脂的溶剂涂盖，不让它沾染蓝颜色，这样在蓝色底面上做出白色的图案。镂刻特别精细的图案还得使用侵蚀的方法。

全世界最终都用靛蓝作为工作服的颜色。"蓝衣"、"蓝线"都已成为工作服常用的名称，甚至连绿色和灰色的工作服也这么叫。并且人们称工厂里的手工制造业为"蓝衣职业"。在美国和英国，工人按其工作服的颜色被称为"蓝领"。所谓的"白领"，上班身穿西服，配以白色衣领和领带，是办公室的职员。

与此相关，中国的工人常常被描述为"蓝色的蚂蚁"，这同样是因为他们工作服的颜色。在中国自古就有靛蓝的种植，男人和女人都穿着同样的蓝色衣裤在田野里劳动。

无论如何，今天的工作服不再用靛蓝来染色了，因为现代染料有更强的耐碱性。只有蓝色牛仔布，这个曾深受淘金者和牛仔欢迎的古典的工作服，代表着休闲文化的基本服装，今天仍用靛蓝来染色——因为只有使用靛蓝才能产生出真正水洗牛仔蓝的效果。

《贝里公爵的富贵》
法国 林堡兄弟

貂裘锦缎，宝气珠光，交相辉映处，恰是一幅人间富贵图。

色彩的性格
Wie Farben wirken

传统效果

11. 为什么普鲁士人穿蓝色

腓特烈二世——普鲁士第三代国王

普鲁士蓝、英国红、俄国绿——这些耳熟能详的关于民族与颜色之间的联系令人回想起早先的制服。

从17世纪末才开始有了士兵的制服，在此之前，军队的集结只是为了出征，雇佣兵的装备仅限于最必需的东西，服装是不被考虑的。以后直到统治者觉得有必要在和平时期也设立一支常备军队，制服才成为必需。制服分夏天与冬天穿的制服、外出穿的制服、执行公务穿的制服，受到宫廷邀请的人还需要穿礼服。

深蓝色制服是由勃兰登堡"伟大的选帝侯[①]"弗里德里希·威廉（1620—1688）倡导使用的。当勃兰登堡上升为普鲁士王国时，深蓝色就转称为普鲁士蓝。直至第一次世界大战，所有的德国军队都穿蓝色制服，只有巴伐利亚有它自己的颜色——浅蓝色。

为什么普鲁士人穿深蓝色的制服呢？人们可能会引证心理学的解释——因为蓝色显得安宁、有条理、庄重，可以让人想到普鲁士有关臣服的意图。实际上起决定性作用的却是一个经济方面的原因：普鲁士君主必须支持其种植菘蓝的农夫，因这时正是与靛蓝抗争的时代。

第一次世界大战中的军服没有以往的任何颜色，所有的军队都改穿掩护色。这是因为战争中使用了不同于以往的武器，士兵必须保护自己不易被发现。

[①] 德国有权选出神圣罗马帝国皇帝的诸侯。——译者注

蓝色

传统效果

12. 珍贵的"海的那边"的颜料

一种象征崇高品质的颜色不会是廉价的颜色。古代最贵重的颜料是普紫色，只有统治者才能穿染成紫色的衣服。但紫色不能做绘画的颜料，这种颜色与靛蓝一样，产生在光线中，并且用它染色的物品还必须长时间地浸泡在染汤里（参见"紫色"第1节）。不过即便如此，把君主和神明的衣服画成紫色也不应该是个问题，因为人们可以把蓝色和红色混合而成紫色。原因在于画家所用的颜料相对于染坊有着不同的等级分类，蓝色是价格最贵的绘画颜料，而红色要便宜得多。蓝色一旦和红色混在一起便会身价倍跌。这样绘画所用的蓝色就成为价值最高、享有崇高敬仰的颜色。

这种珍贵的绘画用蓝色颜料即群青蓝，越有光泽的越贵重。这种颜料出自一种次等天然宝石——天青石。天青石呈深蓝色，不透明，有很细的白色纹理，多数含有闪耀着金光的黄铁矿斑晶。天青石磨碎后需用粘合材料拌和而成颜料。

"群青（Ultra marin）"的字面意义为"海的那边"，天青石就来自"那边"的波斯和印度。在那里的金银矿山中人们发现了这种宝石。

在古埃及天青石被看做圣石，因为蓝色是神的颜色。法老面具的眼睛和胡子为蓝色，所上的漆就是熔化天青石得到的玻璃似的瓷釉。古代用于蓝色陶瓷的透明漆也是将天青石粉熔化而制成，所以天青石也叫"透明漆石"。

天青石和黄金一样昂贵，如果加工成群青蓝甚至更贵。阿尔布雷希特·丢勒的日记中曾记载了一笔交易："为12达克特①的印刷品，我给了那人一盎司上好的群青蓝。"[13] 丢勒换得的印刷品价值12达克特——这是42克金子——用30克的群青蓝做交换。

群青蓝这种颜料在今天可以人工合成，甚至连天青石这种次等天然宝石也可以人工制成。

像所有珍贵的东西一样，天青石也曾被用来治疗各种各样的疾病，主要

---

① 从前流通于欧洲各国的钱币。——译者注

色彩的性格
Wie Farben wirken

图17: 绿色是圣灵的象征色,因此鸽子出现在绿色的背景前。圣父穿着象征其统治地位的普紫色的披风。蓝色是玛丽亚的颜色。此处她穿深蓝色,象征其臣属于上帝的地位。如果玛丽亚单独出现在绘画中,则她大多穿浅亮的蓝色。

是"蓝色疾病"——指精神异常的病。人们用磨成粉的天青石治疗忧郁症和失眠症。

中世纪早期的绘画作品中,群青蓝的颜色代表着至高无上。圣母在画像中身穿群青蓝色的衣服——这种情形出现在她独自一人或者与地位较低的神在一起的画中。画她与耶稣基督和上帝在一起的时候,那么她衣服的颜色只能是深蓝色(参见图17)。首先,如果让圣母衣服的颜色比上帝的还要高贵,是不合适的。其次,纯正的群青蓝色彩强烈,它在视觉效果上压倒其他任何颜色。

现实生活中蓝色的服装却很便宜,也正因为如此蓝色没有成为教会活动的颜色。1570年教皇皮乌斯五世在确定礼拜仪式的颜色时,禁止把蓝色作为教会的颜色。对于神灵的衣服、祭坛的盖子和布道坛的装饰,如果用菘蓝色被视为亵渎。

蓝色是其意义总随价格一再改变的一种颜色。

蓝 色

象征效果

13. 天神之蓝

　　天神们生活在天上,蓝色是围绕在他们四周的颜色。当神变成人形时,他们有时会用蓝色的皮肤来作为其来自上天的标志,就像印度的克利须那神那样(参见图39)。有些神的皮肤为蓝色,是为了在空中飞行时不被人看见,如埃及神阿木恩。

　　蓝色和白色在欧洲也是上天力量的象征。来到人间的天神大多穿着蓝色的袍子,蓝色象征他们与上天的联系。

　　作为天神的颜色,蓝色代表着永恒,作为永恒的颜色,蓝色是真理的象征。在现代意识里,纯白色和代表天神的蓝色构成代表高贵品质的颜色。

图39:亚洲的天神穿黄色。克利须那神和他的情人。克利须那的蓝色皮肤是他来自上天的标志。

色彩的性格
Wie Farben wirken

象征效果

14. 玛丽亚的女性的蓝色

玛丽亚是基督教绘画作品中最常见的人物。代表玛丽亚的颜色是蓝色。

在玛丽亚的画像中最常见的是穿着披风的玛丽亚：玛丽亚所穿的蓝色披风宽大如天空一般，护卫着信徒们。私人家中的小型圣像上所画的常常是穿着披风的玛丽亚，在玛丽亚的披风下面放着信徒一家的画像。人们在这些圣像前祈祷免受瘟疫的伤害，因而穿着披风的玛丽亚也被称为"免疫圣像"。

蓝色的披风下玛丽亚大多穿一件红裙子。蓝和红组成的颜色是统治者专用的紫色在画家笔下的一种转化。玛丽亚作为圣母出现时身穿蓝色和红色；表现为"充满痛苦的母亲"时，她穿一件深蓝色或白色的丧服；穿最亮的群青蓝时玛丽亚的身份是天神——娥眉月玛丽亚。

像月亮一样，蓝颜色也是女性的象征。"Celeste"的词义为"天蓝的"，在很多国家这是一个传统的女孩名字。按照古老的传统，蓝色象征女性，红色则代表男性。如果同时画玛丽亚和成年的耶稣，母亲和儿子常常都穿蓝色加红色的衣服，但耶稣的衣服红色比重较大，玛丽亚的衣服则蓝色多于红色。

1858年的路德斯，14岁的贝恩娜德特·苏比柔斯在一眼泉边看见了圣母玛丽亚。这个女孩看见玛丽亚穿着浅蓝色的裙子及白色的披风——完全符合那个时代的时尚口味。在这个浪漫主义的思潮中，玛丽亚的衣服从强烈的蓝色和红色的对比变成了柔和的浅蓝和白色的组合。在今天庸俗的宗教作品中满目充斥的都是颜色柔嫩的玛丽亚像。

《贝里公爵的富贵》法国 林堡兄弟
描述了圣母访亲的场面。

心理效果和象征效果
15. 蓝色小伙子和蓝色信件

《邮差洛林》荷兰 梵高

梵高说:"尽管就年龄来说,洛林还不足以做我的父亲,可是他对我默默的关爱,使我感到他既严肃又慈祥,也可以说他对我就像一个老兵在关照一个新兵。"

人们称呼海员为"蓝色小伙子",他们制服的颜色被称做海蓝色。蓝色也是代表空中飞行的自然色。空军飞行员的制服是蓝色的;民用航空公司人员的制服多数也是蓝色的。

今天由于男式服装可用的色彩有限,使得蓝色和灰色成为普通西装最常见的颜色。作为制服的颜色,蓝色比灰色更受欢迎一些,因为制服使用的布料纹理较为粗大,灰色的制服看起来会不太精致。穿蓝色制服的职业有邮递员、消防员、公共汽车司机、列车乘务员、保安人员。

早先,军官收到的解职信会装在蓝色的信封里。现在如果学校发所谓的"蓝色信件",是为了通知父母他们的孩子不能够升班。虽然今天学校发这种信使用绿色或白色的信封,但这个说法保留下来了。不过只要看见蓝色的信封,经常会唤起人们不舒服的感觉:税务局的通知、法院的传票以及罚单都使用蓝色的信封。

政治效果

16. 蓝汗衫与和平的旗帜

在社会主义国家里蓝色代表着和平,在节日的庆祝活动中都会升起三种旗帜:国旗,旁边是代表社会主义的红旗,另外就是没有任何装饰的蓝旗——它是和平的旗帜。

爱尔兰和西班牙的法西斯主义者把蓝色当做他们的政治颜色。他们选择蓝色,与德国的法西斯主义者选择褐色(参见"褐色" 第7节),都是出于同样的原因:这两种颜色代表男性,是平常的颜色。这些法西斯主义者不愿穿昂贵的西装,而只想通过汗衫的颜色达到整齐划一的效果。西班牙长枪党的领袖浦里墨·德里沃拉于1934年宣布:"我们所适合的是一种简单、严格和无产阶级的汗衫的颜色。我在此发布命令,我们应穿蓝色汗衫。"[14]

文化效果

17. 蓝色血液及蓝色袜子

如果色彩的象征意义涉及人,那么色彩的含义与文化背景息息相关。

如果形容一个德国人是蓝色的,则表示这人喝醉了——也许还会进一步形容"蓝得像冻疮"或者"蓝得像整个的紫罗兰花坛"。洗涤剂广告中有"白色制造者",现代的民间语言补充以"蓝色制造者",例如,具有一个"蓝色制造者"表示烧酒的酒精含量达到40%,具有两个"蓝色制造者"则酒精的含量更高。[15]如果一个法国人喝多了,他不会"变蓝",而是"变灰(gris)"。完全喝醉的法国人按逻辑来说是"黑色的(noir)"。"Parbleu!"翻译过来的字面意思是"变蓝了",它在法国是惊讶时的叫喊。英语没有赋予喝醉的人任何色彩。如果形容一个英国人是蓝色的,则表示这个人情绪低落,是蓝调的(Blues)。俄罗斯人

蓝色

用"蓝色性格"来形容脾气温柔的人;"天蓝色的女孩"指害羞的女孩;在俄罗斯谁要是喝得醉倒在桌子底下,就形容他"喝得见到了绿色的龙"。

在德语中,蓝色意味着对人产生不利的影响。在这里如果遭到"蓝眼",就和在英国遭到"黑眼"的对待是同一含义。德语里甚至恶心头晕也与蓝色相关,因为头晕目眩时会看见蓝色。

一个"蓝着眼睛"生活的人,并不一定长着蓝色的眼睛,它的意思是表示此人心地天真无邪。蓝色在欧洲被当做最美丽的眼睛的颜色。与此相反,中国人认为蓝色的眼睛是丑陋的,因为在那里这种颜色是不自然的。[16] 而在俄罗斯,灰色被赞美为最漂亮的眼睛的颜色。

《数学与音乐》波修斯

波修斯认为,作曲家知道声音世界的规则,音乐家是没有任何理论知识的奴隶。

直到前些年"蓝色袜子"还用来形容这样一些女性:她们不满足于传统女性的生活目的——孩子、厨房、教堂;或者现代版的女性的生活目的——孩子、厨房、化妆品。这种说法于1750年左右产生于伦敦。当时每个贵妇都办有社交沙龙,人们在那里玩牌、闲聊。女作家爱利莎贝丝·蒙塔固女士所办的沙龙却有所不同,它是文化性质的聚会。植物学家本杰明·思剔灵斯弗利特是蒙塔固女士的朋友,在这种聚会上他不穿通常的黑袜子而代以蓝色的袜子。由于当时时兴穿及膝裤,他的蓝袜子十分显眼。自然这里所涉及的不仅仅是袜子颜色的问题:沙龙里常见的黑色袜子是人们为搭配体面的西装而穿的,它用精美的蚕丝手工缝制而成,价格非常昂贵。而蓝色的袜子是用羊毛做的。[17] 穿蓝色袜子

色彩的性格
Wie Farben wirken

的人，通常不穿夜礼服，而穿工作服。

朴素的蓝色羊毛袜是这种沙龙的象征：它表明，在这个聚会上有光彩的不是人的财富和服饰，而是人的教养。

"蓝色袜子俱乐部(Blue-stocking clubs)"指当时文化圈里的私人聚会。因为参加这种聚会的绝大多数是妇女，而那时的妇女还不能够进入大学学习。"蓝色袜子"这个词很快就专门针对妇女并因此被赋予了歧视性的含义。如果一个女性认为教育比衣服更重要，今天还会有人觉得她不够女性化。但是自从1975年前后彩色的女袜成为时尚，随着时代潮流的发展，这个跨越了两百年的古老咒语在短短的几年间便从俗语中消失了。

18. 创造性色彩构思的原则

创造性最重要的特征是勇气和打破常规,此处的常规指一些关于色彩构思中的陈规俗套。

但是还有另外一些关于色彩功能的常规,人们必须给予重视,否则创造性的色彩构思就只能是无意义的空谈。据此一种超越常规的着色要能够被人们接受,它必须合乎理解、合乎材料并且合乎使用。

1. 创造性的着色必须合乎理解。

《蓝色的裸妇》 法国 马蒂斯

马蒂斯追求的是单纯与平衡,蓝色与紫色相协调,色彩稀薄而明亮。

有些色彩一旦以一定的形式组合在一起,便会产生深入人心的意义,比如指挥交通的红色及绿色信号灯。一个设备,无论是录音机还是复印机,只要有绿色和红色的小指示灯,则绿色指示灯自然而然地表示备用状态或正常状态,而红色指示灯则说明停用或警报状态。如果人们使用蓝色指示灯来表示警报状态,就会给理解带来不必要的麻烦。最混乱的状况是把色彩常规性的含义整个颠倒过来,比如把红色的象征意义强加于绿色的功能中。对色彩常规性意义的每一次改变都将导致持续性不利的后果。如果仪器设备使用如此"创造性"的着色就会失去效用——无论如何它不合乎使用者的理解范畴。

许多的色彩组合是产品所特有的,例如水龙头开关上的红色标志,不管它是红色的点,还是箭头或其他的符号,都代表热水。蓝色标志则为冷水。如果想引入新的颜色——黄色代表热水,绿色代表冷水,则没有必要并且毫无意义。但总是不断有人试图进行这种所谓的创造性的设计,它们只能给人带来烦恼。

《水塘》 俄国 鲍里索夫·穆萨托夫

水面平静透明,倒影足可乱真。两位姑娘既无对视,也无交流,与环境和谐相处。柔和的色彩,显现了画面的音乐性。

蓝色

2．创造性的着色必须合乎材料特性。

蓝色不是天然材料的颜色，但几乎每种材料都可以染成蓝色。对这个经验越熟悉，色彩的效果就越自然并且合乎材料。虽然不存在蓝色的绵羊，但蓝色的羊毛仍然像天然的产品；看到蓝色的纸张不会有人想到人造的颜料；蓝色的皮革对我们来说几乎和褐色的皮革一样自然，相反，漆成蓝色的木头就显得有些越出常规；染成蓝色的皮毛显得像人造品；染成蓝色的郁金香和丁香在很多人看来虚假而且不好看；蓝色的黄油则看起来令人作呕。

当通常并非蓝色的物品被染成蓝色时，它被人接受的程度不依赖于色彩，而依赖于与产品相关的经验。一个塑料桶染成氖蓝色和染成任何其他颜色一样好用。相反，一个氖蓝色的手袋对许多女性来说却不如褐色的手袋实用，因为褐色这种自然色适用于所有的人。一种颜色越不常见，它就显得越时尚，越像人造的颜色。

3．创造性的色彩必须合乎使用需要。

一个颜色越出常规的产品要被人接受的话，下列三个原则特别重要：

• 相对于贵重的产品，便宜的产品染成越出常规的颜色更易于被人接受。

设计一次性打火机的颜色不需要花太多时间，而设计贵重打火机的颜色就需多加考虑。一个产品越贵，对其颜色的设计则考虑得越认真仔细。

• 相对于使用寿命长的产品，使用寿命短的产品染成越出常规的颜色更易于被人接受。

人们会买一个颜色越出常规的时尚手袋而不是箱子。即使在坐飞机时大多数的行李颜色相同，如果有个颜色特别的箱子不容易弄错和丢失。但因为箱子人们不需要经常买，所以人们仍然会挑"没有时限的"颜色。

• 与个人密切相关的产品使用越出常规的颜色不易被人接受；与个人无关的产品使用任何颜色都是可以容忍的。

没人去考虑园艺机械的颜色应该是什么样的，因为它只是人们需要的工具，反正会放在人们视线之外的工具棚或者地下室里保存。关系相对密切得多的是汽车的颜色，它处于众目睽睽之下，反映的是个人的品位。关系更密切的是衣服的颜色，它从一个极其特别的角度上反映着一个人的品味和个性。关系最私人化的要属对食物颜色的选择。一种"错误的"颜色可能意味着对生命的威胁。

《草地上的午餐》法国 莫奈
午餐的场景，安排在枫丹白露的森林中，透露出浓郁的生活感受。

色彩 的 性格
Wie Farben wirken

图89：德劳奈关于生命喜悦的抽象画。

因此在食品中越出常规的颜色极少被人赞赏。

当一个产品便宜、使用寿命不长并不属于私人用品时，如果产品外形上使用创造性的色彩，人们便会特别乐意接受。在此情形下，一种越出常规的颜色可以被称为"产品的个性"。

在广告中创造性的色彩可以制造出引人注目的效果，有效的广告需要这种效果。这里允许使用任何色彩，因为广告中的一切都是五彩缤纷的，色彩只有让人感到意外才会起到应有的作用。

在艺术中也同样允许使用任何色彩——然而比看起来所允许的范围要小一些。因为色彩形态的自由度越大，则形式上的表达越有限。如果有人把太阳画为蓝色、天空画为黄色，那么只有当人们确实认为那蓝色的部分就是太阳时才会感到惊奇。查干画蓝色面孔的人，梵高画蓝色的树，但这些画在形式上仍保留着自然主义的风格。如果色彩不真实，则形式必须保持真实。反之，没有自然主义形式的绘画则与现实相关或符合常规性的象征意义。例如在画家德劳奈所作的抽象画《生命的喜悦》中，其色彩的象征意义就非常具有常规性（参见图89）。

如果要弄明白一种色彩什么时候才会有出人意料的效果，就得先熟悉常规性的着色所具有的意义。如果一种常规性的着色只是老俗套的话，则一种新色彩的设计就是创造性的。

蓝色

19. 创造性的蓝色

以下是如何使创造性的着色得到系统性发挥的原理，它是有关不可能色彩的原理。

1．通常为蓝色的物体，可以变换为另一种颜色。
2．从来不是蓝色的物体，可变换成蓝色。

新的着色当然必须合乎使用需要才能够被接受。例如把面包和大米染成蓝色的话，即使无毒也没人愿意吃这种"创造性的大米"。蓝色是用在食品中会引起最极端厌恶的颜色。我们只见过很少的蓝色食品，并且一星半点的蓝色都会让人联想起霉菌。没人想要蓝色的夹心巧克力糖，看见蓝色的意大利面条所有人都会没胃

《马上的情侣》俄国 康定斯基

康定斯基看到的和想象中的人或物，都是通过中世纪俄罗斯的浪漫形象来塑造的，但他采用的技法却是分色主义的最新形式。

色彩 的 性格
Wie Farben wirken

图87：创造性的着色：
典型的色彩对立于典
型的形式。

广告中创造性的着色：
图8：玫瑰不应该总是红色的。图中为一家
时装商店的公司图标。

口。只有当蓝色看上去合口味时，人造的蓝色食品才会被人接受。蓝色特别适用于新鲜和凉爽的食物。蓝色的冰淇淋已经销售了好几年，然而只在孩子们那里受到欢迎，成人们却根本不愿尝这个鲜。但是很多成人吃蓝色的止咳糖，有些人喝蓝色的鸡尾酒。

一种具有不寻常色彩的产品与个人的距离越大，它越易于被人接受。蓝色的瓶子适用于任何冰镇后喝的饮料。迄今为止只有很少的矿泉水品牌使用蓝色瓶子。瓶子使用越出常规的颜色能完成一种产品上的区分，这一点是广告几乎不能做到的。

过去许多香水和化妆水的产品装在深蓝色的细颈瓶中售卖。后来蓝色的玻璃瓶不流行了。还有少量这样的瓶子之所以引人注目，是因为它们显得精致而实用——蓝颜色的瓶子有避光的作用。

有关不可能色彩的原理特别适用于广告图像及公司标志的设计。广告图像及公司标志必须引人注目，否则就丧失了存在的意义。要求每个创造性的着色必须合乎理解，意味着不典型的色彩必须有典型的形式，否则创造性的着色便不能被人理解。

例如，人们在一张照片上给一个李子涂上橙色，它就成了杏；涂成黄色，它成为樱桃李；涂成绿色则成为未熟的李子。一个李子只有形状（形式）而没有颜色尚不足以说明其特征。相反，一个草莓、一个梨都有典型的形状（形式）。如果是一个蓝色的梨，人们会相信它是梨子酒的商标图案或者一个让人瞩目的公司图标。在橙子梨这幅画中（参见图87），典型的形式的作用大于典型的颜色。

有这样一个简便的法则：在黑白图画中能让人联想起某种特定颜色的物体，

蓝色

特别适合做颜色上创造性的改变。

玫瑰花有非常典型的外形（形式），通常令人联想到红色。玫瑰有各种各样的颜色——唯独没有蓝色。图8中玫瑰是一家巴伐利亚时装店的公司图标，它以巴伐利亚特有的蓝白色菱形作为装饰，不受时限地吸引着人们的注意力。

在那些我们总和蓝色联系在一起的事物中，蓝色牛仔裤是其中之一。在那些我们从不和蓝色联系在一起的事物中，骆驼是其中的一个。图9中画有穿蓝色牛仔装的骆驼的广告是一幅显眼的漫画，可以给观者带来娱乐。

这样的漫画只有与色彩的语言含义相联系才有幽默的效果。看见一幅画里有身穿浴衣在太阳底下躺着的人，人们会自然而然地联想到"晒黑"。如果把这些画里的人涂成蓝色，就会产生视觉和语言上的幽默。

在绘画作品中我们到处可发现不可能的色彩。中世纪时一切处于远方的物体都被画成了蓝色。梵高把近处的树画成蓝色，是因为他所画的不是物体的颜色，而是光线的颜色。梵高的用色被他同时代的人看做是不自然和不美观的。在今天美丽的含义不会再阻碍人们欣赏蓝色的树。但艺术上的自由也是有限制的。这种限制是通过个人与创造性着色的物体的接近性而设定的。如果一个画家把一幅静物画整个塑造成蓝色的，那么大多数的艺术同行会称赞这种自由的着色美观讲究。如果他把委托人的猫画成蓝色的，也会被许多艺术同行视为漂亮和妙趣横生而接受。但如果这位艺术家把其委托人的脸画成蓝色，则这种陌生化的手法很可能给人既不有趣也不美观的感觉。

图69向我们展示了陌生化所带来的意义双关的影响。这张蓝色的10马克纸币印成了褐色，便让人误认为是50马克的钞票。

广告中创造性的着色：
图9：创造力甚至可以让一只骆驼变成蓝色。
图中为牛仔裤的广告。

图69：一张五十元的错币

43

色彩的性格
Wie Farben wirken

注　释*

[1] 劳弗（Lauffer）:《德国民间习俗的色彩象征性》，44页。

[2] 格里姆（Grimm）编著的《德语词典》，词目"蓝色光芒（Blauglanz）"。

[3] 诺瓦里斯(Novalis)《海茵里希·冯·奥弗丁恩》(Heinrich von Oferdingen)，1802年初版，引自《诺瓦里斯著作集》第1卷，斯图加特，1960年版。

[4] 歌德（Goethe）:《色彩规则》（Farbenlehre），783节。

[5] 同上，784节。

[6] 关于古老的染色方法特请比较下列文献：普罗斯（Ploss）所著的《一本关于古老染料的书》；费德森－非勒（Feddersen-Fieler）的《天然染料》；罗姆普（Roempp）编著的《化学百科辞典》；泽费尔德（Seefelder）的《靛蓝》；福格特（Vogt）的《染料及其历史》。

[7] 染汤(Faerberbruehe)也称染缸(Küpe)，整个方法被称为染缸染色(Küpenfaerberei)。

[8] 尼克斯多夫／米勒（Nixdorf／Müller）:《白色马甲—红色长袍——从中世纪的色彩规定到个人的色彩喜好》，21页。

[9] 格里姆编著的《德语词典》中的解释，词目"银色光芒（Silberglanz）"。

[10] 其他研究者在解释"制造蓝色（Balumachen）"时谈到了"蓝色星期一"——中世纪时人们这样称呼星期一，在这一天因为手工业者集会而不用工作。对于星期一不用工作（blau）有两种不同的解释，第一种解释如罗里西(Rohrich)编著的《谚语式惯用语词典》(655页)：在不工作的星期一手工业者们穿上他们蓝色的礼拜日服。第二种解释：当每个星期六把需要染色的布料放进染汤，则它们不像平常那样只须在里面待12个小时，而是一直持续到星期一，因为星期天人们不工作。于是星期一对染工们来说是几乎不工作的一天，因为他们的工作只包括晾晒布料。此解释同样存在于尼克斯多夫／米勒的《白色马甲—红色长袍——从中世纪的色彩规定到个人的色彩喜好》(39页)——对上述两种解释语言研究学家没有做出确定，两者看起来都不能令人信服。

针对第一种解释有人提出异议：蓝色并非真正的礼拜日服，工作日人们也会穿蓝色服装，并且印染工和其他手工业者的传统工作服是蓝色的。针对第二种解释所

* 注释中所引用参考文献见本书最后《书目索引》。

蓝色

提出的异议：在菘蓝染汤中染色至少要持续八天，在此期间染工只有很少的事情可做。但是一旦从染汤中取出染好的布料和线绳后，就会有很多的工作要做——冲洗、晾晒并在干燥过程中不断转动这些布料，使染色均匀。更多的人对偏偏每个星期一染坊关门有不同的说法：菘蓝的染汤可多次用于染色，染出的颜色会逐渐变浅。为使之均衡，布料在染汤中的时间也逐渐延长。其间染工们只能一再等待。如果星期一是第一次染色的时间，则星期二或星期三为再次。

不管怎样，"制造蓝色"对染工们意味着不只是一天的空闲——至少长达一个星期只需干很少的工作，还能喝很多的酒。星期一对他们来说是如此的舒服，就像星期六或其他任何一天。

迄今为止，语言研究对此所做的解释尚微不足道，因为还不十分清楚染色的方法以及"制造蓝色"和"变蓝（Blausein）"之间的关系。对此应特别引起注意，因为对"变蓝"这个成语也只有不确定的猜测。语言学家的一个解释：变蓝这个成语与喝酒人蓝色的鼻子相关。另一个解释：喝醉的人会"眼前发蓝(blau vor Augen)"。假设这个解释成立，则必定其他语言在"喝醉"与"变蓝"之间也有联系，因为喝酒人的鼻子和视觉障碍等，此类酒精产生的后果并没有民族之间的限制。

但是，"制造蓝色"和"变蓝"这两个习惯用语只存在于德国，而且没有哪个地方如此多地使用菘蓝染色——如果人们用天然靛蓝染色，则不一定需要添加酒精。有人认为"制造蓝色"和"变蓝"这两个习惯用语成为日常词汇之后，才产生了词语"蓝色星期一"。这个说法听起来似乎有道理。星期一的手工业者集会出现在中世纪晚期，而菘蓝染坊在此之前已存在了很长时间并在有了"蓝色星期一"之后继续存在了很长时间。这一点表明，为什么"蓝色星期一"早已被人遗忘，而"制造蓝色"和"变蓝"却并非如此。

[11] 申顷格尔（Schenzinger）：《苯胺》，303 页。
[12] 同上。
[13] 普罗斯：《一本关于古老染料的书》，1967 年版，78 页。
[14] 拉博（Rabbow）：《政治象征词典》，42 页。
[15] 屈泊尔(Küpper)编著的《德国口头用语图解词典》，词目"蓝色制造者(Blaumacher)"。
[16] 埃贝哈德（Eberhard）编著的《中国符号词典》，词目"蓝色（Blau）"。
[17] 埃森巴特（Eisenbart）：《1350 年至 1700 年间德国城市的服装规定》，162 页。

红色

**不仅代表爱情——还代表仇恨
从贵族的特权到共产主义的象征色
代表法律和道德禁区的颜色**

旧红色·深红色·砖红·孟加拉红·浅红色·血红色·波尔多酒红·火烧红·褐红色·樱桃色·中国红·仙客来红·英国红·草莓红·欧石南红·费拉里红·火红·火烈鸟的红色·焰红色·肉红色·弗罗伦萨漆·倒挂金钟的红色·狐红色·老鹳草红·灼红·石榴红·鸡冠红·浅红·散沫花红·覆盆子红·通红·螯虾红·印第安红·碧玉红·蝠红·卡里普索红·红衣主教的红色·朱红·绯红·胡萝卜红·樱桃红·鲜红·刚果红·珊瑚红·茜素红·像熟虾一样红·赤铜色·熏鲑鱼红·漆红色·熔岩红·发光红·品红·玛尔斯红·红木的红色·无光洋红·红丹色·罂粟红·氖红色·牛血红·橙红·东方红·氧化红·辣椒红·帕尔玛粉红·粉画红·不褪色红·波斯红·胡椒红·桃红·粉红色·庞培红·高级教士的红色·普紫红·雄吐绶鸡红·花梨木红·玫瑰红·锈红色·红橙色·红灰色·红紫色·红宝石红·砂岩红·猩红·黑红色·烧成红褐色·信号红·赤陶·金红色·番茄红·土耳其红·原红色·荡妇红·威尼斯红·交通中的红色·辰砂·葡萄酒红·砖红色·朱砂

色彩的性格
Wie Farben wirken

红色是最初的颜色

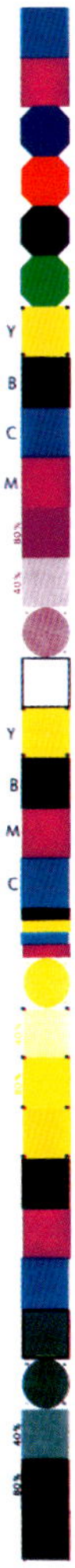

红色是最初的颜色。红色是人们最早命名的颜色，它在全世界的语言中都是最古老的颜色命名。在有些语言里"彩色"和"红色"用的是同一个词，如在西班牙语中都是"colorado"。红色为三原色之一，完全纯正的红色既不包含黄色也不包含蓝色，被称为品红。令人惊讶的是红色会使其他颜色都显得有点蓝（参见图26）。

红色的象征性意义受到两个基本经验的影响：红色为血，红色为火。希伯莱语中血和红色这两个词是同源的：红色是"dm"，血为"dom"。在爱斯基摩语中红色从字面上直译过来是"像血一样"。[1] 这两种经验在所有的文化和所有的时代都有存在的意义，此象征性意义也相应深刻地扎根于意识之中。

红色受到男人和女人同等的青睐：各有20%的男人和女人把红色列为最喜爱的颜色。只有2%的男人和3%的女人称红色是"我不喜欢的颜色"。

图26：用于四色印刷的印刷控制条。红色的原色是粉红色，称为品红(M)，蓝色的原色为青色(C)，第三为黄色(Y)，第四为黑色(B)。

红色

心理效果和象征效果

1. 血与生命力

在很多文化里,血与灵魂等同,血祭普遍存在于所有早期的宗教中。为了取悦神灵,人们不仅拿动物的血祭奠神灵,儿童和少女的"无辜之血"更是倍受推崇的献祭品。其中独一无二的是古代瑞典人的牺牲精神:为了免受自然灾害、饥荒和瘟疫,瑞典人甚至祭奉他们最珍贵的财产——国王。[2]

在古老的年代,人们用特别美丽和强悍的动物的血来给新生儿洗浴,也用它来浇淋新婚夫妇,使动物的活力转移到人的身上。罗马角斗士从死去对手的伤口处饮血,以汲取对方的力量。希腊人让血流向坟墓,给阴间的死者以力量。

血,尤其是新鲜的人血被赋予了各种功用:它能医治最严重的疾病。传说中,埃及的一个法老为了治愈麻疯病要喝150个犹太小孩的血,于是犹太人逃出了埃及。[3]

图15:红色的带子和护身符据说可以保护小孩免受邪恶目光的侵害。

"同类相聚"是类比巫术的法则。对于红色的疾病,如果不用血,也得用其他红色的药来医治。血的象征意义转移到了颜色上。出红疹要敷以红色的玫瑰花片;止血绷带用红色的材料;患天花时如果出血要用红色的膏药来治疗。[4]

民间巫术曾尝试用红色羊毛线和红色的布带来驱邪除病。[5]"捆扎魔法"是将红色的绳捆绑在带病的手臂、腿上,红色的魔力就会驱除疾病。红色的绳甚至还能保护植物免遭害虫侵扰:葡萄树的枝蔓也用它来缠绕。[6]

人们给小孩子戴上红色小帽,使其免受魔鬼的注视和其他恶意目光的伤害。婴儿用红色的襁褓包裹,或者白色的襁褓饰以红色的带子。图15中婴儿的衣服

色彩的性格
Wie Farben wirken

用了一根红色的带子捆绑，上面挂着一个珊瑚制成的护身符。这种婴儿服上的红色带子直到20世纪初还很常见。在中国，所有的小孩子都穿红色衣服——因为这是吉祥的颜色。

图29中的小男孩也戴了一条红色的珊瑚项链作为护身符。今天人们仍偏爱用红色的珊瑚来做护身符。意大利人视红色的手为吉祥，据说它能阻挡邪恶的目光。

虽然这些巫术的想法在开明的时代已逐渐式微——血仍然是生命力的本质。其颜色是动物生命的象征色，与植物生命的颜色——绿色相对应。有一则谚语言简意赅地说明了生命与死亡是如何地接近："今日红颜，明日尸骨。"

基于血的心理和象征性意义的作用，红色便成为代表所有正面的生命情感中的主导颜色。

图29：在西班牙领导世界时尚的年代，连幼童也穿黑色。图中的小男孩在他的皱领之上戴着一条珊瑚项链用以抵挡邪恶的目光。

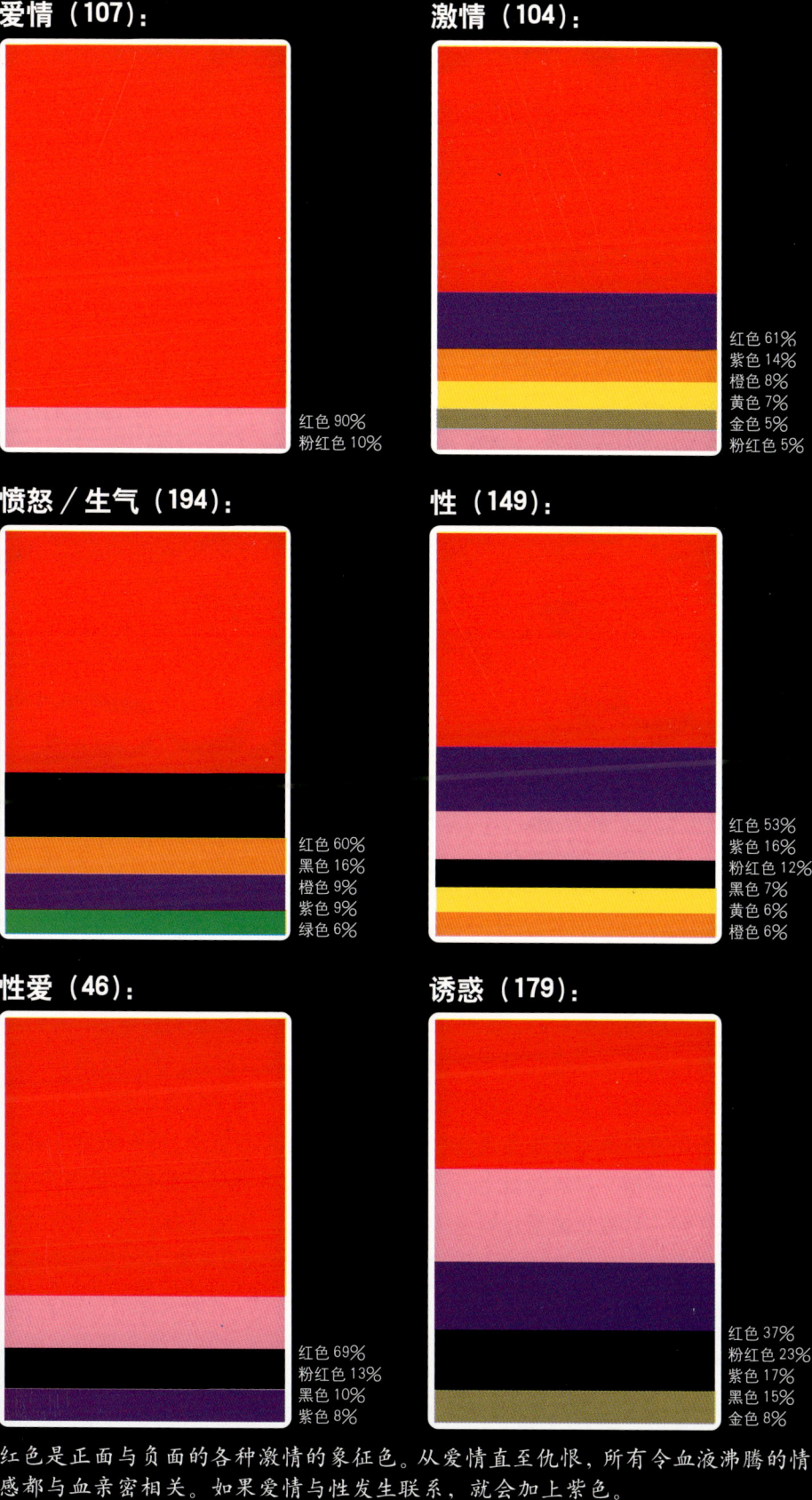

爱情（107）：
红色 90%
粉红色 10%

激情（104）：
红色 61%
紫色 14%
橙色 8%
黄色 7%
金色 5%
粉红色 5%

愤怒/生气（194）：
红色 60%
黑色 16%
橙色 9%
紫色 9%
绿色 6%

性（149）：
红色 53%
紫色 16%
粉红色 12%
黑色 7%
黄色 6%
橙色 6%

性爱（46）：
红色 69%
粉红色 13%
黑色 10%
紫色 8%

诱惑（179）：
红色 37%
粉红色 23%
紫色 17%
黑色 15%
金色 8%

红色是正面与负面的各种激情的象征色。从爱情直至仇恨，所有令血液沸腾的情感都与血亲密相关。如果爱情与性发生联系，就会加上紫色。

心理效果和象征效果
2. 一切激情的颜色

  从爱情直至仇恨——所有令血液沸腾的情感都与血密切相关。红色是正面与负面的各种激情的象征色。这种象征性意义背后隐藏着真实的体验：人们因尴尬或热恋而脸红——或同时出于两种原因；人们因为害羞、愤怒或激动而脸红时，血都会涌向头部。陷入愤怒而丧失理性的人"眼中只有红色"。
  对上述激情的道德评价呈现在与红色并列的各种颜色中。所有激情中最正面的感情——爱情，因有粉红色而显其光彩，此外其他任何颜色均微不足道，但是没有任何一种概念像爱那样令人无法妄下结论，其比例为22%。爱情的个体经历比它的象征性意义要丰富得多。爱情的颜色就像爱所带来的喜悦和痛苦一样呈波动的状态：有时爱情是灰色的，有时是金色的，有时又是冷冷的蓝色。
  如果爱情与性发生联系，就会加上紫色。这一点显示在爱情和性爱的颜色

红 色

对比中:

被列为七宗罪之一——肉欲的代表颜色中,紫色的比重会更大:

对一种激情的评价愈消极,赋予它的罪恶感愈多,则红色和黑色一起出现的几率愈高。现代人的意识也按照传统的模式来反应:当一种颜色与黑色相联,其象征意义就会转向它的反面。

红色与黑色结合的结果即得到爱情的反面,即仇恨的颜色。因此魔鬼衣着红色和黑色。

图10: 复仇天使: 从翅膀到鞋底全为红色。

《生命的舞蹈》挪威 蒙克
画的中央是一对拥抱起舞的情侣,衣服的鲜红色象征着燃烧的爱情、激动和情欲。

予的特性转移到人的身上。红色赐予人力量,因此武夫衣着红色,或者用红颜色涂抹自己。上帝的军队即将前去摧毁倪佛这个城市,身为红色军队的先知那鸿描写道:"他强大的盾牌是红色的,他的军队在紫色中闪闪发光,他竖立起战车如闪耀的火炬。"[7]

红 色

直至19世纪末红色仍为士兵制服常用的颜色,红色的军服继续象征着军队的强大。只是到了不再短兵相接而从掩体处以步枪射击的时候,士兵的制服才开始用伪装色。

红色代表司法。在上个世纪的判决中血要用血来抵偿。在中世纪时,如果是开庭日,城市里会升起红色的三角旗;法官用红色墨水签写死亡判决;刽子手衣着红色。在今天,高等法官仍身穿红色的长袍:德国联邦管理法院的法官穿红色羊毛质地的长袍,联邦宪法法院的法官穿红色丝绸质地的长袍。

有关教会的色彩也让人想起血淋淋的鲜血。在基督受难日期间,神职人员的法袍、圣坛台布和布道坛的装饰都是红色的,它们让人忆起受难的基督和殉教者纪念日。[8]

玛尔斯——战争之神

《十字架》雕塑 10世纪

文化效果和象征效果
4．天神之火

人们视火为天神力量的象征，这种崇拜与人们信仰血代表着力量同样古老。

火驱走寒冷和黑暗的统治；火以毁灭的形式带来洁净；它是如此的强大，没有什么可以与它相违抗。每支火苗都向上伸展，直指天空，这让人想起火产生于天空中的雷击。火是天神和上帝自身的象征。在所有的宗教中，上帝均以火烧云的形象显现。摩西①看见天父像燃烧的荆棘丛。圣灵都像火苗一样出现。

阳光的灼热给生命带来威胁的地方，红色则是恶魔的颜色。在古埃及红色象征"邪恶"与"破坏"，和荒漠的炙热一样给人以威胁。制造红色（Rotmachen）意为"杀死"，在古埃及的一句咒语中就这样说道："哦，爱西斯②，拯救我吧，解救我于所有邪恶的、罪恶的、红色的事物之手。"[9]

在寒冷的国家，人们渴望温暖，红色因此只有正面的含意。俄语中红色与"宝贵"及"美丽"的意义一致。"红色之角"指圣像的尊贵席位；"红色野兽"在德国指长有红色皮毛的动物，而在俄罗斯，熊和紫貂才是"红色野兽"，因为它们的皮毛很珍贵；"红色之词"形容聪明的意见（参见"红色"第9节）。

红、橙、黄三色是代表"燃烧的热血"、欲望等热烈情感的颜色。这里血和火的象征意义结合在了一起。

---

① 《圣经》故事中古代犹太人的领袖。——译者注
② 埃及神话中司生育与繁殖的女神。——译者注

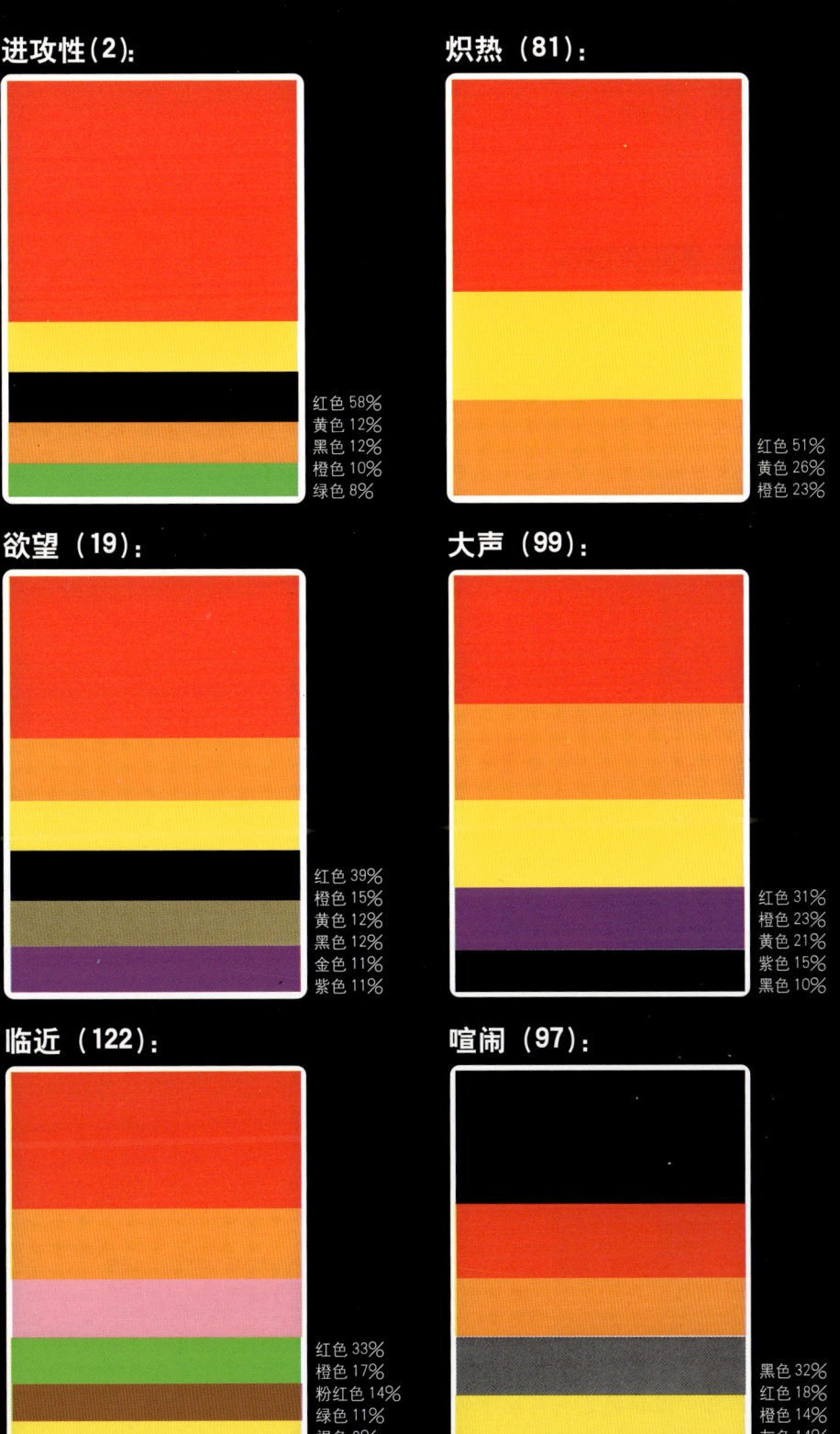

色彩的性格
Wie Farben wirken

心理效果
5. 临近与物质

红色和温暖一样给人以临近的感觉,临近意味着真实,触摸得到。红色是物质的颜色,其对立面是看起来遥远的蓝色,蓝色是代表非物质、精神的颜色(参见"蓝色"第1节)。

声音大的物体肯定距离较近。声音过大而变为了喧闹,则黑色成为主要的颜色,因为它点明了危险的气氛。

象征效果
6. 男性与女性的红色
——纯正与不纯正的红色

男性(114):

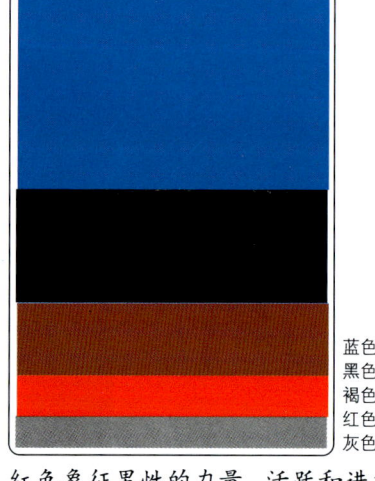

蓝色 43%
黑色 25%
褐色 16%
红色 9%
灰色 7%

红色象征男性的力量、活跃和进攻性,它对立于消极、温和的蓝色与纯净的白色。

女性(188):

粉红色 43%
红色 20%
白色 16%
紫色 15%
黄色 6%

女性是深红色的血,象征着富饶。明亮的红色象征着活跃,深红色则独善其身,它是安宁的,属于夜晚的颜色。

红色

《托莫斯四世墓壁画》 古埃及 公元前1410年
壁画中女性的皮肤为黄色，而男性的皮肤为红色。

红色是一种男性的色彩，这一点表现在多种意义上。红色象征男性的力量、活跃和进攻性，它对立于消极、温和的蓝色与纯洁的白色。火代表男性，而水代表女性。英国和美国的男孩子常用的一个名字叫"罗伊（Roy）"，它源于凯尔特语，意思是"红色的"。蓝色只有作为精神的象征色时才和男性的属性联系在一起（参见图7）。

红色在中国也属于男性的颜色，白色和黑色则是女性的颜色。红色甚至可以与黄色的象征意义相反：在埃及的壁画中女性都画着黄色的皮肤，而男性被画着红色的皮肤。[10]

在所有的文化里，红色均代表男性——尽管如此，在本书作者进行的问卷调查中，几乎没有人将红色列为男性的色彩，更多的人认为红色是代表女性的颜色。

当问到代表男性和女性的典型颜色各是什么的时候，今天的人们会想到浅蓝和粉红这两种婴儿的色彩。因粉红色源于红色，红色可以被归为女性的色彩，但事实上这两种婴儿色彩是1920年左右才流行起来的(参见"粉红色"第3节)。

还有一种代表女性的红色——深红色。自然拜物教认为血的象征意义都与性别相关。男性的血是闪亮的红色的血，它代表激情，喷洒在战斗中；女性是深红色的血，象征着富饶。过去人们将女性生理周期中所流的血洒在田地里，以使土地肥沃。

闪亮的红色和深红色像男性和女性这两个对立面一样互相补充。明亮的红色象征着心脏，深红色则象征着腹部；明亮的红色象征着活跃，深红色则独善其身，它是安宁的，属于夜晚的颜色。

图7. 国际上通用的规则标志为蓝白色。图中标志为"戴防毒面具"。

传统效果

7. 贵族和富人的颜色

法国革命之前,世界各地都有关于着装的规定,由官方确定什么人允许穿什么衣服,存在所谓与身份相符的服装、与身份相符的面料、与身份相符的颜色。中世纪时期,着装规定针对的范围遍及高等与低等的贵族、高级别和低级别的教士、富裕的市民、贫穷的市民、富裕的农民、贫困的农民以及佣人、雇工、没有财产的寡妇及孤儿,甚至还包括乞丐。

一件衣服所用的布料越多,它就越高贵。那时的布料非常昂贵,因而"用布料包裹"与"富裕"的意义相同。这个俗语使用了很长时间,直到19世纪,一个生活景况较为简朴的妇女最多只拥有两件夏装和两件冬装——每个季节有一件在星期日穿,一件平日穿。

在中世纪早期,只有纯正的颜色才被认为是漂亮的,因此纯正的颜色是社会地位高的人的特权。富人用纯正的颜色,穷人用不纯正的颜色,这就是中世纪关于色彩的法律规定。[11]

对颜色是否纯正的判断即对其价格的判断。因为把不纯净的天然染料滤清变纯的过程相当困难,所以纯正色彩的染料价格昂贵。红色染料最昂贵,其生产及印染工艺繁复,此外染料还需进口(参见"红色"第8节)。绿色是非常普通的颜色。蓝色中只有发亮的蓝色才是高贵的颜色,深蓝色是一般的颜色。最微不足道的颜色是褐色和灰色。

红色的价值通过其本身的魔力得到了提升。过去人们迷信红色可以赋予人以强势和权力,当政的贵族禁止臣民使用红色就证明了这一点的真实性。如果有人胆敢穿与他身份不符的红色衣服,就会被处以死刑。在后来的几百年中,当贵族失去生杀大权后,他们与身份不符的衣服就被警察局没收充公了。任何人都不允许拥有与自身行业的社会声望不相称、过于奢华的衣服。

中世纪时期只有贵族才允许穿红色外套:此外套剪裁得像长袍一样,有钟形的摺裥,宽大的袖子,人们称它为"绍帛(Schaube)",它是中世纪典型的服装。使用较为廉价的染料和面料,布料用量较少——长度只到臀部且没有袖

《黎世留像》法国 尚帕涅

黎世留是路易十三的首相,他担任这个职位达18年之久,直到1642年逝世。画中的黎世留身穿红色长袍,手拿红色帽子。画家在描述这位大人物时,着力突出其高大挺拔的形象,渲染他的身份和权威。

色彩的性格
Wie Farben wirken

子——这是身份低微的人穿的"绍帛"。

当贵族丧失其经济权力的时候，也同时丧失了对红色外套的特权。1498年弗莱堡有关服装的规定允许学者也可穿红色外套。1524—1525年德国的农民战争中，奋起反抗贵族剥削的农民们要求拥有穿红色"绍帛"的权利——它是社会价值提高的显著标志。但起义失败，农民们的努力徒劳无功，他们反而比以前丧失了更多的权利。不过此时城市里出现了一个小阶层的市民，他们通过经商变得比贵族还要富裕，他们不愿受有关规定的束缚。这些所谓的城市贵族把代表富裕的红色作为自己的颜色。

到了20世纪，鲜艳的颜色几乎从男式服装中消失殆尽，女性时装也几乎都是灰暗的色彩。按照流行的口味，像鲜红这样的颜色是孩子和年轻人的颜色。如果让文艺复兴时期的人来看，会觉得我们奉为时尚的暗淡色调不美。文艺复兴时期红色是最漂亮的衣服颜色，男女老幼咸宜。在吉尔兰戴欧斯（Ghirlandaios）所作的令人感动的肖像画中，祖父——一个长

《约翰·朱利叶斯·安格斯坦夫妇》美国 劳伦斯

这是劳伦斯为英国当时的一对贵族夫妇所画的肖像画。劳伦斯的肖像画优雅动人，色彩辉煌显赫，灿烂夺目，手法纵横自如。

红 色

图11：文艺复兴时期，红色是老幼皆宜的最美丽的色彩。

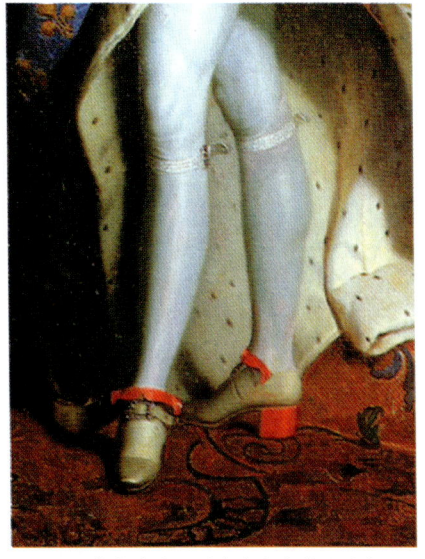

图12：只有贵族才允许穿有红色鞋跟的鞋。图中为路易十四的鞋。

着团状鼻子的老城市贵族穿着和他的孙子同样的红色衣服（参见图11）。

允许穿红色的人结婚时也会穿红色。直至18世纪中叶，纽伦堡的女城市贵族们结婚时都穿红色衣服，新郎穿红色的裤子（参见白色12节）。

几百年里有关颜色的规定所涉及的内容有多么详细，从1653年布劳恩施威格市议会发布的命令中可见一斑，此命令规定了妇女存放嫁妆的木制箱子"嫁妆盒"的颜色：嫁妆盒的颜色为"第一层红色，第二层绿色和红色，第三曾浅绿和深绿，第四层用'低贱的颜色'"。[12]

18世纪时贵族们只保留了象征性的穿红色衣服的特权——1701年由叙阿辛·里高（Hyacinthe Rigaud）所作的著名的路易十四的肖像画证明了这一点：国王路易十四身穿象征波旁皇族的蓝—白—金三色的华服。在蓝色的加冕披风下路易十四全身穿着白色的丝绸：短灯笼裤配以白色的丝袜，上穿白色的长筒袜，丝制的鞋也是白色的。这身服装仅有一个细节是红色的：他的鞋跟（参见图12）。当时只允许贵族的鞋跟用红色。

传统效果
8. 出自虱子的奢侈染料

关于红色纺织品染料的历史是有关奢侈的一个章节。

最高贵的红色是普紫红（紫红色）。国王加冕时穿的就是普紫红的披风；红衣主教有专用的普紫红；高等法官的长袍是普紫红的。——但和普紫红结合在一起的红色色调并不明确。当人们说到普紫红的时候，指的是权力的象征色。到底哪一种红色是普紫红呢？

真正的普紫颜色是紫罗蓝色，它是古代珍贵的染料，只有珍贵的面料才可以用它染色。普紫染料的生产是拜占廷宫廷御用的染坊独家的秘密。随着东罗马帝国的灭亡此生产秘方也相继失传，普紫才变成了普紫红。因为当时只能用次等贵重的颜料来印染珍贵的面料，这种颜料染出的颜色偏红，于是原来紫色的普紫成为了带红色的普紫（参见"紫色"第1节）。

《教皇英诺森十世像》
西班牙 委拉斯开兹
画像淋漓尽致地再现了这位威严而狡黠、贪婪而凶狠的显赫权贵的性格特征。画中的教皇披着红色的披肩。

  这种变异的普紫红出自经干燥处理后的母虱子。这种虱子也叫胭脂虫,生长在地中海边布满荆棘、长年绿色的橡树上。这种虱子如豌豆般又圆又大,它们吸附在树叶上并产下充满红色汁液的卵。

  因为胭脂虫吸附在树叶上以后就不再挪动直到在卵上死去,以前人们误把它们当成从树叶中长出的浆果,因此在古老的药方中这种虱子也叫做"胭脂浆果"。用它制作的染料被称为"胭脂红",胭脂红也叫"绯红"。1公斤染料大约需要14万个虱子,得用木制的刮刀从树叶上把它们刮下来。虱子干燥后被磨碎成为红色的粉末。1公斤用虱子制成的颜料可以印染10公斤的羊毛。

  这种颜料的生产相当辛苦,因此价格也相应地昂贵。

  但是胭脂红的确物有所值,不仅因为它染出的红色鲜艳,更重要的是,胭脂红耐光:大多数的天然染色经过很短的时间便会变浅,但用胭脂红印染价值不菲的衣服可以流传好几代。腓尼基人就已经用过这种奢侈的颜料来染羊毛、丝绸和摩洛哥皮革。今天罗马式和哥特式的壁毯上仍然鲜亮如新的红色就是用胭脂红印染的。《可兰经》中曾描写,穆斯林的非斯帽也是用胭脂红染成的。

《吉普赛女郎》荷兰 哈尔斯

荷兰画家哈尔斯所作,画中是一个劳苦的吉普赛姑娘,她敞着领口,脸上泛着一点红晕,看来她是刚喝了几口酒,正在朝一个画外的人物调笑,似乎什么都不在乎,无拘无束。

就像几乎所有贵重的东西一样,胭脂红也被当做全能的药物颂扬。人们把胭脂虫加工成糖浆,这种虱子做成的饮料据说可以治愈神经病、心脏病、头痛和胃病。

自古以来就为人们所知的另一种红色染料是西洋茜草,它取自50厘米~60厘米高、开黄花的灌木——西洋茜植物。此染料产生于根部:剥掉根部的皮,中间的心是黄红色的,干燥后变为鲜亮的红色,将它碾碎后便可用于印染。西洋茜草容易保存,放置多年后它的印染效果仍然可以达到最好——非常适合用于贸易。西洋茜草可以加工成印染纺织品的染料和绘画的颜料。艺术家作画的颜料中一直都有这种西洋茜草制成的红色。

最好的西洋茜草来自亚洲。几百年来中欧的人们试图在本地种植这种植物并试图揭开土耳其和意大利红色染料的秘密。16世纪时荷兰人终于成功地种植出了质量上乘的西洋茜草,于是红色衣服成为每个人都购置得起的服装。其后果不仅导致了贵族权力的丧失,更使红色成为普通市民的颜色。

当时非常流行的是红色衬裙,它从黑色的裙子底下探出,闪闪发光。地位高贵的荷兰人穿全部染成红色的丝制西服,农民在节日里穿红色裤子和短上衣。

从亚洲进口西洋茜草已成为不必要,西洋茜草的价格也变得较为便宜,这

红色

并不仅仅是因为欧洲本土也有了西洋茜草的种植，还有一个划时代的事件为红色服装的社会地位的降低打上了烙印，这就是美洲的发现。

随着美洲的发现，从墨西哥传入了一种新的、更好的红色：考尺尼勒虫的红色。玛雅人曾用此颜料染色。考尺尼勒使胭脂红受到了排挤，因为产于墨西哥的这种虫的颜料产量更高。1526年这种颜料首次由西班牙水手引进。后来他们又把虫子长于其上的仙人掌带回西班牙。这种银灰色的虫子像胭脂虫一样经干燥再磨成粉末。用胭脂虫制成的是鲜红，用考尺尼勒虫制成的是带蓝光的朱红。[13]

胭脂红、考尺尼勒、西洋茜草都是媒染式的染料，它们染出的颜色非常持久，是因为它们能与布料牢固地糅合在一起，为此布料先经过了媒染剂的预处理。中世纪人们使用的媒染剂有：明矾，山毛榉制成的洗涤溶液，苛性钾溶液，锡盐，尿液。[14] 用于制造红色染料的明矾必须从埃及和土耳其进口，这是红色面料为什么如此昂贵的另一个原因。

印染红色的染坊的工作强度很大。在印染业飞速发展的17世纪和18世纪，关于染色的教科书中记载，为了染出美丽的红色所需的工序为17道。完成一次上乘的染色需要5~8天的时间。

19世纪中叶由于化学家发明了人造品，突然使得染工的技艺成为多余。化学可以让焦油在染料中转化，产生苯胺染料。首当其冲受到合成染料排挤的天然染料就是西洋茜草。

1871年，巴登州苯胺及苏达工厂成功地生产出了合成的西洋茜草颜料，它每公斤价值270马克，而天然的西洋茜草每公斤只需60马克。当时法国西洋茜草的种植者为整个欧洲供应着最好的西洋茜草，对于他们来说这是微不足道的竞争。但是产自德国的人造西洋茜草一天比一天便宜。为了拯救法国的天然染料免遭德国的人造染料的打击，法国军队采用了新制服：所有的士兵必须穿用西洋茜草印染的裤子。这就是法国士兵被称为"红裤子"的由来。国家的扶持是徒劳的——1886年德国产的人造西洋茜草每公斤仅售9马克。法国农夫最终认输，西洋茜草也像菘蓝一样地消亡了。

此时虱子染料也早已被人造染料所取代。只有西班牙还留有用于考尺尼勒虫生长的仙人掌种植园。作为有机染料，虱子染料在今天还在被人们使用，比如用于食色，在化妆品工业中用于唇膏。

《自由引导着人民》
法国 德拉克洛瓦

画家虚构出一个象征自由的女性形象,她头戴法国大革命时期的红色弗里吉亚帽,左手握枪,右手高擎飘扬着的三角旗,正回头号召民众向前冲去。

色彩的性格
Wie Farben wirken

政治效果

9. 自由、工人运动与共产主义的红色旗帜

红色是旗帜最常见的颜色。红色的旗帜比较好看，另一个原因是，一面旗必须特别耐光，而以前只有很少的颜料像胭脂红和西洋茜草的红色那么耐光。

红色旗帜因象征着战士的鲜血而一再地出现在历史中。1792年的雅各宾党人把它解释为自由的旗帜。1834年里昂的缫丝工人起义，红色的自由旗帜成为工人运动的旗帜。1907年的俄国革命使工人运动的旗帜成为社会主义和共产主义的旗帜。

在俄语中红色的意义远远多于一种颜色的含义。"红色"（krasnij）和"美丽、美好、好、珍贵(krasiwij)"同属一个词族。"红色的事物"与"好的事物"意思相同，莫斯科的"红场"也是"美丽的广场"，"红军"即"雄壮的军队"。

心理效果

10. 法律上的禁令

就色彩在当代的象征意义而言，道路交通也许是我们最重要的一个经验范畴。这里最重要的色彩是红色，如果有人忽视红色就会受到惩罚。全世界为什么都使用统一的交通信号灯呢？白日的光线下黄色

交通信号灯

是最亮的颜色，次之为红色，再次是绿色，然后是蓝色。黎明或者黄昏时绿色的能见度最大，黄色次之，然后是蓝色，最后才是红色。为什么人们不按色彩亮度的客观规律来选择交通信号灯呢？——一种色彩是否被采用以及如何被采用，不依赖于色彩本身，而依赖于它在周围环境中的效果。

无论在白天还是夜晚，红色都是最不自然的色彩，因此它能在天空和自然风景的环境中仍然引人注目。

黄色的灯最常见，如果把它作为信号灯则几乎无法与街道上的路灯、汽车前灯区分开。虽然在夜晚绿色比红色的远距离可见度大，但在白天绿色的灯就会与自然风景合为一体而不显得突出了。出于同样的理由蓝色也不能做交通信号灯：蓝色的灯与天空的颜色没有反差。无论在白天还是夜晚，红色都是最不自然的色彩，因此它能在天空和自然风景的环境中仍然引人注目。

如果一种色彩信号非常重要，无论如何必须让所有的人都重视它，那么就需要通过与色彩无关的象征意义来加强它所代表的意义。例如，所有的交通信号灯都是红灯在上，绿灯在下，这样即使色盲也能分清交通灯的信号指示；在很多的步行信号灯里都额外标有一个站立和行走的小人，通过这种幼儿都可以理解的具体图像使信号灯传达的信息得到加强。

交通信号灯色彩的象征意义因深入人心而被转移到其他的范畴里。比如红色预示着危险，紧急制动开关和警报按钮都是红色的。系留气球着陆后才允许开启的开伞锁是红色的。录音室、手术室门上红色的灯表示禁止入内。国际上通用的禁止指示牌均包括视觉上统一的三个元素：一道红边，一道红色的斜杠，以及所有指示牌均为圆形。从禁止停靠指示牌直到禁止吸烟指示牌都是如此。

《圣母升天与圣人米尼亚托·朱利亚诺》 意大利 安德烈亚·德尔·卡斯塔尼奥 1449—1450 年

圣母被深重外衣包裹着,形成清晰的金字塔式外轮廓,稳定而不可动摇,这与徐徐上升的云梯又构成静和动的对比美感。

象征效果

11. 道德上的禁令

地狱是红色的,人间也有这样的地方。在"红灯区",朦胧的红色光影中充满着不道德的气息。在性和性爱这两个概念中,红色是与代表罪恶的黑色、代表堕落的紫色结合在一起的。

《新约全书》中这样写道:"我曾看见一位女子坐在一头猩红的动物上,它

红 色

声名狼籍,有七个头和十只角。这位女子身穿紫色和鲜红的衣服,戴着金子、宝石和珍珠的装饰品,手中拿着金色的杯子,里面充满她淫荡的罪恶和肮脏,她的额头上写着一个名字,一个秘密:伟大的巴比伦——淫荡及地球上一切罪恶的母亲。"[15]

类似于上述的城市巴比伦,《旧约全书》中的城市耶路撒冷被描写为穿红色裙子的妓女。于是有人推论:红色是代表娼妓的色彩。此推论相当普及,但却是错误的。在圣经时代不允许普通人穿普紫颜色的衣服,只有似神者才有资格穿它。甚至到了《圣经》被改写的时代还不允许娼妓穿红色衣服,而且她们也买不起红色的布料。《圣经》里穿普紫颜色和红色衣服的妓女是巴比伦和耶路撒冷亵渎神灵的民众的象征:奢侈及七宗罪之一的虚荣在这里被拟人化。

把红色当做娼妓的色彩而加以蔑视是当代人的想法,自从衣服的色彩具有社会意义以来,红色就是代表威望的色彩。有关着装的规定废除许久以后,才产生了服装色彩的心理意义。有关平均的道德、"标准"的道德,其意义等同于不引人注目的极其严肃的色彩,并将颜色醒目的服装视为不严肃而加以拒绝。

与此相反,较古老的传统蔑视红色的头发。红色被视为娼妓的典型的发色。首当其冲的是深红色的头发,因为它看起来特别不自然。在中世纪早期圣母玛丽亚还经常被画为红色的头发——金色头发与当时绘画普遍使用的金色背景的对比度太小,人们也不愿意给玛丽亚画黑色的头发(参见图72)。将红色头发妖魔化始于1500年左右,那时的绘画已经不用金色的背景。于是玛丽亚变为金发,而红发则被视为与女巫等同而加以焚毁。即使男人长着红发也被视为妖魔。叛徒犹大·伊沙里奥特大多被画成红色的头发。古老的谚语中说,"红头发——坏头发",还有一句,"红胡子——魔鬼式",以及"红色的头发——上帝拿走它"。[16]

这个传统的影响仍然存在:长红色头发的现代圣母在今天依然给人以亵渎神灵的感觉。

图72:在把神灵画在金色底面上的时代,玛丽亚总是被画成红发。

色彩的性格
Wie Farben wirken

心理效果

12. 修正与监控的颜色

每个学生都知道，红色是修正的色彩，红色意味着评价的降低。广告用语中有这样的说法，"这里全是红笔"，"我们的评价为红色"；在规划和管理中沦为红笔的牺牲品，意味着由于资金短缺而被勾销；在会计用语里红色代表借方，"写红色数字"代表有亏损。

关于"穿引故事的红线"的成语众所周知，但很少人知道它的出处。希腊神话里讲述阿里阿德涅给了英雄特修斯一团线，帮助他走出 Minotaurus①的迷宫。这个成语与阿里阿德涅的线无关，它起源于一个巧妙的发明：英国的船舰为防止其缆绳丢失，在所有的缆绳中缠绕卷入一根红色的线；如果要去掉这根红线，就必须拆开整个缆绳。这根红线延伸通过粗细不一的绳索的每一个厘米，一眼看上去就知道属于英国船舰所有。

"别再提朱砂"与"把朱砂都拿走"这两句成语都把绘画用的红色颜料等同于无意义和无价值的东西，为之做注解的是炼丹术士所付出的徒劳无益的努力：炼丹术士一再试图从汞和硫的混合物中造出金子，但他们得到的总是廉价的绘画颜料——朱砂。

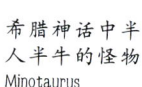

希腊神话中半
人半牛的怪物
Minotaurus

① 希腊神话中半人半牛的怪物，食人肉，饲养于克里特岛的迷宫。——译者注

红色

心理效果

13．动力与广告的颜色

红色是积极主动的，红色处于运动之中，是动态的。代表一个圆的基本色彩是红色。

红色普遍存在于广告的世界里。但凡需要强调突出的事物，一概印成红色。但两个不同之处却被忘却了：

1．色彩的心理效果与广告的心理效果相抵触。印成红色的东西，一眼望上去就像广告——而越来越多的人忽视广告。虽然每个人都知道红色印刷品有突出的效果，但是人们习惯于从白纸黑字里读取一切确实重要的信息。一篇科学性很强的文章使用红色字看起来像通俗科学，不然就显得不严肃（参见图24）。

色彩及可读性
黑色文字在黄色底面上的远距离效果最好。
黑色文字在白色底面上的近距离效果最好。
远距离效果和近距离效果适用于不同种类的信息。远距离效果对于
交通标志类的信息很重要：它适用于较短的、内容广为人知的信息。
远距离效果对文字较长、内容不为人知的信息作用不大。这类信息必须在近处阅读。此时色彩起着干扰作用。
许多人认为红色的文字会特别引人瞩目，但实际上人们对红色印刷文字的注意力少于黑白的印刷文字。红色印刷体让人想起的是不重要的广告。与此相反，黑色印刷体的效果严肃而富有信息性。
文字和底面的亮度对比度越小，其可读性越差。
一段文字所用的色彩越多，它给人们带来的阅读障碍就会越大，其所反映的信息也会显得越不重要。

图24：色彩及可读性。

2．对红色字体的忽略也与人生理上的感知能力有关。红色字体在白色以及黑色的背景上很难看清楚。最后的效果跟预想的正好相反：应该突出强调的东西反而消失不见了。

由德国联邦劳动部印在火柴盒上发行、针对非法劳务所设计的宣传广告（参见图13）上，红色的字体在白色和黑色基底的映衬下几乎看不出来。视觉上简洁明了的倒是这种广告本意的对立面：非法雇佣及非法劳务使得现金可以直接交到手上——这是非法劳务最令人信服的理由。

图13：广告中错误的着色。红色的文字在黑色和白色的底面上显得模糊不清。广告的视觉效果与其本意背道而驰。

力量（94）：

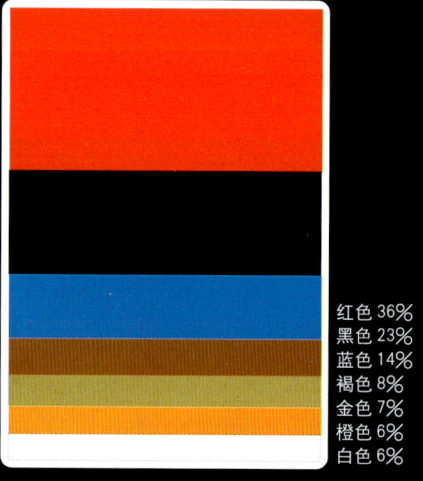

红色 36%
黑色 23%
蓝色 14%
褐色 8%
金色 7%
橙色 6%
白色 6%

红色赋予人力量，因此武夫衣着红色或用红颜色涂抹自己，直至19世纪末红色仍为士兵制服常用的颜色。

吸引力（12）：

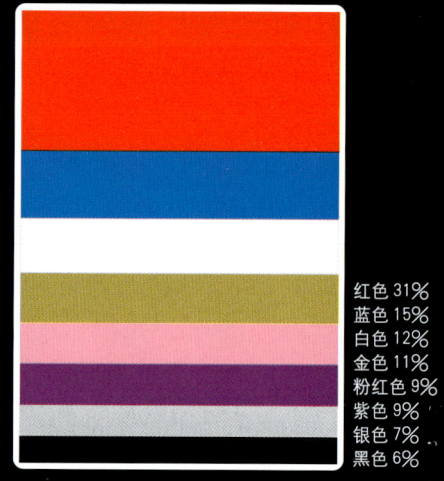

红色 31%
蓝色 15%
白色 12%
金色 11%
粉红色 9%
紫色 9%
银色 7%
黑色 6%

红色是积极主动的，红色普遍存在于广告世界中，但凡需要突出强调的事物，一概印成红色。

兴奋（77）：

红色 26%
橙色 16%
黑色 13%
灰色 12%
黄色 12%
紫色 11%
绿色 10%

红、橙、黄是能量的色调，橙色排在红色后面是构成火的色彩之一。

圆（136）：

红色 26%
金色 16%
橙色 15%
粉红色 12%
黄色 10%
紫色 8%
褐色 7%
白色 6%

代表一个圆的基本色彩是红色，就形式而言，人们大多将金色联想为圆形。

红 色

14. 动物对红色如何反应

所谓红色会令动物特别兴奋的说法是个传言。并非尽人皆知的红布，而是斗牛士及其助手用标枪刺公牛的行为激怒了它。斗牛士用一块蓝布也能达到同样的效果。公牛是在攻击移动的物体——无论是斗牛士手中的布，还是腾挪闪躲、没拿布的斗牛士。

动物的听觉和嗅觉优于人类，而人类能够较好地区分各种色彩。夜间活动的动物甚至能在黑暗中看清更多的东西，但它们区分颜色的能力在白天却较为低下。和人类一样具有区分色彩的良好能力的唯一的哺乳动物是类人猿。

甚至于为盲人带路的狗也不能区分红色和绿色——这并不必要：没有交通信号灯，狗也必须能做出正确的反应。如果一条盲人狗只依赖信号灯，倒十分危险；它必须注意交通状况并借助于听觉使自己的行动更安全。

相对于哺乳动物，鱼类、鸟类和昆虫区分色彩的能力比较强。鱼虽然是红色色盲，但它却因此能看见人类所不能看见的紫外线。

蜜蜂和其他的昆虫同样对红色没有反应，但它们能看见紫外线。许多花朵有紫外线的模式，蜜蜂可以通过它们来区分各种花朵，而这些花朵的色彩在人类眼中没有分别。昆虫的视觉功能延展到了对植物颜色的选择上：由昆虫授粉的花很少是红色的——罂粟花能够活下来，是因为它有很强的紫外线成分。但是鸟类可以看见红色：因此由蜂鸟授粉的热带花朵有大量的红色品种。

罂粟花

15. 创造性的红色

　　被人们赋予警示意义和信号意义的红色是不容替代的颜色。任何变动都会引起混乱，混乱在紧急情况下则意味着危害。

　　但是红色作为信号色的功能经常被错误地使用。人们在广告、价目单、使用说明书中把单个的词或整段文字印为红色。信号色应该有突出的效果——但希望达到的目的常常转向相反的一面：字体过小或过细，红色的文字并不显眼；成段的红色文字比印刷成黑色的文字难辨认得多。如果想既有意义又富有创造性地使用色彩，就应摆脱这样的成规。

红色

当红色只能表达例如红色的心这样约定俗成的意义时，就应该放弃使用它。一种不典型的色彩能够更让人感兴趣。一颗绿色或灰色的心显示了新的信息。红色的嘴唇在广告中随处可见，它不再具有醒目的效果，而只能说是平庸。相反一张绿色的嘴则会让人惊奇，令人不由自主地注意它。

按照不可能色彩的原理，有个广告把某香烟品牌设计为红色的包装，在这个广告里通常绝不会是红色的物体全部变为红色：音乐会上红色的大钢琴，红色的大提琴，红色的小号，着红色西服的海员——还有一位穿红衣的新娘（参见图16）。

图16: 广告中创造性的着色：常规的新娘礼服用不寻常的红色。图中为香烟广告。

反过来，给那些一直是红色的物体换上新的颜色也可以创造简明的广告形象。动物很少是红色的，最著名的是长有黑色斑点的瓢虫。因为瓢虫被看做吉祥的东西，所以它是广告中最常见的动物，并由此成为一个惯用的俗套，不再能引起人们的注意。如果设计一个蓝白点的瓢虫同样很漂亮，并更能引人注目，当然新色彩与产品有关则效果更好。红白斑点的蛤蟆菌同样象征着幸运，也是个俗套的形象，如果是一个带金色斑点的蓝色蘑菇将会引起更多的联想。

如果一位尼古拉①或一位圣诞老人穿蓝色外套就相当符合流行主题,从而吸引人们的注意。

红色已不再作为表面色彩出现在现代的居室中。红丝毯只有用在非常大的空间里才会有高贵的效果，因为红色需要空间来显示它的华丽。相反，要用红色瓷砖装饰窄小的浴室则红色的效果最差。这种创造性的着色只能让人产生不舒服的感觉。

红色和灰色都是房顶典型的色彩,但在南部国家不在少数的是蓝色的屋顶。

---

① 12月6日为尼古拉日，按民间习俗，圣尼古拉在这一天显圣，并给孩子们送礼物。——译者注

色彩的性格
Wie Farben wirken

即使在北方的天空下，闪着蓝光的屋顶看上去也很漂亮。用这种不平常色彩的屋顶对势利顾客具有吸引力，有人为此不惜破费许多钱财。许多公司推崇"整体的统一性（Corporate Identity）"，意思是对外形象的统一：从公司的图标直至公司的汽车都使用公司专用的一种色彩。另外一个引人注意的办法就是把公司所在建筑物的房顶涂成公司专用的色彩。一种创造性的着色标志着创新的精神。

如果人们将一张照片中自然风景的色彩替换以自然界中不可能的色彩，则产生的是一幅陌生的景象。超现实主义的艺术家画红色的水、红色的草、绿色的火、绿色的太阳。有关不可能色彩的原理非常适用于具有惊人想象力的图片以及科幻方面的主题。

斗牛士用蓝色的布斗牛就是一幅反常规的图像（参见图14）。此处不寻常的着色具有另一重意义：公牛是色盲。

图14：色彩游戏。公牛也会对一块蓝色的布有反应。公牛是色盲。

注　释

[1] 翁德里希（Wunderlich）：《希腊和罗马文化中红色的意义》，18页。

[2] 《美伊尔会话辞典》（Meyers Konversationslexikon），1902—1908年出版，词目"血祭（Blutopfer）"。

[3] 同上。

[4] 普罗斯：《一本关于古老染料的书》，1967年版，22页。

[5] 翁德里希：《希腊和罗马文化中红色的意义》，5页及后页。

[6] 同上，25页。

[7] 《那鸿》（Nahum），2.4节。在对《圣经》较早的改编中，战士的衣服为猩红色。

[8] 人们同样以红色来庆祝圣灵降临节。圣灵降临节中红色象征火苗，它是神圣的天神的化身。

[9] 翁德里希：《希腊和罗马文化中红色的意义》，71页。

[10] 在埃及，白色一般象征着女性，是对男性象征色——红色的补充。参见鲁克尔（Lurker）编著的《古埃及神与象征词典》，1987年版，70页。

[11] 参见尼克斯多夫／米勒的《白色马甲—红色长袍——从中世纪的色彩规定到个人的色彩喜好》，29页。

[12] 福瑟（Fuhse）：引自劳弗的《德国民间习俗的色彩象征性》，20页。

[13] 印染业越往后发展，色调对染料的依赖越少。人们用考尺尼勒（Cochenille）染色，添加酒石酸，得到的是朱红；酒石与锡盐混合得到的是鲜红。参见费德森－非勒的《天然染料》，56页；普罗斯的《一本关于古老染料的书》，37页；福格特的《色彩及其历史》，42页。

[14] 媒染式的染色会发生酸碱反应：当染料在化学意义上为酸性时，媒染剂必须是碱性的；当染料为碱性时，媒染剂则是酸性的。

[15] 《表白》（Offenbarung），17.3—5。

[16] 劳弗：《德国民间习俗的色彩象征性》，14页；里德尔（Riedel）：《宗教、团体、艺术及精神疗法中的色彩》，41页。

绿色

具有镇静作用
介于希望与毒药之间

苦艾酒绿·苹果绿·军绿色·鳄梨绿·台球桌的绿色·桦木绿·浅绿色·叶绿素·钻石绿·褐绿色·青铜绿·氯绿·铬绿·氧化铬的绿色·热带丛林绿·纯绿色·常春藤绿·豌豆绿·桉树绿·蕨类植物的绿色·毡绿色·瓶绿·法国绿·蛙绿·苦胆绿·毒药绿·草绿·灰绿色·绿米色·绿蓝色·绿色的泥土·酞菁绿·翡翠绿·镉绿·黄卡其·松树绿·钴绿色·叶绿色·淡绿色·黄绿色·罗登粗呢绿·五月的绿色·孔雀石绿·机械绿·暗绿色·海绿色·薄荷绿·槲寄生绿·苔绿色·爱神木绿·那托绿·那浦绿·氖绿色·尼罗河绿·橄榄色·橄榄灰·蛋白石绿·巴黎绿·粉画绿·铜绿·不褪色绿·石油绿·孔雀绿·胡椒薄荷绿·色素绿·阿月浑子绿·警察绿·木犀草绿·俄国绿·绿油油·色拉绿·芦苇绿·霉绿·脏绿色·施魏因福特绿·海绿色·信号绿·绿宝石绿·菠菜绿·冷杉绿·绿松石·电气石绿·原绿色·交通中的绿色·维罗纳绿·维多利亚绿·绿胶霉素绿·香车叶草绿·黑板绿·水绿色·枯绿色·锌绿

色彩的性格
Wie Farben wirken

美丽的绿色和丑陋的绿色

绿色是12%的男性和女性喜欢的颜色。但也有许多人不喜欢绿色：10%的男性和8%的女性把绿色列为最不喜欢的颜色。

绿色是混合色中最独立的颜色。紫色常常让人想起它的起源色红色和蓝色。和紫色不同，人们看见绿色几乎不会联想到它产生于黄色和蓝色。因此，画出一种黄色和蓝色比例相同的、协调的绿色并非易事。

同样困难的是给"典型的绿色"下定义。喜爱绿色的人认为典型的绿色比较有光泽，而不喜欢绿色的人觉得典型的绿色晦暗无光。如果给喜爱绿色的人和不喜爱绿色的人看20种不同的绿色色调并问他们哪种是典型的绿色，所选择颜色的色谱比选择典型红色或典型蓝色的色谱要大得多。

不同概念的绿色色调是否"正确"，需要通过列在第二位和第三位的色彩来定义。比如列在第二位的是蓝色，则此组合为蓝绿色。一种绿色为浅绿还是深绿要看列在一起的是白色还是黑色。本书为解释概念的彩色图解选择了一种绿色，它看上去既不像灰绿色也不像黄绿色，它的亮度与红色和蓝色相符合。——但绿色不仅仅是一种在象征性上变化多端的颜色：绿色在日光和人造光线之间的变化比其他颜色要剧烈得多。

《乡村贵族小姐》法国 库尔贝

天空的明媚蓝色和大地鲜亮的黄绿色，形成了欢快明朗的调子。沿着山坡由远至近，大片的绿色又产生许多不同的变调，在总的和谐中包蕴着色彩的丰富韵律。

心理效果

1. 大自然

　　绿色是植物。绿色可以赋予各种概念与大自然相关的意义。人们形容森林为大城市"绿色的肺"，危险的原始森林为"绿色的地狱"；在郊区"绿色的孤独"中等待着"绿色的寡妇"；一个爱好园艺的人有一个"绿色的大拇指"。

　　"绿色"作为独立的概念展示了文明的角度。只有城里人才需要"走进绿色"的大自然，只有在城市中才有"绿色机器"进行"绿化"，由"绿地办公室"来管理。高尔夫球场的"绿色"同样是一种人造的天然设施。"绿"党只可能产生于一种高度工业化的文明中，此时对自然的破坏已经成为人们关注的话题。

　　许多概念之所以容易记住就是因为给文化、文明之类的概念冠以"绿色"的称号。类似于"黑色魔术"的"绿色魔术"自然可以理解为大自然所发生的奇迹。"绿色化妆品"则暗示其有效物质产自天然。在一个化学康采恩的广告里就有"绿色化学"这样的宣传词语。

色彩的性格
Wie Farben wirken

心理效果和象征效果
2. 生命的色彩

绿色是生命的象征色，其象征意义来自于植物生长的经验。绿色是枯萎、干瘪、坏死的反义词。

作为生命色彩的绿色是女性的象征。在我们这里绿色与女性的联系已几乎被忘却了；但在中国依然保留着这种观念，在那里各种色彩被划归为代表女性的"阴"或代表男性的"阳"，此归类方法牢牢地固定于哲学、宗教的思想中。绿色即"阴"（参见"黄色"第11节）。

在中国，绿色也是长寿和慈善的象征色。这两个词在基督教的思想里同样息息相关：慈善是新生命的开始。在中世纪的艺术创作中，扮演生命化身的神明常常穿着绿衣，它是施洗的约翰的色彩。在许多绘画作品里，神圣的米歇尔征服龙撒旦时所穿的是一件绿色的披风。

《绿垫圣母子》
意大利 安德烈亚·索拉里

画家在此借圣母子的故事，描绘了一幅极富世俗特点的母子情深的图景，来表现人间生活的情趣与人性的美好。

天然 (124):

绿色 53%
白色 16%
蓝色 14%
褐色 11%
黄色 6%

活泼 (100):

绿色 42%
红色 18%
橙色 11%
黄色 11%
白色 10%
蓝色 8%

希望 (83):

绿色 59%
蓝色 26%
白色 8%
黄色 7%

健康 (66):

绿色 34%
红色 23%
蓝色 13%
粉红色 11%
橙色 8%
白色 6%
黄色 5%

青春 (87):

绿色 33%
粉红色 23%
黄色 15%
蓝色 15%
白色 14%

绿色是植物,代表着天然与活泼,作为生命色彩的绿色也是女性的象征。绿色象征希望是因为它与春天的经验接近,希望在萌芽,种子在春天发芽。健康是绿色的,因为绿色与蔬菜同义。

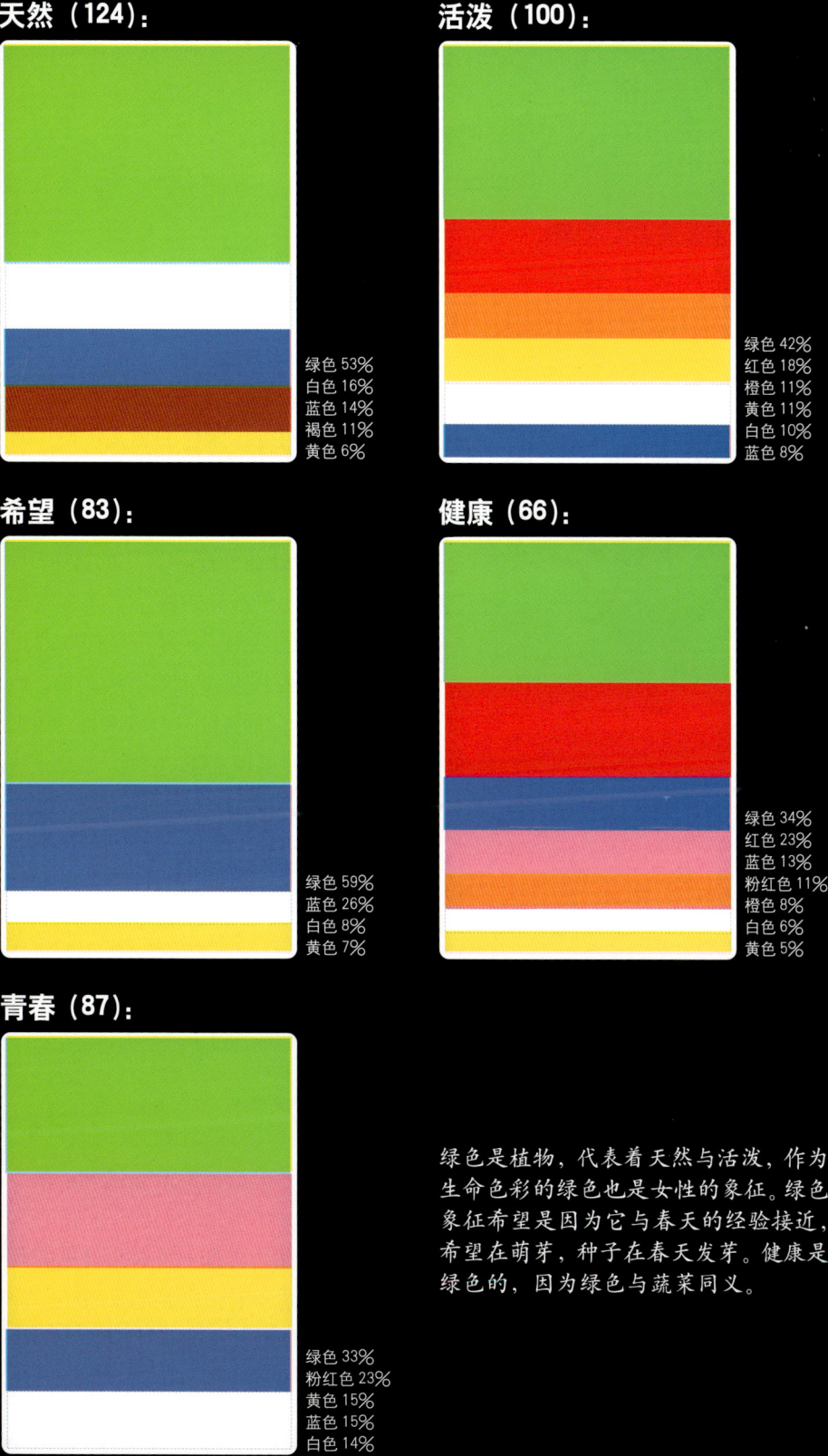

色彩的性格
Wie Farben wirken

心理效果和象征效果
3. 春天及生意兴隆

图23：埃及的神奥西里斯长有绿色的皮肤。

发芽，抽条，变绿。绿色是春天的颜色。春天意味着万物生长，绿色的意义转换为繁荣的象征色。古语中曾说："目前是罗马最绿的时候。"这句话并非说明罗马正是春天，而是表示罗马目前处在经济和文化的繁荣中。"做绿色的事情"在古老的埃及意味着做好的事情、产生好的后果。[1] 绿色是神奥西里斯的颜色，他是古埃及司土地肥沃的神。他的皮肤是绿色的，他的另一个名字是"伟大的绿色之神"（参见图23）。

象征效果
4. 处于萌芽阶段的爱情的色彩

在中世纪的爱情（Minne）诗中，绿色是象征处于萌芽阶段的爱情的色彩。因为感情也会发展、生长。米讷（Minne）小姐——中世纪爱情的化身，穿一件绿裙子。

过去人们用"绿色姑娘"来称呼年轻的未婚女性。还有一个显而易见的现象：穿绿色服装的人当中，穿浅绿的一定是到了适婚年龄而未婚的女孩子——处在伊斯兰教统治之下的基督教民族，例如中世纪早期的西班牙以及后来的巴尔干半岛，不允许穿绿色服装。可以理解：一个将一种颜色奉为神圣的民族，绝

绿 色

《维纳斯的诞生》意大利 波提切利

罗马人认为绿色是维纳斯的颜色。画家以浪漫的气质与诗意的手法，表现了美神维纳斯诞生的奇异场面。

不可能允许一个被统治的民族在日常生活中践踏这种颜色。[2]

"小姑娘，快，快，快到我绿色的这边来，我如此地想拥有你，我痛苦地爱着你……"——这是弗里德里希·泽欧歇尔（Friedrich Silcher）于1836年写的歌曲，属于每个老先生合唱队的保留曲目。但是几乎没人知道，"绿色的这边"指左边心脏所在的地方。坐在左边就意味着更贴近心脏。有同样含义的是"不给予某人绿色"的俗语，意思是人们不喜欢此人。

罗马人认为绿色是维纳斯的颜色。维纳斯是司爱情、花园和蔬菜的女神。

色彩的性格
Wie Farben wirken

象征性效果
5. 绿色是希望

为了检验"绿色象征希望"仅仅是一句无意义的套话还是有意识的色彩归类,可以研究一下"信心"的色彩分布。希望和信心是两个非常相近的概念,他们各自的色彩也非常接近。

绿色象征希望的说法之所以存在,是因为它与春天的经验接近。语言上的类似之处也说明了这一点:希望在萌芽,种子在春天发芽。春天意味着一段匮乏时期过后的修复,而希望也是一种从匮乏时期中解脱出去的感觉。谚语道:"日子越是荒芜,希望越加绿意盎然。"过去,当人们怀有希望的时候,便会说:"我的心绿起来了。"

修复在宗教意义上表示从罪恶中解脱,意味着复活。因此在许多旧日的绘画中十字架上的耶稣基督被画为绿色。复活节前一周也因此开始于绿色星期日(Palmsonntag)[①]。绿色星期四原先是忏悔及斋戒日的最后一天;忏悔过的人,才可以从罪恶中解脱出来,再次变成绿色。[3] 按照古老的习俗,人们在绿色星期四这一天吃蔬菜,大多为菠菜。

图21:穿绿色衣服的穆罕默德。他喜爱的颜色成为伊斯兰教的神圣的颜色。

图20:沙特阿拉伯的绿色国旗上印有伊斯兰的教义。

图22:关于希望的寓言:穿绿色衣服、蒙上眼睛的一个女子。

① 复活节前的星期日。——译者注

《希腊姑娘用鲜花装饰熟睡的爱神
法国 约瑟夫·玛丽·维安 1773

维安作画遵循古典主义原则,人
装束希腊化,营造古典意境。

《小椅子的圣母》意大利 拉斐尔

这个圣母像的特征之一是头上围着穆斯林式的头巾。拉斐尔在红色和蓝色上添加了以绿色为主的带状花纹披肩,成功地创造了华丽而又鲜活的新视觉印象。

绿 色

文化效果

6. 圣灵的色彩

　　白色、红色、紫色和绿色在1570年被教皇皮乌斯五世确定为礼拜的色彩。在这些礼拜的色彩中，绿色是最简单同时也是最基本的色彩。绿色是普通礼拜日的颜色，也就是说，此礼拜日不是特殊的节日，在这一天不举办任何纪念神灵的活动。在这个普通的礼拜日，祭坛和布道坛都用绿色的台布装饰，神职人员穿绿色的长袍。不过牧师的衣服有时绣满了金银线，使绿色的底色看起来像陪衬似的。

　　红色、蓝色、绿色是三位一体的颜色。红色是圣父的颜色，蓝色为圣子的颜色，绿色是圣灵的颜色。如果在一幅画中除了圣父、耶稣基督和圣灵之外还有玛丽亚（参见图17），则基督教的象征色按等级分配为：玛丽亚穿蓝色，不过不是珍贵的天青石蓝，而是深蓝色，耶稣基督穿红色，圣父穿普紫色的披风。圣灵化身为白色的鸽子，显现在绿色的背景下。

　　圣灵是挑选出来的耶稣门徒，因此绿色成为耶稣使徒的色彩。主教认为自己是耶稣使徒的继承人，所以他们的徽章符号是个绿色的帽子。此帽子令人想起耶稣使徒四处漫游的故事，绿色则使人想起传播基督教的使命。

心理效果

7. 酸涩的新鲜

　　绿色给人的感觉是新鲜，知道这一点的不只是广告策划者。著名的范例是绿色包装的香水，它暗示着一种新鲜而酸涩的香味，人们称之为"绿色的香味注解"。绿色标志新鲜这个规则依赖于产品的特性。一块绿色手帕看起来不如红色的"新鲜"；绿色的面包甚至会引起反面的联想。起决定作用的是通过经验学到的意义。

《大碗岛的星期日下午》
法国 修拉

前景上一大块暗绿色调表示阴影，中间夹着一块黄色调子的亮部，显现出午后的强烈阳光，草地为新鲜的黄绿色。

绿色与新鲜最密切的联系体现在饮料上。我们知道，有些绿色饮料就是用药草配制的，这时候新鲜是与酸涩联系在一起的。

"绿色"和"新鲜"之间的关联也体现在语言上。"新鲜"对立于储藏、烹制、熏制、干燥。"绿色木头"是仍然潮湿的木头；"绿色丸子"用生马铃薯制成；"绿色婚礼"指结婚日，在这一天婚姻仍然是"新鲜"的。

心理效果
8. 健康的绿色产品

健康是绿色的，因为绿色与蔬菜同义。在"绿色市场"上售卖"绿色产品"。"绿色菜肴"是烹制过的蔬菜。"汤中的绿色"指做汤的蔬菜。与其他食品联系在一起时，"绿色"附属于蔬菜和草本植物："绿色面条"、"绿色鸡蛋"、"绿色调味汁"。这方面还能创造出更多的美食名词：例如精选菜单上就有"绿色Kaviar"这道菜肴。

牛最喜欢吃三叶草。如果说某人赞赏"绿色三叶草如何如何"——这是句成语，它的意思是过分、不当真的夸奖——则比喻此人像牛一样判断事情，因为只有牛才把吃三叶草当做最高享受。

绿 色

心理效果和象征效果
9. 不成熟与青春

《永久的婚约》英国 休斯

充满着青春气息的林间到处是郁郁葱葱的绿色，这一对苦恋的情人显然是经历了很多的艰辛才能约会到一起，他们深情的眼里还夹杂着忧郁和痛苦，这为他们那并不成熟的爱情多少蒙上了一层悲剧的色彩。

自然界成熟的过程可以经历许多色彩层次的变化：从绿变黄到变红，如樱桃；从绿变红直到蓝和黑，如李子和欧洲越桔；从绿色变为褐色的坚果；一个绿色的蓓蕾可以长成任何一种颜色的花朵。但是，没有任何一种植物、一种花的生长过程以相反的色彩顺序进行——不成熟的阶段总是绿色的。

这个经验如此普遍，它的意义也转移到了其他的领域。绿色是青春的色彩。一位"绿色的年轻人"是形容像绿色的果实和未发酵的绿色葡萄酒一样观点尚未成熟的青年，他的"耳背还是绿色的"。"绿色鸟嘴"这个词说的是幼鸟嘴边发绿的皮肤。英国人所说的"greenhorn（生手）"也有相似的意义，它的本意指年轻雄兽的角旁绿色的皮肤。

对于萌芽状态的爱情，弗里德里希·席勒曾写道："我们的相识尚在绿色阶段。"

心理效果和象征效果

10. 毒药的颜色

绿色是有毒及变质的颜色。它的这个消极的含义让人感到意外,因为绿色也是代表健康的色彩。绿色和黄色既是毒药的主色调也是食品的主色调。这里我们发现,一个单一的语言习惯甚至可以确定一种色彩的效果。"像毒药般的绿色"是一个固定的用法,虽然红色象征危险,但没人说"像毒药般的红色"。虽然我们几乎不吃蓝色的食品,也几乎找不到令人作呕的蓝色面条或蓝色的搅奶油,但没人说"像毒药般的蓝色"。

绿色在绘画色彩中是毒药的颜色。古人知道的最漂亮的绿色是一种祖母绿,用于绘画时它也叫施威因富特①绿和法国绿。这种绿色是将绿铜的碎屑泡在砷溶液中产生的。绿铜屑有毒,而砷是毒性最强的毒药之一。几乎所有的绿色漆、油彩、水彩和印染纺织品的绿色强力染料均含有绿铜屑和砷。生产和加工这些绿色染料会危害健康,而且它们在加工后仍然有毒,皮肤接触这些染料时毒性会释放出来,地面潮湿时毒性也会变成气体蒸发出来。

绿色是拿破仑喜爱的颜色,它却给他带来了厄运。拿破仑在流放地圣赫勒纳岛上的房间是用绿色壁纸裱糊的。几年前法国科学家对拿破仑尸体的残存物质进行了化验分析,以弄清楚他52岁死亡是否确属自然死亡。研究结果发现,他的头发和指甲中含有大量的砷。不过拿破仑并不是让他的卫兵毒死的。在圣赫勒纳岛潮湿的气候下,毒药从墙纸中、家具的材料中和绿色的皮革中释放出来,因此拿破仑死于慢性砷中毒。直到本世纪绿色染料仍然是有毒的一种染料。[4]

绿色还可以产生荧光,这种发光充满了神秘色彩。绿色的液体在炼丹术士的教科书中起着举足轻重的作用。据说用"绿狮"和"绿龙"可以炼出金子。所谓的"绿狮"和"绿龙"是绿黄色的氯气溶液,极富侵蚀性,它们可以从矿沙中析出金子,或者将金子整个熔化。

---

① 位于德国巴伐利亚州。——译者注

《拿破仑在阿尔柯桥上》法国 格罗

画家把拿破仑将军画成英勇威武的状貌,人物性格鲜明一张瘦削而清癯的青年男子的特写式脸庞;构图集中,感情强烈,不以全景取胜,只突出了拿破仑个人,色彩的典雅与浪漫主义成分占有优势。

色彩的性格
Wie Farben wirken

文化和心理效果
11. 欧洲的绿色魔鬼

一件"绿上衣"说的是一个猎人,"此绿上衣"指魔鬼。魔鬼被表现为有罪恶灵魂的猎人是个古老的题材,但魔鬼穿猎装以人的形象出现是自浪漫主义思潮产生后才发生的变化。中世纪时期,人们还将魔鬼画成一个由蛇和龙组成的怪物(参见图18和图44)。

一条龙是什么颜色的?每个欧洲人都会自然而然地回答:"绿色。"虽然并没人见过龙。在我们的想象中所有的魔怪都有绿色的眼睛。在此便产生了文化上的分歧:中国人可以把龙想象成许多种颜色;而伊斯兰教徒不可能想象把邪恶和绿色联系在一起。

我们这里的魔鬼大多是绿色和黄色的,即有毒物质的颜色,或者完全是绿色和黑色的。黑色可以使和它相组合的色彩的象征意义转向反面,绿色本来是生命的颜色,一旦和黑色组合在一起,就变为代表破坏的色彩(参见"黑色"第3节,第5节)。

图18:魔鬼的绿色。

图44:邪恶的化身:如毒药和胆汁一般的黄色和绿色。

绿色

心理效果和象征效果

12．绿色裙子——或简单或夸张

用桦树、桤树和苹果树的新鲜树叶可以把布料染成绿色，这些树的树皮也有相同的作用。除此之外，许多植物都能用于绿色印染，如欧蓍草、欧石南草、青苔、蕨类植物、地衣。印染方法很简单：先将羊毛泡在明矾溶液中，使之容易着色，然后再把它放在植物染色液中浸泡几个小时，必要时可浸泡几天。

这种染料无毒，但是植物染成的绿色或太浅或呈灰绿色，而且洗涤后经日光晾晒很快就会褪色。质量上乘的绿色要求经过二次印染：先用木犀草——一种染黄色的植物上色，然后再用菘蓝或靛蓝复染一次。绿色印染的布料经济实用——绿色在过去不是高贵的颜色。

绿色常见于普通的服装，在节日盛装中从未占过重要位置。这不仅因为绿色廉价，还有另外一个原因：晚上在蜡烛的光线里所有绿色的面料均显得丑陋而带有褐色。

1863年，化学家尤金·卢修斯（Eugen Lucius）发明了一种绿色染料，他完全按照时代的精神以这种染料的化学结构来称呼它：乙醛绿。他与另两个合伙人一起建立了迈斯特、卢修斯与布吕宁公司，用于销售乙醛绿。他们在市场上的机遇很糟糕：当时对绿色染料没有太大需求，绿色服装很少有人问津。尽管如此，卢修斯和他的合伙人说服了里昂的一家丝染坊，双方达成协议：染坊有义务在一年内全部收购另一方所生产的乙醛绿，而此染料的生产方有义务只将货发给里昂的这家染坊。

里昂的这家丝染坊与巴黎宫廷、皇后恩吉妮（Engènie）——拿破仑三世的夫人保持着良好关系。皇后恩吉妮在当时被誉为世界上最漂亮的女子，她的优雅无人能比。有一天晚上皇后身穿一件乙醛绿印染的丝制礼服去巴黎歌剧院看戏，这件绿色礼服在煤气灯的照耀下闪着不可思议的光芒，从而使乙醛绿在时尚界一举成名。迈斯特、卢修斯与布吕宁公司后来成为赫斯特染料厂。

继此成果后，化学工业又给市场带去了许多种绿色染料，在乙醛绿之后上市的有碘绿、甲基绿、苦杏仁油绿——每一种均含有剧毒。

色彩的性格
Wie Farben wirken

　　一件绿色服装的效果不仅依赖于色彩上的细微差别，相对于其他色彩，它更多地依赖于印染的材料。在无光泽的布料上绿色显得极其廉价，也很平庸。但在闪光面料上绿色的效果特别引人注目——与其形容为优雅，不如说奇特更为合适。吹毛求疵地说：绿色在白天看着平常，晚上也很普通。

《穿绿衣的女士》法国 莫奈

在1866年，莫奈用了几天功夫完成并展出了他未来夫人的肖像"穿绿衣的女士——卡美伊"。这位女士的动势和她的裙子上颤动的光都赋予整幅画特殊的说服力。

《睡莲》法国 莫奈

莫奈在晚年的一件最重要的作品是连作《睡莲》。他在院子里修建了一个池塘，在池塘里则繁殖了睡莲。莫奈把整个身心都投入这个池塘和他的睡莲上面了，睡莲成了他晚年描绘的主题。

心理和象征效果

13.起镇静作用的中间位置

　　红色显得接近，蓝色看起来遥远，绿色位于中间。

　　绿色是红色的互补色，但在我们的感觉里及颜色的象征意义中，蓝色是红色的对立点。红蓝色的对立性体现在许多方面，而且总是绿色介于中间。红色热，蓝色冷，绿色温度适宜；红色干，蓝色湿，绿色潮；红色积极，蓝色消极，绿色使人镇静、不疲乏。绿色属于中性，介于男性的红色和女性的蓝色之间以及物质的红色和精神的蓝色之间。

　　极端令人兴奋，隐藏着危险。绿色以完全的中立介于所有的极端之间，具有镇静和保障的效果。

　　歌德就绿色的镇静效果曾这样说过："人们不可能也不愿意自己所处的空间过于宽大，因此对于那些自己需要长时间逗留的房间，人们选择绿色的壁纸。"[5]

　　绿色在其象征意义中是中性的色彩，决定其效果的是它的组合色彩。绿、蓝、白是所有具包容性的正面特征的色调，如乐于助人、坚持、宽容等品德。

　　与黑色、黄色及紫色组合在一起时，绿色具有消极的意义，但绿色本身处于好与坏中间的位置。

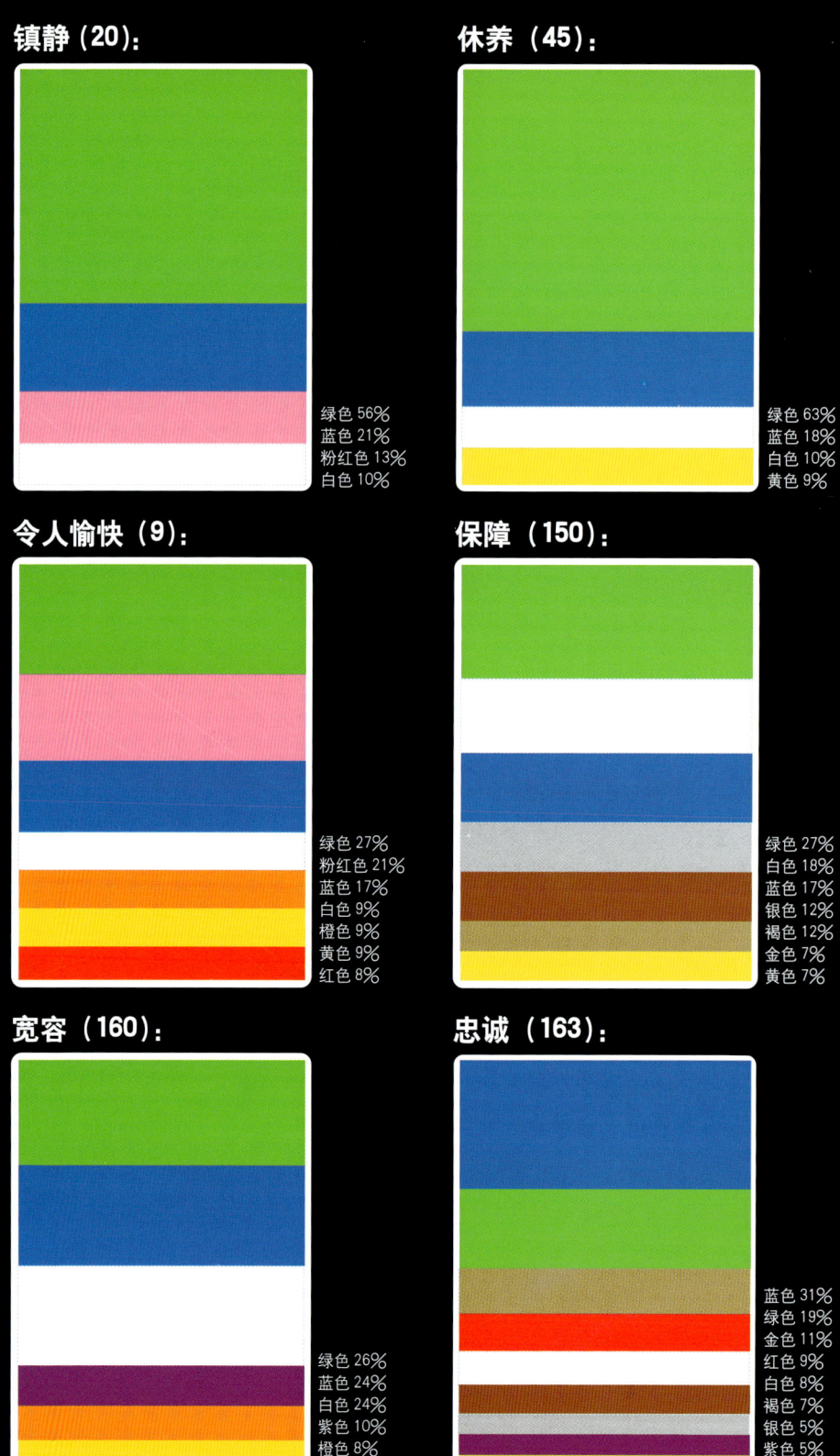

极度令人兴奋，隐藏着危险。绿色以完全的中立介于所有的极端之间，具有镇静与保障的效果。

绿 色

> 政治效果

14. 环境保护者与爱尔兰人

德国"绿党"于1980年左右建立，绿色从此在德国成为政治色彩。这种命名是聪明的做法：绿色是大自然的色彩，表明环境保护是此政党最重要的议题；绿色是中性的色彩，令人信服于此政党在红色和黑色两大阵营之间的政治独立性。绿党的名称与其纲领相吻合，也就是当今的环境保护者不依附于任何政党，拥有独立的称号——"绿色"。这一点同样见证于国际性的环保组织"绿色和平"。

在曾经的传统意义中，绿色是代表共和自由的色彩。1795年，意大利共和党人要求拥有一面和法国一样的三色旗，因为三色旗是所有共和党旗帜的表率。在意大利的绿、白、红三色旗中，红色和白色是意大利国旗原来的色彩，绿色则象征"人类自由和平等的权利"[6]。

1949年，"绿色的E"被设定为欧洲运动的旗帜的标志，绿色的象征意义得到了继续发扬。"E"代表欧洲，绿色被解释为自由的颜色。原先"绿色的E"本是"红色的E"，后来红色被替换下来，因为它使人想起社会主义的旗帜。[7]

绿色在爱尔兰有特殊的意义，它是代表这个绿色岛屿国家的颜色，此外，绿色在爱尔兰还是天主教的色彩，这个意义产生于新教徒奥拉宁王族的威廉统治爱尔兰之后。奥拉宁王族的本色为橙色（参见"橙色"第8节），而天主教徒认为自己的宗教天主教才是爱尔兰的"天然"宗教，因此把代表其国家的色彩视为其宗教的象征色。直到今天，天主教徒在爱尔兰的别称仍为"绿色人"。

《马拉之死》法国 达维特

马拉是法国大革命时期的著名革命家，他因患皮肤病必须浸在热水中办公，被敌人趁机刺死。

《帕奇欧里修士与不知名青年的画像》 狄巴巴里 约1495年
这位修士正指着木板上的一个几何图形，周围是他的教具，他的学生杜巴多大公在旁协助。这幅画堪称最好的数学家人像之一。

传统效果

15．在绿色桌子旁

  在法语里，心形、菱形、梅花和桃形对应于德国纸牌的四种花色"红心"、"方块"、"梅花"、"绿色"。"绿色"也叫"树叶"，相当于黑桃。成语"与绿色一致"涉及的就是德国和法国纸牌之间的区别——这是一个没有任何改变的区别。"哦，绿色的九啊"这是一句过时的表示惊讶的说法，它也来自于纸牌游戏。

  所谓在"绿色桌子"旁做决定是一种贬义的形容，表示所做的计划脱离实际。这种计划或许含有游戏的意思在里面。在19世纪末20世纪初，赌桌还是每个中产阶级家庭必备的设施。人们坐在这些桌子旁一起玩牌和赌博，桌子上蒙着绿色的毡子。这种廉价又耐脏的毡子是弥补桌面不平滑的理想用品，它之所以为绿色，是因为绿色可使眼睛感觉舒适，还能给纸牌与色子提供一个良好的对比度，而且绿色是人们喜欢用于居室的色彩。大台球桌和轮盘赌桌使用绿色桌面的传统一直不曾削弱过。

绿色的作用不仅在于游戏时让眼睛感觉舒适，在事务所、讲课大厅、图书馆里都铺着绿色的桌面。华贵的地方配以绿色皮革，廉价的场所配以毡子或漆皮，这就是官僚机构的"绿色桌子"：只在"绿色桌子"旁做计划，意味着从不离开办公室，也就永远看不到事实真相。

心理效果

16．功能性的绿色

交通信号灯在当代生活中发挥着重要的作用，因而它的色彩象征意义也被普遍化，套用于其他领域。比如在建筑物里的绿色标示牌是可以自由通行的说明；一切亮有绿色信号灯的紧急出口都必须保持通畅；所有的救护通道都以绿底白箭头标示；通常情况下，所有的救护标志均为四方形，绿底加白色符号(参见图19)。

图19：救护通道和紧急出口为绿、白色标记。

交通信号灯的象征意义也被借用到日常用语中。给某人开"绿灯"的意思是为此人的计划放行。拥有"绿浪"的人会取得一个又一个的成就。

"标准绿色"是一种深绿，它是人眼长时间注视感觉最舒适的色彩，因此它是黑板的标准颜色。大多的机器都漆成标准绿色，统一的色彩可以保证机器备件和新购置的设备在视觉上与原有的机器相匹配。

葡萄酒瓶大多是绿色的，原因很简单：绿瓶子是最便宜的玻璃品种。褐色玻璃的避光效果更好，因而药瓶按规定为褐色。

出于功能上的原因，手术服也是绿色的，除了对外科医生的眼睛起到镇静作用以外，绿色手术服的优点还在于可以使血液的颜色显得深而不过于刺眼。不过这种手术服的绿色越来越多地被一种有光泽的蓝色所代替。从今天的美学角度来看，这种蓝色更漂亮，所以它至少和绿色一样给人以舒服的感觉。

17. 创造性的绿色

住宅领域中创造性的着色：台球桌的传统颜色为绿色。过去绿色是居室和沙龙最受欢迎的色彩，与之相匹配的是绿色的赌桌。今天几乎没人再用绿色来装饰居室的墙壁，有些住宅的装修风格既现代又讲究，即使需要在房间里放一张台球桌，它也得与整个房子的色调相匹配。那为什么台球桌不可以铺白色、灰色或蓝色的毡子呢？

反过来，以前不是绿色的物体也可以让它成为绿色，绿色的壁纸已不再是人们的宠儿，但是绿色植物还是受人欢迎的：住宅中的棕榈树下要是放一台绿色的钢琴应该有不错的效果。

对于一种自然的建筑风格，绿色的砖瓦可以是很好的选择。

时尚领域中创造性的着色：实用但平庸的绿色粗呢大衣一旦换上不同的色彩就会找到新的买主。毛皮制造商已经懂得使用超越常规的色彩，使毛皮给人焕然一新的感觉。一件绿色的兔毛大衣比蓝色的标准貂皮更为出色。

绿色指甲油是人们在狂欢节期间喜爱的装饰品。在距离皮肤如此近的地方使用这种越出常规的色彩，恐怕极少有人会认为它的确漂亮，所以除了狂欢节外，几乎没有一个女性涂深绿色的甲油。与此相反，绿色和蓝色的睫毛油却被人们接受为日常生活中的时尚。如果与眼睛的颜色相配，不自然的睫毛油也会有自然的效果。

产品设计领域中创造性的着色：以前的自行车轮胎只能是黑色，现在也不乏绿色、黄色、红色、蓝色的轮胎。

绿 色

同样，汽车轮胎也可以是绿色的，只要与车身喷漆的颜色相配。

昂贵的葡萄酒可以用深红色的瓶子取代廉价的绿色瓶子。

过去可能没人喜欢吃绿色饼干，但随着人们健康理念的更新，绿色的蔬菜饼干也找到了市场。

广告领域中创造性的着色：给广告中的动物换个花样也未尝不可，比如一只紫色的乌龟或一条紫色的蛇。一株三叶草从标准的绿色变为天蓝色也不应该影响它给人带来同样多的幸运。

艺术领域中创造性的着色：即使在给孩子们准备的童话世界里，我们所能看见的也只是诸多的陈规俗套：所有的水怪都是绿色的；从来就没出现过金鱼变成的水怪；而且为什么所有的火星人压根就该是绿色的？

注 释

[1] 鲁克尔编著的《古埃及神与象征词典》，1987年版，87页。

[2] 尼克斯多夫／米勒：《白色马甲—红色长袍——从中世纪的色彩规定到个人的色彩喜好》，156页。

[3] "绿色星期四（Gründonnerstag）"的另一个解释：猜测"绿色（Grün）"为"grienen"的变形，"grienen"这个古老的词语是"哭泣"的意思。"绿色星期四"因忏悔者在这一天的宗教活动中"哭泣"而得名。但这一解释受到了现代语言学家的质疑。

[4] 在1902—1908年的《美伊尔会话辞典》的有毒颜料列表中，有毒颜料大多为绿色颜料。

[5] 歌德：《色彩规则》，802节。

[6] 拉博：《政治象征词典》，词目"绿色（Grün）"。

[7] 同上，词目"E，绿色的（E，grünes）"。

保守主义与无政府主义
优雅与死亡

苯胺黑·无烟煤黑·骨炭·蓝黑色·褐黑色·黑莓黑·金刚石黑·多米诺黑·乌檀木黑·氧化铁黑·象牙黑[1]·法兰克福黑·石膏黑·灰黑色·焦炭黑·地狱的黑色·直达黑·煤玉黑·鱼子黑·骨黑·乌黑·芜青甘蓝黑·焦煤黑·漆黑·甘草黑·锰黑·午夜黑·黑种人的黑色·夜黑·缟玛瑙黑·巴黎黑·乌鸦般黑·色素黑·柏油般黑·烟黑·葡萄黑[2]·煤炱黑·天鹅绒黑·板岩黑·黑绿色·黑橄榄色·黑紫色·焦油黑·深黑色·墨水黑·墨汁黑

《卡斯蒂廖内·巴尔达萨雷伯爵像》意大利 拉斐尔
衣冠的黑色具有安定形态的作用，这位《宫廷人》一书的作者的知识与品德，充分表现于带绿底的黄褐色的毛皮和被天鹅绒包裹而成的画面结构之中。

黑色是一种颜色吗？

　　黑天鹅绒是世界上最深的黑色。宇宙中还有更深的黑色——"绝对的黑色"。绝对的黑色用物理学解释就是不发光物体的颜色，不发光物体吸收了所有的光线。

　　一个常见的问题是：黑色究竟是不是一种颜色？这个问题只具有理论上的价值，因为毫无疑问我们所看到的黑色是一种独立的颜色，而且与黑色相关的象征意义是其他任何一种颜色都无法替代的。对这种理论性问题的理论性答案是：黑色是一种非彩色的颜色。

　　"黑暗"和"肮脏"都是对黑色的自然联想。在象征意义中黑色是代表丑恶与否定的色彩。黑色能够使其他任何颜色正面的象征意义转向对立面。尽管如此，仍有8%的被调查者选择黑色为自己喜爱的颜色。大多数十几岁的年轻人认为黑色挺棒。另一方面有9%的女性和7%的男性把黑色列为他们不喜欢的颜色。

黑　色

心理效果和象征效果
1. 结束，死亡

一切物质结束时均为黑色：腐烂的肉是黑色的，腐朽的植物、坏死的牙齿都会变成黑色。某人"气得脸色发黑"，表示此人气得要死。与此相关的还有成语"等待，直至你变为黑色"。带来死亡的人都身着黑色：死神和刽子手。

画家瓦西里·康丁斯基（Wassily Kandinsky）这样描写黑色："黑色在心灵深处叩响，像没有任何可能的虚无，像太阳熄灭后死寂的空虚，像没有未来、没有希望的永久的沉默。"[3]

《莎乐美接受施洗礼者约翰的头颅》 意大利 贝尔纳迪诺·伦尼

莎乐美转首向外，似乎与人物的神情并无联系。画家着意描绘一位年轻貌美的妇人倒成了画中的主题。

色彩的性格
Wie Farben wirken

文化效果

2. 哀悼的颜色

古以色列人在葬礼中把灰撒到自己头上，他们深色的、像袋子一样的丧袍叫"sak"——为此有成语"在袋子与灰中行走"。任何地方都将忽略外表视为悲伤的标志，这意味着不穿色彩鲜艳的衣服，放弃刻意的装饰——古代的某些文化习俗要求人们剃短头发和刮胡子；在另外一些文化中悲哀的表示为留长发和长指甲。在不同风俗的背后隐藏的是同样的想法：对死者的悲哀使人忘记了自身生命的存在。

在基督教的色彩象征意义中，代表死亡的颜色发生着变化：黑色是为尘世间死亡而悲哀的颜色，灰色代表上帝最后的审判，白色是复活的颜色。因此丧服是黑色的，而死者的衣服是白色的，因为要让他们复活。

图28. 女王的丧服不是普通人所穿的黑色。维多利亚女王穿紫色的丧服。

对于所谓白色人种来说，白色是理想的色彩，代表喜悦的色彩。对于其他肤色的人来说白色自然不是完美的象征，对他们而言白色也是悲哀的颜色。白色在此处的意义不再是一种色彩，而意味着一切颜色的缺失。白色的丧服是不染色的衣服，像黑色丧服一样显示着对自身虚荣的放弃。上个世纪的女王穿白色的丧服，以示与普通丧服的区别。女王维多利亚穿紫色的丧服，这是古代统治者的色彩(参见图28)。

对于黑色象征着肥沃多产的民族来说，丧服的颜色主要为白色。与黑色的肥沃多产对立的是白色的死亡。

丧服的颜色为黑色还是白色，宗教思想对此自然起着决定作用。关键的问题

《奥尔加斯伯爵的葬礼》 西班牙 格列柯

奥尔加斯伯爵生前是一位虔诚的教徒，就在为他举行葬礼时，奇迹发生了。天国的使者奥古斯丁和斯蒂芬突然从天而降，为他下葬。

是：从宗教的意义上来看，是在死亡之前拥有有价值的一生还是等到"来世"完成生命的意义。早期的基督教徒将希望完全寄托于天堂，他们在葬礼上穿白色的衣服，因为死亡于他们是复活的节日。在古埃及丧服是黄色的，因为黄色象征永恒的灯光。佛教也与此相类似，它把尘世的存在解释为通往圆满道路上多个时间间隔中的一个，黑色作为黑暗的象征不是适合丧服的颜色。

随着越来越多宗教思想的消亡，人们越来越为人世间的死亡哀伤，因此黑色越来越广泛地成为世界上丧服的颜色。

《时髦的婚姻》(组画之二) 英国 霍加斯

画中的新郎刚刚在外放荡了一夜，疲惫不堪地瘫在椅子上，黑色的天鹅绒上衣敞开着，左侧穿黑衣的管家似乎几次想唤醒这对同床异梦的新婚夫妇，但未能做到，只好走开了。

心理效果和象征效果

3. 对彩色的否定——正如从爱情中产生仇恨一样

　　红色象征爱情——红色和黑色却代表仇恨（参见"红色"第2节）；橙色、黄色是合群的色调——黄色和黑色在一起却代表自私、撒谎；蓝色与粉红色及白色组合在一起是和谐的色调，蓝色和黑色组合在一起则是坚硬的色调；芳香的褐色与黑色组合在一起就变为腐烂的褐色。

　　只要与黑色组合在一起，每一种彩色的象征意义均会转向它的对立面。

空洞 (102):

黑色 44%
灰色 25%
白色 25%
蓝色 6%

瓦西里·康丁斯基:"黑色在心灵深处叩响,像没有任何可能的虚无……"

自私 (31):

黑色 25%
黄色 19%
金色 10%
绿色 9%
红色 9%
紫色 8%
蓝色 8%
褐色 6%
灰色 6%

黄色和黑色在一起代表自私和撒谎。

坚硬 (74):

黑色 51%
蓝色 18%
银色 14%
灰色 10%
红色 7%

蓝色和黑色组合在一起则是坚硬的色调。

保守 (92):

黑色 43%
褐色 30%
金色 10%
灰色 9%
蓝色 8%

黑色是修道士团最喜爱的颜色。

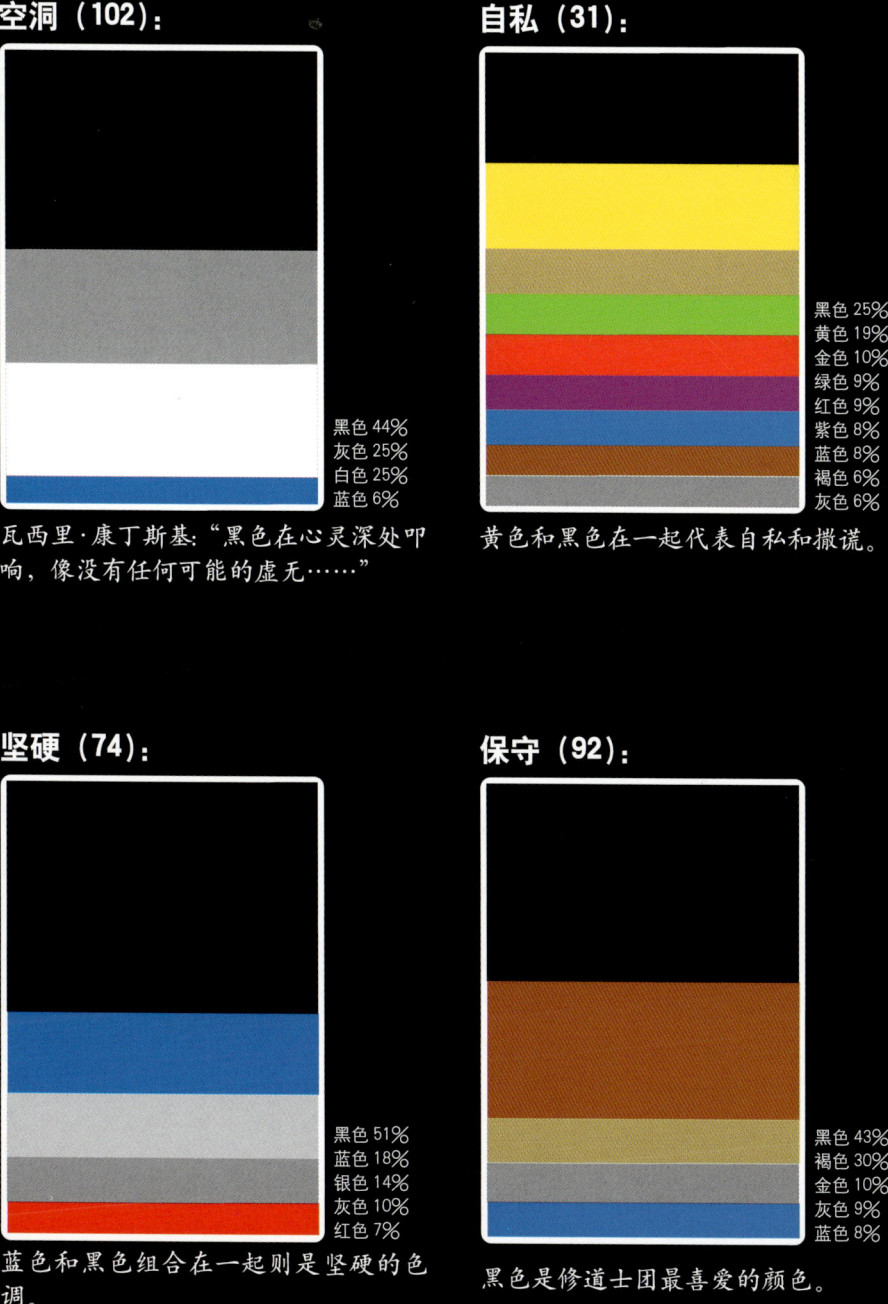

> 象征效果

4. 负面的情感

过去曾有个说法：多愁善感的人血液是黑色的。即使在今天，人们也会将所有负面的情感与黑色联系在一起。某人把一切"都画成黑色"，某人只"看见黑色"，意思是说此人是个悲观主义者。形容某人坏透了，可以说此人"有一颗黑心"。在《伊利亚特》①中关于阿迦门侬②有这样的描述："他黑色的心里充满着强烈的怒火。""黑色的目光（black look）"在英国指邪恶的目光。

别人害怕时却发笑，把犯罪、生病、死亡看做有趣的事，属于"黑色幽默"。

灰色是忧郁的颜色，它与黑色结合在一起象征着针对自身多于针对他人的负面情感。

黑色与具有进攻性特点的黄色结合在一起，象征针对他人的负面情感。

---

① 古希腊描写特洛伊战争的英雄史诗，相传为荷马所作。——译者注
② 特洛伊战争中希腊军队的统帅。——译者注

诽谤》
大利 山德罗·波提切利 1495年

年的波提切利被苦闷与惶惑笼罩着，而他的愤怒与抗议
部倾注在这一幅充满危机感的《诽谤》中了。

黑 色

心理效果和象征效果
5. 肮脏和卑鄙的色彩

"黑衣领"指脏衣领，同理的还有黑脚、黑手、黑耳朵。有些人嫉妒他人的任何事情，甚至于别人"指甲下面的黑色污垢"。

"黑色"在语言上与拉丁文的"sordidus"相近，它的意思是肮脏、卑劣、无耻。德语里黑色的意义经过转化与恶意等同。某人使别人"变黑"，即此人在说别人的坏话。"Blackmail"从字面直译为"黑信"，在英语中的意思为"敲诈勒索"。"black guard"并非黑色的哨卫，而是指流氓。

隐晦的拒绝在英国和美国均用一个黑色的球表示，即"blackball"。如果某人想成为某个俱乐部的会员，必须递交一份申请供俱乐部成员进行秘密表决。每个俱乐部成员往投票箱中投一个白色或黑色的球：同意接受申请的投白色，不愿意接收申请人加入俱乐部的投黑色。一个唯一的黑球便足以将申请者拒之门外，因此人们惧怕得到"blackball"。

《戴手套的女歌手》
法国 德加

画中的女歌手戴着黑手套，脸部和右手腕下部的逆光，使歌手的模样显得很丑陋。

> 象征意义

6. 不幸的色彩

灾祸会发生于"黑色的一天"。在交易所破产的黑色日子首推星期五：1869年9月24日这个黑色的星期五，美国的黄金市场崩溃。1929年10月25日这个黑色的星期五，所有的股票都跌进了无底深渊，以信贷方式购买了股票的人——几乎包括每一个人——背上了终生的债务。德国的一个黑色星期五发生于1927年5月13日，当天行情骤跌，使得股票好多年都没有起色，许多股票持有人再也没能东山再起。对于许多人来说，崩溃的一天是1987年10月19日这个黑色的星期五。

黑色

"黑色的彼德"是一种纸牌游戏。它的规则与"夸台特"①相似：有一张牌是多余的，即黑色的彼德；游戏结束时拿到这张牌的人就是输家。关于"黑色的彼德"还有一句谚语——"把黑色的彼德加在某人身上"，意思是把失败、过失推在此人身上。

黑色的动物是不吉祥的。过去迷信的人害怕黑色的猫，尤其是当黑猫从左边跑过去的时候；黑色的母牛是灾祸来临的先兆——还有老年妇女，因为老年妇女总穿黑色的衣服。

"不吉祥的乌鸦"和"倒霉鸟"均是不吉利的化身。木炭焦油是让人倒霉的东西，它之所以象征不吉利，是因为它像倒霉的乌鸦那么黑。不幸如果总是跟着一个人，此人就算粘上了倒霉，总有"一连串的倒霉事"。光滑的冰层同样给人带来不幸，在英语中被称为"黑冰"（black ice）。

对于迷信的人来说，唯一能带来幸运的黑色形象是扫烟囱的工人。这个说法是19世纪末由扫烟囱的工人自己传开的。每年年末他们会在结账时发送年历，在年历上除了画有古老的吉祥物——一株三叶草、一个马蹄铁、一头幸运猪以外，还会有一个扫烟囱的工人。就这样，这个黑色的、让小孩子害怕的人物成了新年的吉祥物，他一般象征着一个美好的开端，因此，如果早晨遇见一个扫烟囱的工人是一件幸运的事。

《真理》 法国 勒菲弗尔
画中少女在黑色背景前手举明灯，表明画家在巴黎公社和普法战争失败后，对前途仍充满了信心，对国家的未来抱着很大的期望。

① 一种儿童玩的牌戏。——译者注

的性格

Wie Farben wirken

文化效果

7. 神职人员的色彩

当第一个基督教团建立时,修道士的僧服还带着灰—褐—米色的斑点,用本色的羊毛制成。直到公元1000年左右教团的色彩才确定为灰色、褐色、黑色,它们都是简单、廉价的色彩,与基督教的谦恭十分吻合。

对于修道士们来说,似乎在确定教团色彩时应该考虑的不仅仅是明确教团的属性,僧服也应该更美观。对于这种虚荣心,美茵茨的大主教于972年曾予以训斥:"织工给黑色布料掺杂白色羊毛做出的外衣受到鄙弃。有不少人的服装用天然的黑色羊毛仍嫌不够,还要经过人工印染。"[4]——印染过的羊毛自然比保持原样的羊毛昂贵。不只是黑衣修道士要求额外印染他们的僧服,褐衣与灰衣的修道士也是如此。这是一种与简单的色彩所不相称的奢侈。尽管这些经印染的僧服的颜色并不引人注目,但它们色彩的一致性与那些未经染色、带斑点的穷人的衣服形成了鲜明的对比。黑色印染比褐色或灰色的印染昂贵——黑色成为修道士团最喜爱的颜色。

《施礼者圣骸火化图》
尼德兰 扬斯

圣约翰遗骨的故事在本图分成五个部分来描写,画中修道士穿着黑色衣服。

历史背景

8. 色彩的消失

可以说很突然，在15世纪中叶，中世纪的色彩消失了。世界变得黯淡无光。

在中世纪早期的服装规定中，贵族才允许拥有漂亮的色彩，低等阶层必须穿深暗、不纯净的颜色。色彩意味着权力。

但是社会发生了变迁：贵族变得穷困，出现了资产阶层。没有经济权力也就谈不上政治权力，通过经商富裕起来的资产阶级不再听从贵族阶层的规定。曾为贵族专用的色彩此时成为合乎资产阶级身份的色彩。色彩在这里意味着财富。

在当时的绘画作品中，色彩的象征意义失去了与法律等同的关联性。以前只需给代表神灵的形象用包含象征意义的色彩着色即可，而此时资产阶级也画有肖像，与他们相联的是真实的世界。象征色被现实的色彩替代，而现实看起来是昏暗的。

"黑色死亡"这是人们给予瘟疫的名字，它是上帝对人类的惩罚。当时世界正处于一个发现的时代，世界在人们的眼中变得更广大莫测，人们的恐惧也随之增加。从遥远的国度传来的有关灾难的消息进一步加剧了人们的恐惧，于是有人一再地计算着世界沉没的日期，等待着基督的敌人，等待着魔鬼的到来。人们被奉劝需做忏悔，尽早避开世俗的诱惑。虚荣成为此时布道的主题，它是一宗大罪，因为投靠世俗的喜悦意味着背离上帝。没有任何东西能像服饰那样清楚地展示人的虚荣心——没人愿意将自己的大罪昭示于人，于是人们皆衣着黑色。

中世纪的色彩永远地消失了。这是一个深刻的变迁，因为不同的甚至是矛盾的因素在对立面间互相强化……

色彩的性格
Wie Farben wirken

传统效果
9. 美化印染工与黑色印染工

"美化印染工"和"黑色印染工"均存在于中世纪。美化印染工印染有光泽同时也是昂贵的颜色，而且只给昂贵的面料印染。——不过他们有时也会玩骗人的把戏：用昂贵的染料印染便宜的面料以提高它的身价，因而产生了这样的成语"这只是个美丽的印染"——意思是用粉饰的手段掩盖缺点。黑色印染工印染的颜色除了黑色，主要还有褐色以及无光泽的菘蓝。

黑色印染有许多方法，特别便宜的是"贫民黑"。染黑1公斤的羊毛需要4

《巴黎的情景》 法国 菲利普-奥古斯特·让龙 1833年
现实主义画风，展示了巴黎街头悲惨的一景。

黑 色

公斤椴木的树皮,人们把树皮截成小块,在水里泡几天后,再煮上几小时,然后把树皮过滤掉。最后把羊毛放入这种液体中并用小火煮一个小时。——这是一种经济而且不复杂的印染方法,在中世纪早期特别常见。"贫民黑"实际上不过是一种深灰色。

要染深度的黑色则比较困难,为此需要使用五倍子。五倍子通过昆虫(瘿蜂)而产生,这种昆虫将卵产在树叶上,围绕着这些卵和幼虫将长出类似苹果的小瘤,即五倍子。人们将这些五倍子从树叶上刮下来,经干燥处理后制成粉末。为了加强黑色的深度,需要先将面料染成褐色,再进行黑色印染,最后还要用蓝色染一遍。——最好的五倍子生长在橡树的树叶上,直到几十年前人们还用橡树五倍子来制造墨水。

1453年土耳其人占领康斯坦丁堡——古代印染艺术的中心。一些手工业者逃离了当地,这样他们的秘方才得以传到别的国家。很快世界各地都能印染人们需求的"土耳其红"了。印染术从一种神秘的科学发展成为手工业,印染方法更加简单化,有光泽的色彩和深颜色在价格上的区别开始缩小。

尽管如此,黑色仍是资产者的时尚,其原因出于当时时尚的坏榜样——那些居无定所、经常迁徙的步兵,他们把任何随手得到的各色布片都缝在衣服上,发明了所谓的"碎片服装":每只衣袖、每条裤腿、每只袜子、每只鞋的颜色各不相同,衣服上的缝隙数不胜数。这些缝隙让衣服自由飘动不说,上面还装饰着其他颜色的布片。体面的资产者斥骂这种彩色服装并要求国王禁止步兵的这种完全不合身份的怪异打扮。皇帝马克西米利安却于1477年做出了有利于步兵的决定:"鉴于他们不幸而困苦的生活,人们不应该忌妒他们所享受的乐趣。"[5]于是步兵们让自己的服装更加五彩缤纷;资产者安慰自己的方式就是将这种彩色服装诅咒为伤风败俗,并将自己使用的昂贵布料染成黑色,因为它是步兵唯一不愿意穿的颜色。

黑色服装受到人们越来越多的喜爱还有一个原因:自从发现了通往印度的海路之后,靛蓝大量地被运到欧洲。人们在五倍子染成的黑色上再用靛蓝复染,会得到一种非常美丽的黑色。并且随着美洲的发现人们也发现了可以染出最漂亮黑色的染料:洋苏木。它是美洲中部的一种树木,加工时先劈成碎片,然后放到水中泡软。进口的洋苏木很贵,黑色成为高贵的色彩。

Wie Farben wirken

> 传统效果

10. 黑色成为全世界的时尚

当西班牙成为世界大国时,各种色彩最终消失了。因为每个世界大国都会创造一种世界性的时尚,而在西班牙宫廷占据优势地位长达一个世纪之久的颜色是黑色。

1480年左右西班牙设立了宗教裁判所,一个号称虔诚的黑暗世纪从此揭开了序幕。黑色极其符合当时的背景。这个时期是卡尔一世(1500—1558)和其子菲利浦二世(1527—1598)的时代。卡尔一世是一个虔诚的统治者,菲利浦二世是一个宗教狂热者。

当卡尔五世成为罗马—德国皇帝并统治着勃艮第、奥地利及荷兰的时候,卡尔一世是西班牙的国王。他的帝国如日中天,西班牙皇冠统领着整个世界的殖民地。西班牙在世界霸权上的崛起归功于航海。西班牙人在美洲的第一批殖民地被称为"新西班牙"、"新西班牙王国"和"新格兰那达"。自从1498年瓦斯科·达伽玛发现了通往印度的海路,很快通往印度沿途的非洲海岸都处于西班牙的控制之下。1519—1522年,玛伽尔海斯(Magalhaes)成功地完成了环球航行,发现并占领了一组岛屿。为了表示对菲利浦王子的敬意,这组岛屿被称做"菲律宾"。西班牙人遍布世界各地。

国王此时掌控着上帝的恩惠并把自己视为上帝在地球上的代言人。尽管彼此都是虔诚的教徒,但国王与教会之间在中世纪末期发生了交战,这场战争并非由于不同的宗教信仰而引发,而是为了争夺统治世界的绝对主权。

国王卡尔一世的所作所为比教皇更像教皇。他像修道士一样穿黑色衣服;他的一天始于与听取忏悔的神甫共同做祷告,然后他在宫廷侍从的陪同下去做弥撒;进餐时有人给他念有关宗教虔诚的书籍;每次用餐后再听一次布道。卡尔1556年退位后搬进了位于尤斯特(Yuste)与黑尔罗尼米滕(Hieronymiten)修道院相邻的一座装裱成黑色的宫殿。从这个宫殿的每个房间,甚至从床上,他都能看见修道院教堂的祭坛。

他的儿子菲利浦二世发扬了这个传统。像他的父亲一样,菲利浦二世认为

《艺术家与家人》 佛兰德斯 科内利斯·德·福斯 1621年

宗教信仰的中心人物并非教皇，而是他自己。菲利浦建造了一座远离尘世的官邸艾斯考里亚尔（Escorial）。它有宫殿、修道院及墓碑。上百个修道士生活在那里，他们的宗教仪式决定着每天的日程。艾斯考里亚尔是为了供奉神圣的劳伦剔尤斯（Laurentius），他是一个殉教者，在一个炉栅上被活活烧死。——所以艾斯考里亚尔有一张炉栅的平面图。菲利浦自己曾把上千个新教徒烧死在木柴垛上。

当处于西班牙人统治之下的荷兰人要求废除宗教裁判所并给予新教徒以宗教自由时，为了保持其天主教信仰的纯洁性，菲利浦欲将上百万的异教徒放在

色彩的性格
Wie Farben wirken

木柴垛上烧死，因为当时路德的追随者已发展到如此壮大。

西班牙强盛时期的黑色时装之庄重前无古人，后无来者：这种服装一直装饰到耳下——西班牙时装典型的配件是轮状皱领，被称为"克略泽（Krose）"（参见图29），它由折成小皱折或波形的花边构成。1540年左右"克略泽"成为时尚，开始它只超过下颌几厘米，已经让头部的活动受阻，因为浆硬的花边衣领前面触及下巴，两边碰到耳朵，往上一直升至后脑勺。男性由于"克略泽"必须放弃长胡须，因此小胡子和短山羊胡成为时尚。"克略泽"与宗教裁判所阴险的气氛很相称："克略泽"迫使穿着它的人紧盯对面的人，可以观察到每个不适当的情绪波动。

直至17世纪初，"克略泽"不断发展，成为磨房水轮般的衣领，从耳朵一直盖过肩膀。它不仅从视觉上给人以不易亲近的印象，而且它所导致的不易亲近是非常现实的问题：用于吃饭的勺子、叉子都得额外加上长把手。

妇女们穿束身胸衣，但并没有强调她们的体型；相反，身体的特征被否定了：妇女们看上去和同样束身的男性一样胸部平坦。

尽管出于虔诚而放弃了色彩，西班牙的贵族们仍然能够证明他们的富足。他们的衣服用丝绸制成，披风出自珍贵的美利奴羊毛。美利奴羊按古老的传统属于西班牙的高等贵族。在黑色的衣服上装饰品同样能很好地发挥作用：男性和女性均戴有尽可能多的装饰品。除此之外，用于交际应酬的服装均缀有珍珠和宝石。

菲利浦二世于1560年与法国国王的女儿伊利莎白·冯·瓦洛依丝结婚。这桩婚姻保证了西班牙和法国之间的和平，新王后被称为"和平的伊丽莎白"。法国人与西班牙人及西班牙的时尚进行了斗争，他们的服装保持了色彩鲜艳。但是伊丽莎白作为西班牙王后必须穿黑色衣服。她喜欢奢侈，因此每天穿一件新衣服——不过总是黑色的。

西班牙的时尚随着西班牙对世界统治的消亡而消亡。1588年西班牙的舰队遭到毁灭性的打击。此前受到西班牙压迫的荷兰这时成为世界强国并决定着世界的时尚。服装松弛下来，浆硬的"克略泽"变为柔软的花边衣领。但是颜色的调整非常缓慢，因为宗教改革在荷兰取得了胜利，而黑色正是代表新教的色彩。

> 传统效果

11. 路德的黑色长袍

当德国的宗教改革取得胜利时，统治西班牙的仍然是宗教裁判所。新教关于个人职责的思想恰好迎合了新兴资产阶级的觉醒。他们奋起反抗教皇控制下的教会所进行的骄奢淫逸的剥削，最终爆发了破坏圣像运动，毁掉了所有的色彩。新教徒虔诚的俭朴品德表现在他们没有装饰的黑色服装上。

宗教改革开始于1517年，当时的奥古斯丁教教士、伦理学教授马丁·路德博士公开把矛头指向赦罪券买卖。路德的议题曾轰动一时：他否认天主教教士具有代替上帝发言的权利。路德认为，有罪的人必须悔过，宽恕不能凭赦罪券购买。而售卖赦罪券的招徕告示却许诺说："只要钱箱一响，灵魂即可逃脱炼狱。"

赦罪券买卖是教会最重要的资金来源。对赦罪券买卖的签收使用圣人的遗

色彩的性格
Wie Farben wirken

物：人们会得到殉教者的遗骨、圣徒长袍的碎片；经营赦罪券买卖的人出售了一个森林的耶稣基督十字架的碎片。美茵茨的红衣主教阿尔布莱西特拥有8933件圣人的遗物，其赦罪券的价值总共可赦罪3.9亿年。[6] 如果教皇需要更多的钱，他们就宣布特殊的赦罪年份——在这些年份里他们特别优惠出售天堂中的位置。对赦罪券买卖的反抗触动了教皇统治下的教会的要害，新教徒拒绝服从和付钱给教皇，他们建立了自己的新教会。

路德确信教士并不比普通的信徒距离上帝更近，他的信念还表现在他布道时从不穿礼拜仪式的长袍。路德与做礼拜的教徒穿同样的颜色：穿黑色衣服布道。

统一的黑色服装成为一个教会的象征，在这个教会里命运不再决定于出身和地位，也不再依靠与身份相称的收入。在上帝面前人人平等——穿着也一样。

路德的黑色长袍成为所有资产阶级权威的服装。它是新教的服装、荷兰的世界时尚。

荷兰画家雷姆布朗特·凡·里隐（Rembrandt van Rijn）于1662年作画《施塔梅斯特人》，即纺织行业富裕的商人。他们身穿简单的黑色长袍，配以简单的白色衣领。雷姆布朗特著名的作品《托普博士的解剖》比前者早30年，为1632年所画，在这幅画中，观看者之一还穿着有臼形硬领"克略泽"的黑色衣服，另一个人的衣领宽大且柔软下垂。外科医生托普博士只穿了一件小领子的衬衫——如果穿高耸直立的"克略泽"会给解剖尸体带来不便。

黑色的路德长袍至今还是市长在节日所穿的办公服装以及法官的官方职业服装。

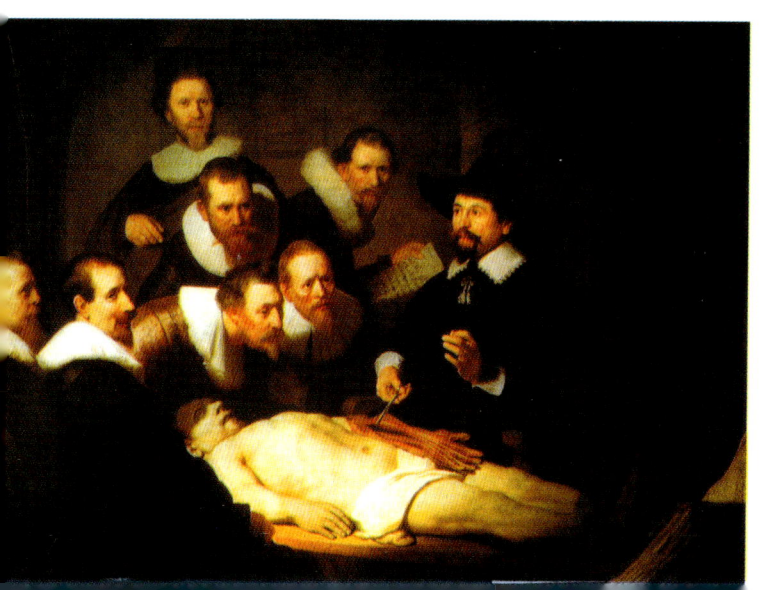

《托普博士的解剖》荷兰 雷姆布朗特

观看者之一还穿着有臼形硬领"克略泽"的黑色衣服，另一个人的衣领宽大且柔软下垂。外科医生托普博士只穿了一件小领子的衬衫——如果穿高耸直立的"克略泽"会给解剖尸体带来不便。

黑 色

心理效果
12. 个性化的颜色

有彰显个性欲望的人可以穿黑色。一件黑色的女装、西装都显得与众不同。黑色赋予尊严感，至少是不可亲近的感觉。从心理上来说，与黑色服装最对立的是粉红色的衣服，这种与皮肤近似的颜色让人产生无所遮掩和无助的印象。

宗教改革时代的黑色服装给予一个人的影响集中反映在他的脸上——表现个性的中心。这是一个跨向最现代的个性哲学，跨向现实主义的伟大飞跃，不过它们的目标是同一的，时尚的工具也在重复。存在主义于1950年以双重的意义成为时尚的哲学：人们的世界观也通过服装加以表达——萨特的追随者身着黑色。歌手朱丽叶特·格雷科（Juliette Greco）用流行的观点表现现实主义，她以黑色的眼圈、黑色的条绒裤以及高至下巴的黑色圆翻领毛衣而著称。

作为与众不同的色彩，黑色服装在那些希望远离大众、远离适合社会的价值观的人群中非常流行，小痞子、摇滚、朋克——名字在变化，但黑色一直是受到欢迎的颜色。

《依莎贝尔·科博斯·德·波尔塞尔像》
西班牙 戈雅

在此作品中所展现的是一个西班牙年轻妇女的美的典型。她英姿飒爽，体态端庄，身披黑纱与胸前露出的部分肉体，造成强烈的映衬关系。画家恰如其分地描绘出一个充满活力的青年女子形象。

129

色彩的性格
Wie Farben wirken

传统效果
13. 新娘穿黑色

《国王科法图与乞丐新娘》
英国 爱德华·科利·伯恩·琼斯爵士

从20世纪初留下来的照片中我们可以看到，几乎所有的新娘都穿着席地的黑色长礼服，只有披纱是白色的。

如果新娘能够置办得起，她的黑色礼服一般用丝绸制成。这件丝制的黑色礼服在婚礼之后还可以用在所有的正式场合穿用。少数家境富有的新娘穿没有光泽的面料，因为这种面料的礼服她们以后还可以在做礼拜和参加葬礼时穿，闪光的面料对于这些场合而言不太合适。

黑色的新娘礼服并非只是在颜色上与白色的有所不同。白色的新娘礼服在一生中只能穿一次——这样的奢侈在过去是无法想象的。那时如果一件衣服已经过时，人们会把它做些修改或换个颜色；布料一般都得翻新使用，直到两面都用旧为止。

黑色的新娘礼服在色彩心理学上也有恰当的意义。结婚在过去被视为一桩类似于经济合并的严肃事务，没有任何遗产的人是不允许结婚的，禁令的有效时间甚至长达几百年。出自爱情的婚姻是一个浪漫的理想，它的出现是在离婚成为可能之后。当炽热的感情产生时，人们用冷酷的理智来加以控制。黑色的新娘礼服则是理智的象征。

黑 色

> 心理效果

14．没有风险的优雅

《X夫人》 美国 约翰·辛格·萨金特 1884年
肖像画简洁的曲线，表现着画家感觉主义者的天赋。因为画中人物带有性暗示，画家不得不逃亡英伦。

迪奥（Christian Dior）说过，优雅是由高贵、自然、细致与简单构成的混合体。[7] 优雅要求放弃豪华，放弃招摇。如果穿黑色服装，放弃的还有色彩。黑色因而是没有风险的优雅。

节日盛装使用黑色造成了黑色为优雅色彩的传统。这一点在保守的男式时装中表现得尤其明显：优雅的西服、晚礼服和燕尾服都是黑色的。

夏奈尔（Coco Chanel）于1930年设计出了"黑色短装"，它代替了长度及地的丝制黑裙。这个时代的女式时装中产生了一个前所未有的区别：长裙与短裙。用于隆重场合的裙子如结婚礼服、晚礼服仍然保留它们的长度；一切其他的裙子都变短了。"黑色短装"是一种短裙，至今适用于所有的正规场合。

对于豪华的物品来说，如果放弃色彩便能将其豪华自然而然地显露出来。一辆黑色的大型豪华轿车看起来比一辆红色的同类车有排场，因此黑色也是象征昂贵的一种色彩。

色彩的性格
Wie Farben wirken

文化效果

15. 非洲美丽的黑色

安提瓜国旗

赞比亚国徽

图25: 黑色之星: 加纳国旗上非洲自由的象征。

黑色在非洲自然有着另一种意义：这里的黑色是最美丽的色彩。

在非洲国家的旗帜和国徽上黑色是代表民族的颜色。黑色象征独立自主的国家新生的自我意识。安提瓜和马拉维的国旗在黑色的底上有一轮升起的太阳：象征在黑色大陆上一个新纪元的开始。

非洲人熟知肥沃和不肥沃土地之间的区别，黑色是肥沃土壤的颜色。尼日利亚的国徽为黑色底面上画着两条银色的波形线，波形线代表尼日尔河与北努伊河，黑色的底面象征这个国家肥沃的土地。赞比亚国徽上的波形线代表维多利亚瀑布，黑色的底面同样象征美好的土地和非洲的人民。

非洲象征自由的标志是"黑色之星"，它是一个五角形的自由之星，红色的星则是共产主义的象征（参见图25）。

黑　色

象征效果
16．非法与无政府主义

任何事物一旦加上"黑色"的属性，便表明它属于禁止的范畴。例如，工作和贸易本身均是值得尊敬的事情，但黑工和黑色贸易都是违反法律的。"黑钱"指逃避税收的钱；"黑色烟草"是过去对烟草走私的说法；还有没上税的烈性酒被称为"黑色酿造"；逃避缴纳费用的行为有开黑车、非法的黑色收听及黑色收看。

"黑名单"指不受欢迎的人的名单，例如政治对手；信贷行业会开出无偿还能力的债务人的黑名单；违背道德、危害青年的书会上书籍贸易的黑名单。

黑色是代表所有反对统治政权的秘密组织的色彩，从塞尔维亚的秘密同盟"黑色之手"（1911—1917）直至三K党都属此类。

黑颜色和黑色的星都是无政府主义者的象征。传说中的海盗旗是黑色的并画有骷髅。黑色是一些其成员被法律判处死刑的组织的象征色，这里把代表违法的黑色与代表死亡的黑色结合在了一起。

黑颜色和黑色的星都是无政府主义者的象征。传说中的海盗旗是黑色的并画有骷髅。

133

危险（59）：

红色 48%
黑色 27%
橙色 13%
黄色 12%

黑颜色和黑色的星都是无政府主义的象征。

禁止（177）：

红色 38%
黑色 32%
紫色 16%
褐色 7%
黄色 7%

任何事物一旦加上"黑色"的属性，便表明它属于禁止的范畴。

残忍（26）：

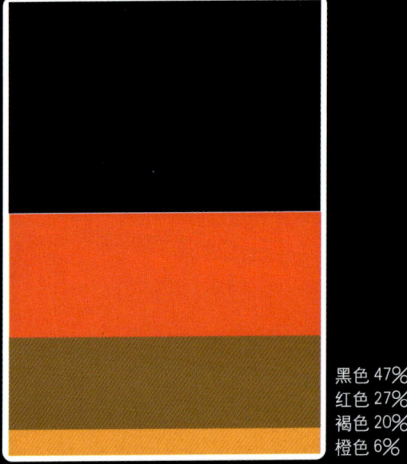

黑色 47%
红色 27%
褐色 20%
橙色 6%

在意大利、英国和爱尔兰，"黑色人"均代表法西斯主义者。

有棱角（30）：

黑色 19%
灰色 19%
银色 16%
蓝色 16%
白色 13%
黄色 9%
绿色 8%

如果与环境形成强烈的对比度，黑色便显得有棱有角而且坚硬。

政治效果
17. 法西斯主义的理想

黑色和红色是代表威胁和强大、残忍和喧闹的色彩。

黑色作为法西斯主义运动的色彩第一次出现于1919年的意大利。此运动名为"Arditi",译义为"胆大妄为的人"。其目标是打击社会主义运动,其标志为一件黑色衬衫。英国和荷兰的法西斯主义者于1933年将这种黑色衬衫转借过来作为他们的政治制服。[8] 在意大利、英国和爱尔兰,"黑色人"均代表法西斯主义者。

戏剧《格尔尼卡》剧照

由西班牙戏剧团"拉·门迪拉·提托"举办的戏剧《格尔尼卡》取材于西班牙著名画家毕加索的名作《格尔尼卡》,表现的是1937年4月26日德国法西斯空军为试验炸弹的威力轰炸了西班牙巴斯库的一座小镇格尔尼卡,使2000名无辜人民丧命的暴行。整个舞台都被法西斯主义的色彩——黑色所笼罩着。

黑色成为法西斯主义的色彩,与褐色在德国代表法西斯主义政党有着同样的意图(参见"褐色"第7节)。黑色曾是意大利日常服装的色彩。农民去田间劳动时穿黑色的衣服,他们去教堂做礼拜也穿黑色——做礼拜时穿的西服再加一件白衬衫。每个男性都拥有一套基本的行头:人们干脆把劳动时穿的黑色衬衫搭配做礼拜时穿的西服。

本身具有精英理想的法西斯主义者为了发动群众性的运动,不惜给这场运动涂抹上一层无产者的色彩,因此具有平均主义效果、没有任何修饰的黑色受到了他们的推崇,借此掩盖社会地位的差别。每个人都可以——至少从外观上——感到自己是这个组织中权利平等的一员。

每个穿统一颜色的团体都会引人注目,规模显得比实际庞大。利用统一的制服很容易使人产生这是一个大型组织的印象。

而且,其成员视自己为他人生命主宰的一切政治团体,喜欢使用死亡的象征色,借以表明他们为了自己的信仰随时准备牺牲他人的生命。

黑色和蓝色是代表大和男性的基本色彩,在这个意义上的黑色也同样符合法西斯主义的理想。

> **政治效果**

18．从德国至乌干达：黑色与红色及金色

全世界大概只有"典型德国式"的色彩排列顺序才会产生下列问题："哪种颜色代表权力？"

黑、红、金三色的德国国旗的历史是一部所谓为正确颜色而战的荒唐史。[9]

德国国旗的色彩分布产生于一个错误。1815年德国大学中的学生社团建立，大学生们的目标是成为一个统一国家的自由公民——当时他们还是隶属于王侯、无人身自由的奴仆，这些王侯作为封建专制君主统治着一个个小国。大学生们想把学生社团的旗帜设计为和法国旗帜类似的三色旗，他们以为黑、红、金是中世纪德意志帝国的色彩——但这却是个误解。虽然曾有过这样的帝国徽章，其图案为金色的底面上有一只黑色的雕；还有过一面战争的旗帜，图案为一个白十字印在红色的底面上。——但是，颜色为黑、红、金的徽章或旗帜从来就不曾有过。

这幅描写二战的油画，画中的万字旗是红、黑、白色组成。

黑 色

而且，按照徽章学的规则，黑、红、金三色的排列顺序也是错误的。按规则绝不允许两种颜色并列排在一起，中间必须隔着一种金属色。之所以有这样的规定是出于手工操作上的一个原因：徽章需进行上釉，为了避免釉彩在熔化时互相流淌混合，要求用金属隔开它们。因此在德国的这三种色彩正确的排列方式应将金属色置于黑色和红色之间。

当一个徽章的金属色转借到一面旗帜的面料上，金色转为黄色，银色变为白色，不过其名称仍沿用徽章色彩的叫法。因此德国国旗被称为黑、红、金三色，而非黑、红、黄。

黑、红、金三色旗很快就成为资产阶级追求自由的象征，但它也很快受到了当政者的禁止。不过在1848年这面被禁用的旗帜又出现于德国革命中。费尔迪南德·弗莱里哥拉特（Ferdinand Freiligrath）对这种革命的色彩表示了欢迎：

在苦闷和黑暗中，
我们只能把它们掩藏！
但我们现在要将它们解放，
从它们的棺木中解放！
哈，闪电划破长空，狂风怒吼，雷声隆隆！
你好哇，黑色，红色，金色！

火药为黑色，
血液为红色，
跳动的火焰是金色的！

作为对资产阶级的妥协——而且当时还没有代表德国的色彩——德意志联盟的诸侯们于1848年宣布黑、红、金三色旗为联盟的旗帜。但是普鲁士国王威廉一世希望保留其家族的颜色——黑、白，他称黑、红、金为"从街道的垃圾中淘出来的颜色"[10]。

1866年联盟军队以黑、红、金三色旗的名义向普鲁士宣战，这场战争以联盟军队失败而告终。战争结束后普鲁士确定国旗的颜色为黑、白、红三色，黑、

色彩的性格
Wie Farben wirken

白组合为普鲁士的颜色,红、白代表汉萨同盟①。

第一次世界大战以后,黑、白、红三色旗成为失败的象征,并且许多人都憎恨君主制度——军国主义专制的国家。热爱自由的资产阶级和社会民主党希望恢复原来的黑、红、金三色旗。

关于国旗的新的一轮争论开始了。究竟是黑、红、白还是黑、红、金才代表国家的颜色,本来是个次要的问题,现在竟然"对共和国的覆灭负有共同责任"[11]。这次争论贯穿于各个党派。当1919年立法委员会就色彩进行表决时,这是第一次也是唯一的一次非秘密进行的投票,每个委员会的成员必须公开他对颜色所做的选择。选择得到的是一种妥协性的结果:国旗为黑、红、金三色,贸易旗为黑、白、红三色。这种妥协未能使任何派别满意,关于国旗的争论在继续。为了结束此次争论,1926年,帝国总理路特颁布命令,宣布两种旗帜在任何时候都必须并列出现。这项命令引致了暴乱,一个星期后帝国总理被推翻。关于国旗的争端变得尖锐化。支持黑、白、红的保守派咒骂黑、红、金为"犹太旗"。

图40:比利时的国旗

1935年希特勒上台并终止了关于国旗的争论,他确定了国家、民族及贸易的统一的旗帜,其颜色为黑、白、红,这就是万字旗。

图41:联邦德国的国旗

1949年,当人们为德国政治上的新生做筹划时,象征资产阶级的色彩——黑、红、金成为人们毫不犹豫的选择。

其他国家也有相同的色彩:黑、黄、红,呈垂直的条状,为比利时的国旗。它产生于比利时各省徽章的色彩(参见图40)。

图42:乌干达的国旗

黑、黄、红、黑、黄、红呈水平条状排列的是乌干达国旗。在旗子的中间是国家的象征——一只冠鹤。乌干达国旗中的红色意味着所有人都是兄弟,黄色象征着太阳,黑色代表非洲人民(参见图42)。

① 13—17世纪北欧城市结成的商业、政治同盟,以德意志北部城市为主。——译者注

138

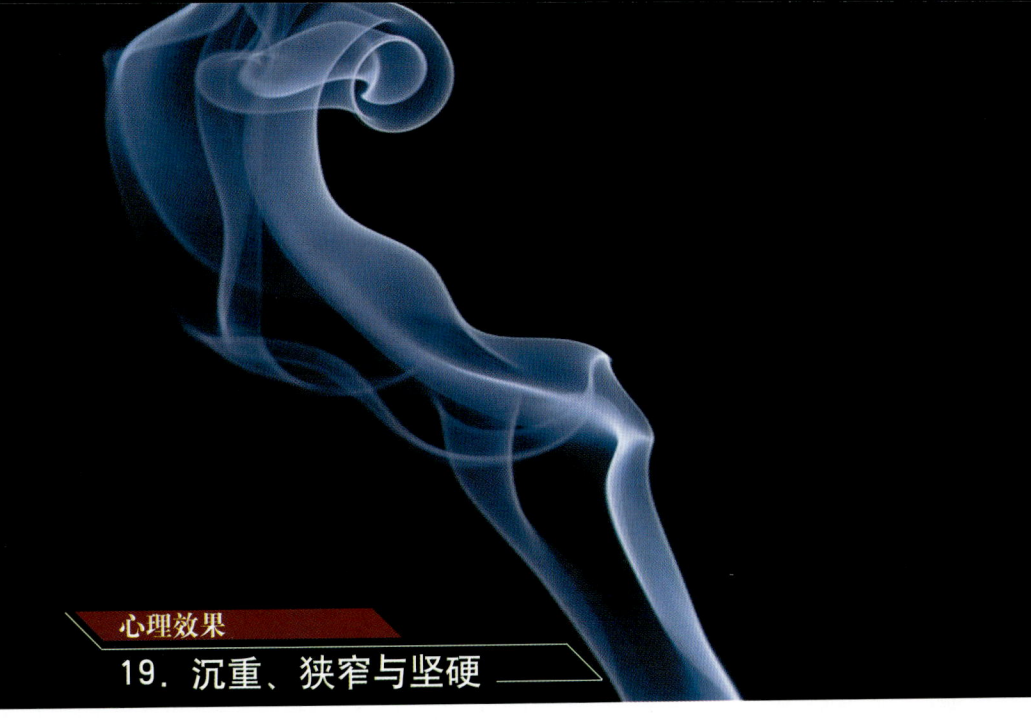

心理效果

19. 沉重、狭窄与坚硬

　　涂成黑色的房间看上去比白色的房间小许多。黑色家具为主的房间从积极的一面来说显得庄严，从消极的一面来说给人以憋闷的感觉。而且在浅色的环境中黑色的家具很容易显得破旧，因为刮痕之类的痕迹在黑色家具上特别显眼。黑色一旦有了瑕疵，便会失去优雅的特征。

　　如果与环境形成强烈的对比度，黑色便显得有棱有角而且坚硬。视觉上所感到的坚硬会传染到人们对黑色物体质量的揣测，比如一个黑色的沙发显得比白色的沙发硬度大。

　　色彩能够对物体的尺寸、重量和材料的效果产生影响。人们对色彩效果的利用可以达到何种程度呢？让我们来看文学作品中的一个例子：一个美国企业的工人抱怨他们要扛的箱子太重，于是这个企业的老板让人把深色的箱子涂成白色。——结果没人再抱怨，因为工人们从感觉上认为涂成白色的箱子变轻了许多。

　　这是个成功使用色彩的范例。此类的故事无非用以证明人的愚蠢并加以嘲弄。不过这个为证明他人愚蠢的问题，只证明了这个问题本身的愚蠢。此类"证明"的典型所在即对一切常识的无知，对经验的无知。

　　上述故事想要说明的是：浅色的箱子看上去比深色的轻。人们的这个印象产生于经验的总结。浅色的运输容器大多为纸箱，它们不太结实，因此不适于装纳较重的物品。较重的物品使用木箱，也就是深色的箱子。又一个有价值的经验：木头的颜色越深，箱子越结实，可以容纳的物品越重。但是，一种色彩的效果是

权力 (113):

黑色 56%
金色 16%
红色 14%
褐色 14%

关于德国国旗的争论突出了一个问题：哪种颜色代表权力？

沉重 (146):

黑色 53%
褐色 28%
灰色 12%
金色 7%

黑色家具从积极一面说显得庄重，从消极一面说给人以憋闷的感觉。

腐烂 (178):

褐色 30%
黑色 25%
紫色 16%
灰色 13%
绿色 8%
黄色 8%

只要与黑色组合，每一种彩色的象征意义均会转向它的对立面。

邪恶 (25):

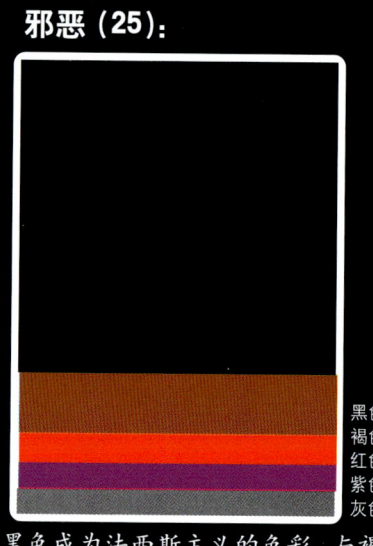

黑色 69%
褐色 13%
红色 6%
紫色 6%
灰色 6%

黑色成为法西斯主义的色彩，与褐色在德国代表法西斯主义政党有着同样的意图。

黑　色

否能够发挥作用，取决于人们的经验对它们认可的程度。那些以扛箱子为职业的人是重量方面的行家，单凭某种色彩的效果不可能达到长期蒙蔽他们的目的。

有一个值得注意的问题：此类的"证明"据称常常来自于美国。关于此类的试验并没有更多的信息供人了解。对于迷信人类控制力的人来说，美国似乎是一个无所不能的地方。我们这里每个人都能看穿的把戏，在那里却成了科学真理。——美国人也可以对此进行报复，比如出版此类证明人之愚蠢的故事并加以说明："此故事出自欧洲。"

普遍适用的一个规律是：人们对一个物体的特性了解得越多，骗人的诡计所能起的作用越小。哪个更重一些：黑色的鱼子还是白色的糖丸？一个煤球还是一个鸡蛋？不管怎样，人们会判断一块白色的大理石重于一个煤球。对重量的印象不仅产生于色彩，材料所起的决定作用更大。

《农民家庭》 法国　路易·勒南
此画描写了在一天的工作做完之后，晚餐前一家人聚集在一起的室内景象。黑色背景显得房间更加狭窄。

色彩的文化
Wie Farben Wirken

文化效果

20. 设计师喜爱的色彩

"Form follows function"——"功能决定形式"是古典及现代设计的主题。它意味着放弃不必要的修饰、多余的模式、多余的色彩。一切都使用"中性"的色彩：黑色、白色或灰色。现代设计最喜欢使用的材料是没有任何色彩的材料：玻璃、透明塑料、镜子和铬。20世纪70年代的设计时尚是将物品设计为黑色的经久耐用的风格。在设计者的写字台上——自然是黑色的———一切都是黑色的：从回形别针到卷笔刀。即使有关高科技的设计，黑色也是绝对的色彩。看上去属于现代技术的物品均涂以黑漆：立体声设备、照相机、手表。相对于完备技术的严格性黑色显得十分相配。

黑　色

尽管如此，黑色是一种现代的而非时尚的色彩。通过放弃色彩以适应客观性和功能性的要求，这是现代设计的品质。

出于功能的目的把黑色和白色放在一起——比如在白纸上打印黑字，平常消极的黑色便有了新的价值。黑、白的颜色组合会让我们联想到"明确"甚至"真理"等意义。

某人"掌握了白纸黑字"，意思是此人掌握了比口头所说的东西更有约束力、更重要的证据。"这里有白纸黑字"是一个极其常用的论据性说法，通过一个复制的意义赋予其自身的意义以重要性。同时，因为事实不需要拔高，所以印刷成彩色的文字显得不严肃，沾有广告的气息。"写红色数字"表明制造了亏损，而"写黑色数字"则说明获得了赢利。

一张黑白照片看上去比一张彩色照片具有更高的资料性价值，因而显得重要一些。黑与白是象征客观事实的色彩。

这张是1934年Olivetti打字机的蒙太奇海报，女模特白色的脸和黑色的帽子之间的明显反差突出了打字机的性能。

色彩的性格
Wie Farben wirken

21. 创造性的黑色

英国的萨哈制鞋公司制作的鞋非常时髦,其每季的鞋盒均包装在新颖而非常时尚的塑料袋中。其中有一季的袋子设计为透明的塑料袋,外面从上至下印着黑色的文字,详细解释了设计者选择黑色的理由。这段文字表露了设计者在选择色彩时很少考虑到色彩所产生的心理效果,在广告中往往必须优先考虑其他的因素——比"什么是合适的色彩"更重要的问题常常是"哪种色彩具有竞争力",低劣的广告模仿竞争者,优秀的广告则完全不同。

充满破碎感的黑色花瓶

袋子上的内容如下:"我们要做一个透明的塑料袋,原本应该在上面设计一个图案,可我们终究不可能只印上我公司的名称Sacha。——很清楚,从理论上来说,我们只能印公司的名称,但是如果我们加上某种图案,在视觉上自然会更有吸引力。唯一的问题在于:我们应该设计什么呢?第一种设想自然是画一只鞋或公司的图标在上面——但是它们太单调,因为每个制鞋公司都有相同的东西,而我们恰恰不愿意与其他人雷同。此外,画只鞋的主意无论如何都很糟,因为Sacha这个名字本来就是鞋的同义词。——那么我们接着还考虑了是否设计完全抽象的东西,也许用某种方法涂抹些不合常规的东西?或者还是一个非常精致的裱糊的小模型?但是最终我们决定不选择上面的任何一种方案,因为我们不知道到底该采用哪种颜色。上一季我们使用了红色,它在当

黑 色

图55：每种色彩在黑色的底面上比在白色的底面上有光泽。

时显得既诙谐又漂亮，但现在我们想要完全不同的东西——我们认为，一种刺眼的氖光色也许不错——柠檬色调的氖光绿当然很好！但是印刷工说，氖光色在塑料上的效果并不醒目。真遗憾。那么，一种敏感的但不太暗的绿松石色也很漂亮，或者还是一种冷艳的紫红？不，千万别用紫红或者淡紫色，这种颜色到处都能看见——这个主意连想都不该想。最终一个问题摆在我们面前：用黑色到底会怎样？黑色印在透明的塑料袋上，看起来非常不错，如此清晰、实在、睿智并且容易认读——对，简简单单的黑色，在五彩缤纷的同类产品中它显得相当古典——确实，黑色会是个新的流行趋势。——那么，虽然我们还不知道究竟应该设计些什么，但有一点现在可以肯定：我们将会设计什么是次要的，无论如何我们都会用黑色来进行这个设计。"

注 释

[1] 象牙黑用烧焦的象牙制成，骨炭用烧焦的骨头制成。
[2] 葡萄黑用烧焦的葡萄树木制成。
[3] 康丁斯基（Kandinsky）：《关于艺术中的神灵》，98页。
[4] 尼克斯多夫／米勒：《白色马甲—红色长袍——从中世纪的色彩规定到个人的色彩喜好》，160页。
[5] 比泽尔（Bilzer）：《大师绘画时尚》，22页。
[6] 同上，19页。
[7] 同上，5页。
[8] 拉博：《政治象征词典》，词目"黑色（Schwarz）"
[9] 同上，词目"国旗争端（Flaggenstreit）"；词目"黑、红、金（Schwarz-Rot-Gold）"；词目"黑、白、红（Schwarz-Weiβ-Rot）"。
[10] 同上，221页。
[11] 同上，词目"国旗争端（Flaggenstreit）"。

甜蜜与温柔
柔软与女性的颜色

旧粉红色・婴儿粉红・淡粉红色・糖果的粉红色・红花的粉红色・仙客来・火烈鸟的粉红色・倒挂金钟・灰粉红色・肤色・覆盆子粉红・樱桃花的粉红・鲑鱼的粉红・品红・杏仁糖果的粉红・无光粉红・淡紫色・贝壳的粉红・兰粉红・帕尔玛的粉红・粉画的粉红・珠母粉红・珍珠粉红・波斯粉红・桃粉红・粉红・旁帕多尔（Pompadour）粉红・香粉的粉红色・普紫粉红・玫瑰红・蔷薇石英色・胭脂色、口红色・火腿的粉红・小猪的粉红・提尔粉红・粉紫色・威尼斯粉红・柔粉红色[1]

色彩的性格

Wie Farben wirken

典型的女性色彩

就对粉红色的好恶感受来说，女性和男性所表现出来的差别比任何其他一种色彩都明显得多。

8%的女性认为粉红色比其他任何色彩都美丽。几乎同样多的人，即7%的女性完全拒绝粉红色。男性中只有2%的人把粉红色列为喜爱的色彩，但12%的男性将它列为不喜欢的色彩。

无论从积极还是从消极的意义上来看，属于粉红色的均为典型的女性的特征。

《圣家族》意大利 米开朗基罗

这是一个传统题材，主要是描绘圣母、圣约瑟和圣婴基督。画中的圣母穿了一件粉红色的衣服。

《日落》法国 布歇

布歇总是将女性裸体画得过于粉艳，在《日落》中他以惯有的甜腻手法，刻画了裸女细腻的肌肤与躯体，画面充满了肉欲的刺激与诱惑，同时又不失女性的温柔。

色彩的性格
Wie Farben wirken

心理效果和象征效果
1. 温柔的颜色

狂热的感情是红色的。粉红色属于柔和的感情,它是温柔的色彩。

爱情的红色会向两面转化:与紫色相组合表达的是有关性的受禁止的情感;与粉红色相结合则为纯洁的情感。

心理效果和象征效果
2. 娇嫩的颜色

粉红色不是效果强烈的色彩。它是弱化的红色、美化的白色。它是由男性的红色与女性的白色构成的混合体。红色是高大和强壮的,粉红色是弱小和娇嫩的。白色冰冷,粉红色柔软、顺从。

如果与白色和黄色组合在一起,粉红色给人的娇嫩的印象还会得到加强。

《午餐》 法国 弗朗索瓦·布歇

画中的小女孩头戴白色的帽子,在粉色衣裙的映衬下越发显得娇嫩可爱。

温柔（195）：

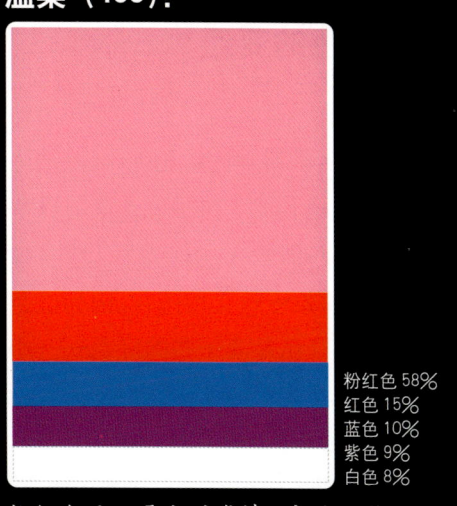

粉红色 58%
红色 15%
蓝色 10%
紫色 9%
白色 8%

粉红色属于柔和的感情，它是温柔的色彩。

娇嫩（196）：

粉红色 59%
白色 36%
黄色 15%

如果与白色、黄色组合在一起，粉红色给人的娇嫩的印象还会得到加强。

小（90）：

粉红色 31%
黄色 16%
白色 14%
银色 10%
褐色 8%
灰色 8%
黑色 7%
金色 6%

红色是高大和强壮的，粉红色是弱小和娇嫩的。

天真（123）：

粉红色 36%
绿色 17%
黄色 17%
紫色 13%
灰色 9%
褐色 8%

粉红色是象征幼小生命的色彩，粉红色的比重越大，有关纯真特性的比重则越大。

色彩的性格
Wie Farben wirken

心理效果和象征效果

3. 从男性的粉红色到女性的粉红色的变迁

粉红色是女性从出生开始的识别色。"Rosa（粉红色）"是一个世界性的女孩子的名字。女婴用品为粉红色的习惯是如此的家喻户晓，以至于许多人以为这个习惯自古就有。但事实上并非如此：这个风俗产生于1920年左右。而且这个风俗与我们色彩的象征意义相违背。因为红色是男性的色彩，而粉红色是淡一些的红色——小男孩的色彩。蓝色是玛丽亚的色彩——依照传统浅蓝色是小女孩的色彩。

因而在许多绘画作品中童年的耶稣穿粉红的衣服——从吉奥托（Giotto）于1365年所作的著名的《奥哥尼桑提（Ognissanti）》直至木里罗（Murillo）作于1681年的关于圣灵家庭的绘画（参见图30）。这些绘画作品不仅表现了童年耶稣所穿粉红衣服的象征性意义，而且还展示了历史上的儿童形象。图32画的是1640年一个英国男爵的幼子，这个男孩穿一件粉红色的丝制外衣。

过去儿童服装是成人服装的小型翻版。不单单在洛可可①时代，甚至年纪较大的男性都穿粉红色的服装（参见图34）。粉红色的服装不但和性别无关，而且和年龄无关——无关的程度与蓝色服装相似。但是以基督教的色彩象征意义来说，红色和粉红色多见于男孩子，而女孩子为蓝色和浅蓝色。[2] 这一点也可以从弗朗茨·温特哈

图30：童年的耶稣从不穿浅蓝色。在长达几百年的时间里粉红色一直是男性的一个象征色。

① 继巴洛克之后，欧洲18世纪的建筑、艺术风格，以矫揉造作、纤巧、华丽、烦琐为其特征。——译者注

粉红色

勒（Franz Winterthaler）的一幅绘画上看出来，这幅画表现的是1846年维多利亚女王和她的五个孩子。画中当时五岁的艾伯特·爱德华王子穿一件亮红色、类似于罩衫的衣服。六岁的维多利亚公主、三岁的爱丽丝公主和两岁的阿尔弗雷特王子都穿着颜色和式样相同的衣服——衣服是白色的，镶有金黄色的边，而且小王子穿着和两位公主一样的低领、宽摺的裙子。特别有趣的是当时只有几个月大的海琳娜公主的衣服：这个婴儿穿着一件白色的长裙，裙子用一根宽腰带扎住——腰带是浅蓝色的。还有婴儿的小帽子用了一根浅蓝色的带子做点缀（参见图31）。婴儿的衣服展现了女王的进步观念：她并没有像19世纪中叶常见的那样，把这个婴儿死板地包裹起来，他还能自由地活动胳膊。还有蓝色的带子也是一个进步的标志；那时候人们喜欢给女孩子和男孩子用红色的带子和红色的珊瑚护身符，以保护他们免受邪恶目光的侵害（参见图15）。女王没有选择讲究迷信的色彩而代以基督教中女孩子的色彩。

图34：不仅贵族男孩子而且成年男性也穿粉红色的服装。

图31：维多利亚女王的三个女儿。穿浅蓝色衣服的婴儿是海琳娜公主。从前浅蓝色是女孩子的色彩。

色彩的性格
Wie Farben wirken

图32：不仅贵族男孩子而且成年男性也穿粉红色的服装。

在宫廷画家温特哈勒的一幅早期作品中可以看见阿瑟王子婴儿时期的画像，他的衣服和帽子都用粉红色的带子做装饰。[3]同时代的观众不会把这个小孩误认为女孩子。

20世纪初，柏林的威尔特海姆商店的时装目录上列有配着红带子的儿童洗礼服。[4]男孩和女孩的婴儿服只有唯一的白色。商店只出售白色、褐色的婴儿鞋，或者与带子颜色一致的红色婴儿鞋。

婴儿穿五彩服装的时尚，直到20世纪20年代才流行起来。因为这时候人类才有能力制造耐洗及无毒的颜料。而且直到20世纪20年代初才有婴儿连衫裤，即现在典型的婴儿服。[5]

随着彩色婴儿服成为时尚，男性的粉红色转变为女性的粉红色。产生这种变迁有多种原因：基督教关于服装色彩的象征意义远离现实，因为它所欣赏的时尚与色彩为敌。而推崇粉画色调的洛可可式的色彩也早已被人们遗忘。第一次世界大战结束后，红色、白色和蓝色的军队制服均被废除，代之以迷彩服；色彩在普通的男式服装中也遭到了唾弃；同样地女士时装中的色彩也越来越少。一场时装革命带来了色彩的变迁：1910年左右，变革后的时装把女性从紧身胸衣中解放了出来，同时使儿童有了自己的服装。儿童不用再和成人穿一样的服装，而可以穿蓝白色的舒适的水兵服。随着人们与宗教的色彩象征意义的疏远，蓝色不再被视为代表玛丽亚的颜色，而被采纳为海运业制服的颜色。而且今天几乎所有的工业工人都穿靛蓝色的工作服。

当制造耐洗且无毒的颜料不再是一件难事时，人们也开始给婴儿服染上颜色，这时产生了一种新的现象，即给小男孩穿成人工作服的色彩。而小女孩穿传统的浅蓝色的对比色——粉红色，人们逐渐接受粉红色为小女孩所穿的色彩，

粉红色

因为它和冷冷的浅蓝色相对照显得如此温情脉脉。

在伦敦儿童博物馆里存放着粉红色女婴服的早期样板，那是一双粉红色的婴儿鞋及粉红色的婴儿袜，放在一个粉红色的盒子里。1923年一位公主在她的第一个孩子出生前得到了这个粉红色的礼物，我们可以猜测她也收到了浅蓝色的同类礼物。这位公主生了一个儿子并在几十年后将这些不需要的粉红色鞋及袜子遗赠给了博物馆，它是20年代全新的婴儿色彩的一个见证。[6]

在宗教传统深刻扎根的地方，直到60年代仍保留着小男孩穿粉红色、小女孩穿浅蓝色的习惯——例如在荷兰、比利时的天主教地区，瑞士及意大利的部分地区。[7] 到了70年代，粉红色已成为全世界代表女性的色彩。那时，容易打理的聚酰胺纤维材料被普遍使用，婴儿色彩的时尚达到了一个高峰：每个婴儿车都用粉红色或浅蓝色的摺带做装饰。

但是自80年代开始人们再次失去了对婴儿色彩的热衷。一方面是出于实践上的原因：父母们不愿意一直等到孩子出生才能确定购买色彩正确的婴儿装备。粉红色和浅蓝色受到了白色和深颜色的排挤。除此之外，和性别相关的色彩与时尚产生了矛盾：因为在成人的时装中男性和女性之间的色彩又接近了。

在1960年，一件粉红色的男式衬衫还会产生轰动的效果；现在甚至粉红色的麂皮鞋也不再是不寻常的物品了。到了牛仔裤盛行的时代，男女皆宜的时尚使得男式和女式的服装之间以及成人和儿童的服装色彩之间的区别越来越小，与性别相关的婴儿色彩成为一种来自灰色远古时代的风俗习惯。

图33：男性会再穿粉红色吗？

《荡秋千》法国 弗拉贡纳尔

画中的女孩子在郁郁葱葱、繁花似锦的花园里荡秋千，她瓷器般的完美，粉红色的衣服向上荡开的动作，无不显示出她的纯真。

心理效果和象征效果

4．粉红色与绿色的组合：纯真的粉红色

绿色是代表植物生命的色彩，红色是代表动物生命的色彩，粉红色是象征幼小生命的色彩。粉红色和绿色——在这个色彩的组合中，所有关于生长的因素统一在了一起。

粉红色所占的比重越大，有关纯真特性的比重则越大。如果绿色占优势地位，则着重强调的是繁荣兴旺的方面。粉红色和绿色，象征年轻、新鲜、令人愉快。

粉红色

象征效果

5.浅化的红色用于柔弱的性别

所有被归于粉红色的个性，均为典型的女性特征。粉红色象征柔弱的优势所在，比如妩媚和礼貌。它是代表和谐与友好的第二个色彩。

《克里斯蒂娜的世界》美国 怀斯

画家以草地、农舍、教堂概括了这位不幸的身有残疾的克里斯蒂娜的物质世界和精神世界。她粉红色的衣服让她显得更加柔弱。

妩媚（27）：

粉红色 21%
白色 18%
紫色 11%
红色 10%
蓝色 10%
银色 9%
橙色 8%
金色 7%
黄色 6%

所有被归于粉红色的个性，均为典型的女性特征。粉红色象征柔弱的优势所在，比如妩媚和礼貌。

温和（139）：

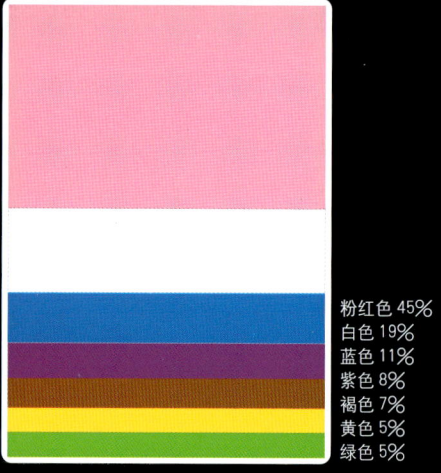

粉红色 45%
白色 19%
蓝色 11%
紫色 8%
褐色 7%
黄色 5%
绿色 5%

粉红色的效果极端地依赖于它周围的色彩，和白色在一起，粉红看起来较为苍白。

和谐（73）：

蓝色 34%
粉红色 17%
白色 14%
绿色 12%
紫色 8%
红色 8%
金色 7%

粉红色是代表和谐与友好的第二个色彩。

浪漫（134）：

粉红色 38%
红色 15%
紫色 13%
蓝色 10%
绿色 10%
橙色 7%
白色 7%

醉心是一种状态，一个粉红色的世界过于美好，不够真实。

《女伯爵戈罗维拉像》
俄国 I·E·列宾 1896 年

和善的眼神，俊俏的鼻子，微闭的嘴唇，无不体现女伯爵睿智的个性特点。近乎大写意的衣裙，暗色的背景，更突显其不凡的气质。

象征效果

6.粉红色的特质

　　粉红色的效果极端地依赖于它周围的色彩。同一种粉红色与不同的色彩组合在一起，其产生的效果也会截然不同。和白色在一起，粉红色看起来较为苍白；和黑色在一起它显得较为鲜艳；和红色在一起显得红一些；和黄色在一起它显得温暖；和蓝色在一起它显得冰凉。

　　粉红色本身由一种炽热的色彩及一种冰冷的色彩混合而成，象征着妥协、顺应的特质。

《粉色的裙子》法国 弗雷德里克·巴齐耶

画家在这幅现实主义的风景画中把一个年轻女子的侧影放在半明半暗的光线中,她摆出随意的姿势。模特儿连衣裙的粉红和蓝灰色条纹的处理细腻又不乏温柔浪漫。

象征效果

7.醉心与浪漫的颜色

  醉心是一种状态,在此状态中人们会飘翔在"粉红色的云"上,通过"粉红色的眼镜"看待一切。一个粉红色的世界过于美好,不够真实。

  粉红色是所有色调中不真实的色彩:从美化直到庸俗化。

粉红色

心理效果和象征效果
8. 完完全全的甜蜜

粉红色是"糖果的色彩",没有任何色彩比它更适用于甜品。人们在看见粉红色时会反应它的口味为甜蜜与柔和。它是一种代表享受的色彩。粉红色与酸、咸口味不会共同出现在我们对一种味道的感觉中。用甜菜汁染成粉红色的鲱鱼沙拉对许多人来说是罕见的特色菜。

就气味来说,粉红色会让人联想到玫瑰的芬芳,这种香气给人的感觉同样是甜蜜和可爱。

甜蜜的含义会转借到有甜味的东西上:一本封皮为粉红色的书马上会令人产生庸俗小说的印象。

《少女与桃子》俄国 谢洛夫
这幅肖像画的色彩艳而不俗,亮而不耀。画中少女充满着一种青春与俊秀的活力。

多愁善感／敏感（39）：

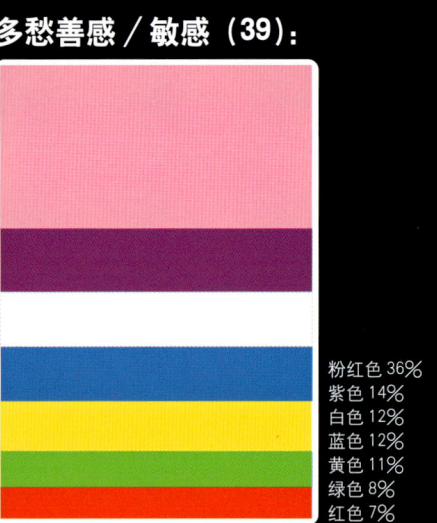

粉红色 36%
紫色 14%
白色 12%
蓝色 12%
黄色 11%
绿色 8%
红色 7%

甜蜜（157）：

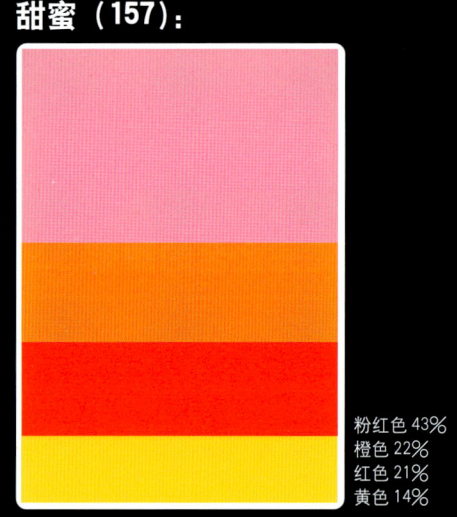

粉红色 43%
橙色 22%
红色 21%
黄色 14%

友好（52）：

蓝色 22%
粉红色 15%
黄色 12%
白色 12%
橙色 11%
绿色 11%
金色 9%
红色 8%

柔和（116）：

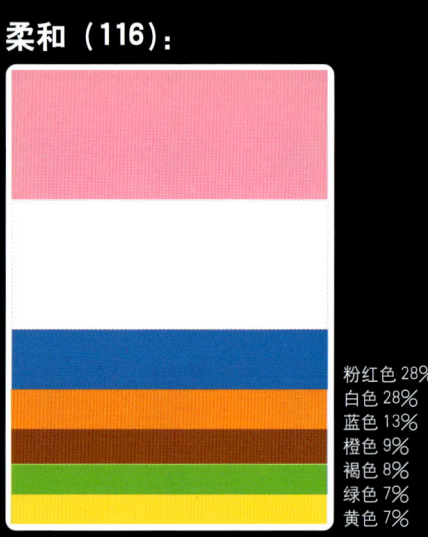

粉红色 28%
白色 28%
蓝色 13%
橙色 9%
褐色 8%
绿色 7%
黄色 7%

可爱（108）：

粉红色 63%
白色 11%
红色 9%
蓝色 7%
橙色 5%
黄色 5%

粉红色由一种炽热的色彩和一种冰冷的色彩混合而成，象征着妥协、顺应的特质。就气味而言，粉红色让人联想到玫瑰的芬芳，给人感觉是甜蜜和可爱。

《巴塔萨·卡尔罗斯太子骑马像》 西班牙 委拉斯开兹

画中的巴塔萨·卡尔罗斯太子身披一条粉红色的纱巾，骑在一匹棕褐色的马背上，粉红色与褐色的完美组合使整幅画的色彩看起来十分舒适。

心理效果和象征效果

9. 粉红色与褐色的组合：舒适的粉红色

　　从红色中派生的粉红色是一种温暖的色彩，一种亲近的色彩。像所有的暖色一样，粉红色让人联想起圆满的事物。

　　当粉红色与男性的色彩如褐色组合在一起，它便会失去柔弱的特征，变为一种舒适和安全的色彩。

色彩的性格
Wie Farben wirken

传统效果

10. 旁帕多尔太太的粉红色与教会的粉红色

洛可可时代是粉画色彩兴盛的时期，法国给这种时尚定下了基调。法国宫廷在西班牙统治世界的时代仍保留着热爱色彩的时尚，但自从18世纪地位较低的百姓也有能力购买纯正的色彩以后，宫廷的口味发生了变化，混合色成为此时的特色。洛可可式粉画的色调不是简简单单用白色就可以调和的色彩，它是由全部基本色彩构成的复杂的混合体——是对完美的色彩艺术的证明。在那些浅淡的色彩中可以找到当时宫廷的生活感受：它们展示了贵族们整天的无所事事、空耗时光。

旁帕多尔太太（1721—1764），洛可可式夫人的典范，有着高雅品味的艺术爱好者。她带动了粉红色和浅蓝色相组合的时尚，这个色彩组合在今天被视为"典型的洛可可式风格"。在那幅由弗朗西斯·波彻尔（François Boucher）于1757年所作的极其著名的肖像画上，旁帕多尔太太穿着一件用粉红色装饰的绿色衣服：它是一种精心设计的绿色，不单纯由蓝色和黄色混合而成，还包含了红色的痕迹，通过一抹白色显得微微发粉，同时还借一丝丝的黑色产生浓烈的效果。一种特别难混合的色彩是所谓的旁帕多尔粉红，由瑟务热（Sèvre）的陶瓷工厂专门为她而设计：那是一种暗粉红色，带有明显的蓝色，还有一些黄色和一些黑色在里面。

当时人们对混合色的热爱还有一个实用性的原因：每件衣服都意味着一笔开销。因为粉画颜色包含所有的基本色彩，所以它们可以和任何颜色相组合。每次只要换一种不同的色彩搭配，一件服装的色彩效果就会完全不同，如同有了一件新衣服。

那时的女性和男性都穿粉红色，但人们从传统的角度感觉它更应是男性的色彩。在这一时期的绘画作品中，女士们的衣服为浅蓝色多于粉红色。

到了洛可可时代粉红色成为礼拜仪式的色彩，这是粉红色作为男性象征色的一个特别表现。富裕的贵族捐献出他们弃置的衣服给教会，这些衣服可修改为做礼拜的长袍和装饰帏帘。但教会根本无法利用那些粉红色的面料：因为只有白色、红色、绿色、黑色、紫色才属于教会的色彩。对此教会找出了解决之道：粉红色于1729年被宣布为礼拜仪式的色彩。自此天主教的神职人员在基督降临节期间的第三个星期日和斋期的第三个星期日穿粉红色。

《旁帕多尔太太》
法国 弗朗西斯·波彻尔

旁帕多尔太太带动了粉红色和浅蓝色相组合的时尚，这个色彩组合在今天被视为"典型的洛可可式风格"。

《红磨坊的沙龙》 法国 亨利-玛丽-雷蒙·德·图卢兹-劳特累克 1894年

劳特累克的画法习惯于把每个模特儿看成一个整体而不给予任何阴影的笼罩。他创造了一种理想的冷光,这使他能去发掘人的形象,从中获得深刻的秘密。

粉红色

传统效果

11. 粉红色与紫色的组合：虚荣的粉红色

和其他混合色尤其是紫色和橙色组合在一起时，粉红色便会失去其纯洁的特征，变为虚荣和不客观。一切的混合色本身均有一些人造、非自然的痕迹。

12. 创造性的粉红色

当粉红色与不相匹配的表现形式相结合时，最能引起人们的注意。

粉红色的特点是温和、柔软、娇小、甜蜜、轻盈，这些特点通常与同样温和、柔软、娇小、甜蜜、轻盈的事物联系在一起。一个粉红色的汽球，一只粉红色的小兔子，一个粉红色的迷你心脏，穿粉红色衣服的小女孩，一只粉红色的小羊——诸如此类的陈规俗套太过平常，对加深印象没有任何价值。这种色彩是多余的，它只是对主题的重复说明。

图46：色彩游戏：用温和的色彩所画的毒药标志。

要想设计出引人注目的艺术形象和商品标志，应该把粉红色与违背常规的设想联系在一起。

用不柔和代替柔和：一个粉红色的仙人掌，一只粉红色的刺猬，一把粉红色的锤子。

以庞大代替娇小：联邦铁道广告中的粉红色大象令人记忆犹新。一只粉红色的蜥蜴也会给人留下同样深刻的印象。

以阴险邪恶代替俊秀：一个粉红色的魔鬼，一只粉红色的乌鸦，一条粉红

色彩的性格
Wie Farben wirken

图35和图36：漫画和广告中创造性的着色：代表联邦铁道的粉红色豹子和大象。

图80：古代大师创造性的着色：粉红色、浅绿色、浅蓝色的棺材。

粉红色

色的鲨鱼。漫画人物粉红豹（参见图35）家喻户晓；粉红与浅蓝色的骷髅符号有一种诙谐的吸引力（参见图46）。中世纪的一幅绘画作品也给我们提供了相应的关于创造性色彩构思的一个范例（参见图80），艺术家将棺石表现为粉红、浅蓝、浅灰色。

以复杂代替幼稚：一个粉红色的机器人。——谁说此类设想只具有游戏的价值——世界著名的报纸《财经时间》（Financial Times）的印刷纸便是出人意料的粉红色。

当粉红色表现为不拘形式的色彩时，可将它与按照人们的感觉不可能与粉红色相组合的色彩组合在一起，会产生一个全新的效果。例如，在任何色谱上都不会出现粉红、灰色、银色的组合，这个组合便使粉红色具有了不寻常、巧妙的效果。

注 释

[1] 除此之外还有无数关于粉红色唇膏和指甲油的梦幻式的名称。
[2] 参见弗里灵（Frieling）：《人与色彩》，84页。弗里灵试图用蓝色代表精神，红色代表物质来解释现代的婴儿色彩。对精神的评价高于物质，因此精神用以激励男孩，而女孩则属于日常生活中平庸的物质。但是，古老的象征意义与现代的婴儿色彩之间并无关联。
[3] 这幅画未公开展览，根据伦敦贝特纳·格林（Bethnal Green）儿童博物馆的答询。
[4] 威尔特海姆商店（Wertheim），1903/1904年的产品目录。
[5] 词语"rompers"（连身裤）于1922年第一次出现在牛津英文字典中。
[6] 根据伦敦贝特纳·格林儿童博物馆的答询。
[7] 参见尼克斯多夫/米勒的《白色马甲—红色长袍——从中世纪的色彩规定到个人的色彩喜好》，137页。在非常尊重传统的天主教家庭里，人们至今还沿用那些古老的色彩。1988年出生的比利时公主玛丽亚·劳拉（Maria Laura）就是穿系着浅蓝色带子的白色小衣服接受的洗礼。

意义相互矛盾的颜色

苦艾酒黄·旧黄色·竹色·香蕉黄·重晶石黄·韧皮黄·米黄色·琥珀黄·淡黄色·金发色·黄油黄·麂皮色·香槟酒色·查尔特勒酒黄·中国黄·铬黄·奶油黄·咖喱粉·蛋黄色·深黄色·纯黄色·本色·苍白的黄色·亚麻黄·黄绿色·黄橙色·染料木黄·金黄发色·金黄色·金赭色·戈雅黄·灰黄色·藤黄·汉莎黄·浅黄色·高黄色·蜂蜜黄·印度黄·镉黄·石灰黄·洋草黄·鲜黄色·谷粒黄·雏鸡黄·树叶黄·淡黄色·枸橼黄·玉米黄·甜瓜黄·黄铜·含羞草黄·南京棉布黄·那浦黄·钛镍黄·尼古丁黄·赭色·橄榄黄·粉画黄·不褪色黄·旁培黄·铅铬黄·报春花黄·温珀色·烟黄色·锈黄色·红黄色·撒哈拉黄·沙黄·番红花黄·脏黄色·干草黄·硫黄·芥末黄·信号黄·向日葵黄·日黄·稻草黄·茶黄色·黄玉黄·原黄色·小便黄·香子兰黄·交通中的黄色·维罗纳黄·蜡黄·柔黄·锌黄·柠檬黄

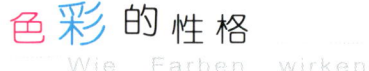
色彩的性格
Wie Farben wirken

意义相互矛盾的颜色

  黄色是意义相互矛盾的颜色，从经验中产生的象征意义是积极的：它象征太阳、光明和黄金。打着历史烙印的象征意义则是消极的：黄色代表受排斥的事物，象征自私自利的性格。

  黄色是5%的男性喜爱的色彩，但同样多的男性把黄色列为最不喜欢的色彩。女性中有4%的人喜欢黄色，6%的人把黄色列为最不喜欢的色彩。

《少女与白狗》 德国 卢西恩·弗洛伊德

黄色象征太阳、光明，会给人以温暖的感觉，这幅画中由于画家用白色和柔和色调来画，故而画面显得很简单，也多少有点苍白。

《向日葵》荷兰 梵高

"太阳＝向日葵＝充满爱的心"是梵高画的主题,画家费心尽力,使得黄色变化的组合也更臻于完美。

心理效果和象征效果
1.太阳与乐观

人们把通用于太阳的经验加以普遍化后变为黄色的象征效果。黄色作为太阳的颜色其效果是明朗的。乐观主义者有阳光般的性情,黄色是他们的象征色。

黄色和橙色及红色组合在一起是有趣、生命喜悦、愉快和外向的色调。黄色和蓝色及粉红色等不明艳的色彩组合在一起时是代表友好的色彩。

173

乐观（128）：

黄色 22%
绿色 19%
蓝色 17%
白色 12%
红色 11%
橙色 10%
粉红色 9%

乐观主义者有阳光般的性情，黄色是他们的象征色。

生命的欢乐／喜悦(101)：

红色 29%
黄色 17%
橙色 13%
绿色 12%
蓝色 12%
粉红色 10%
白色 7%

黄色和橙色及红色组合在一起是生命的喜悦和外向的色彩。

清新（44）：

蓝色 26%
黄色 23%
绿色 16%
白色 13%
橙色 11%
红色 6%
粉红色 5%

蓝色、黄色和绿色都是代表清新的色彩。

活力(3)：

红色 32%
橙色 20%
黄色 17%
蓝色 17%
绿色 14%

与红色和橙色组合在一起时它是属于活力和能量的色彩。

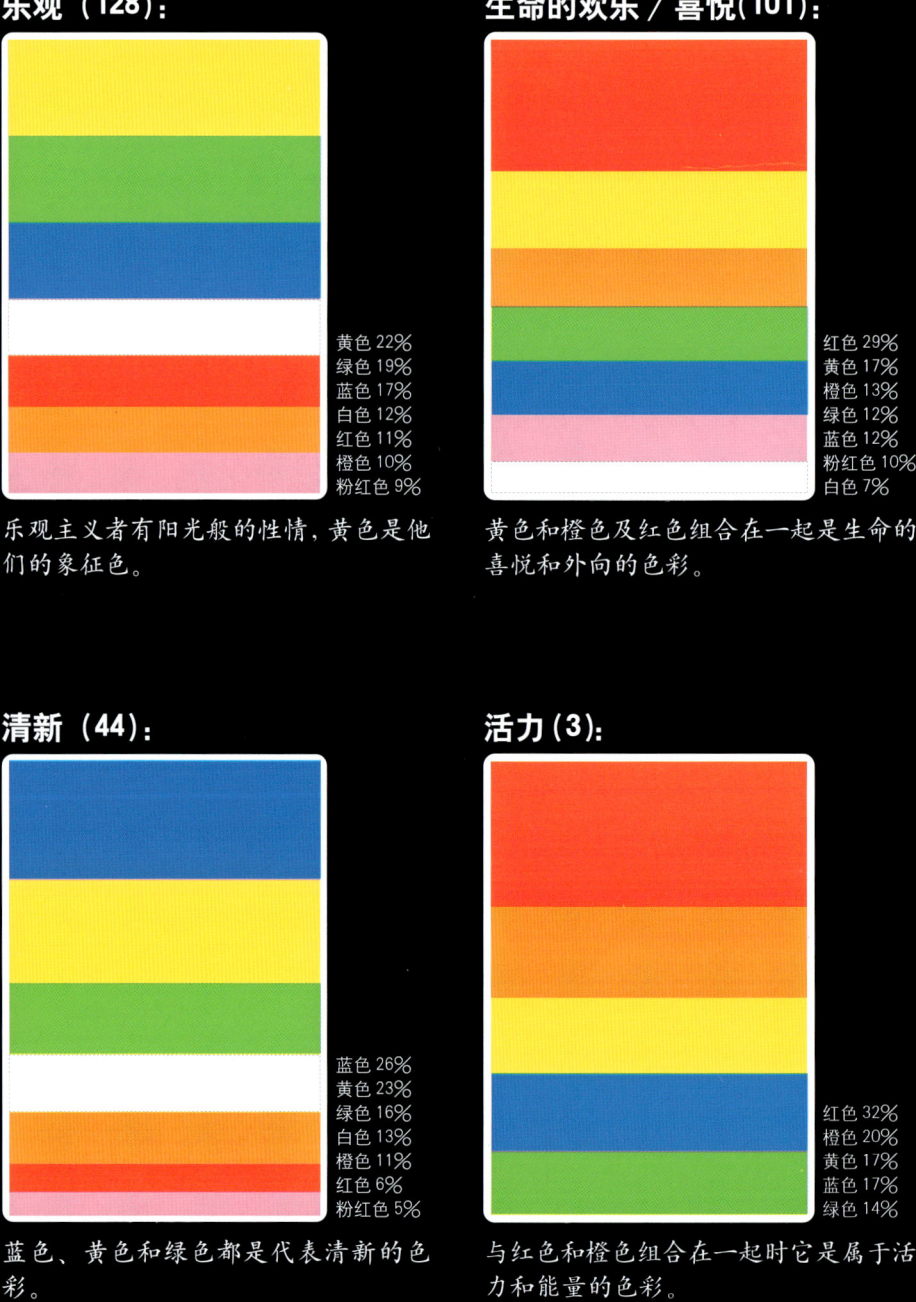

《夜间露天咖啡座》荷兰 梵高

这里，梵高描绘了咖啡馆的室外景。室内温暖而明亮的黄色灯光洒在屋外鹅卵石铺成的广场上，整个气氛温馨恬适。

心理效果和象征效果

2．光线与照明

太阳光本来是无色的，但它仍然让人感觉是黄色的。一盏灯的光线越黄，它的效果便越自然、越好看。

作为光的色彩，黄色和白色相近，"光"和"轻"具有共性的特征。黄色是彩色中最轻的色彩，它显得轻是因为它似乎来自上方。一间房屋用黄色的天花板做装饰会令人产生亲近的感觉，就像阳光在流淌一样。

对于日常生活用品来说，纯黄色却不太合适。即使极少的灰尘和污渍的痕迹也会影响黄色的光度，使它泛着褐色与灰色。纯黄色是一种新鲜的色彩，有污渍的黄色也被称为旧黄色。

黄色轻的效果会通过粉红色而提升。白、粉红、黄是娇嫩、弱小、多愁善感的色调。在转化的意义中黄色是代表天真的色彩。

因为得自太阳，黄色也有它炽热的一面。与红色和橙色组合在一起时它是属于活力和能量的色彩，这种色调的组合与代表有趣的色彩相同（参见"黄色"第1节）。

光线的色彩经理想化后便成为照明的色彩。在伊斯兰教中金黄色是智慧的象征色。在德语里"明亮"和"聪明"的意思也是相同的。在语言上"黄色(gelb)"和"发出炽热的光(glühen)"的意义相近，甚至和"glotzen"意思相近，glotzen指以一种不礼貌的方式直视他人。

色彩的性格
Wie Farben wirken

象征效果

3. 关于黄金的正面的黄色

太阳是黄色的，但人们并不称之为黄色的太阳，而是金色的太阳。代表太阳神赫里奥斯、阿波罗、所罗门的颜色均为黄色——它是金子的黄色，不是金属的黄色（参见"金色"第6节）。

传说中，黄色花朵会发光的地方埋藏着黄金。黄色的头发在抒情的语言中被称为金发。

在形容美丽、有价值的事物时黄色被称为金色。反之，美丽和珍贵的东西不会被描绘为黄色。

德国的黑、红、黄三色旗被称为黑、红、金三色（参见"黑色"第18节）。梵蒂冈的黄、白两色旗被理解为金、银两色旗，这两种色彩象征着Petru的金色和银色钥匙。

"黄色(Gelb)"、"金子(Gold)"和"光辉(Glanz)"在语言上也是相近的。由于与黄金的相近性，黄色成为代表财富、奢侈——还有吹牛的色彩。

《坐着的浴女》法国 雷诺阿

这位美丽的浴女有着一头黄色的头发，而人们更愿意用抒情的语言称之为金发。

黄　色

《麦田上的群鸦》荷兰　梵高

画上的群鸦仅是一些浓重的黑线构成的飞动线条，低低地压向大面积的成熟了的橙黄色麦田。整幅画充满着以蓝色"压"蜜黄色的浪漫主义情调。

象征效果
4. 成熟及感性的爱情

　　黄色是成熟的色彩，此处黄色被再次美化为金子的颜色：金色的穗、金色的果实、金色的树叶、金色的秋天。

　　游吟诗人常把感情的变迁与自然的循环往复相比较，他们把成熟的色彩喻为爱情的感性色彩。黄色象征最高度的幸福——爱情所获得的回报。[1] 一个古老的复活节风俗是：如果一位姑娘向她的爱慕者赠送染黄的复活节蛋，则表明她答应了对方的请求。

　　橘黄色也是司管葡萄酒与土地肥沃之神狄厄尼索斯衣服的颜色。

《名为"悲惨世界"的自画像》 法国 保罗·高更 1888年

高更这样形容《悲惨世界》:"想象一组经过烘烤后扭曲的陶器吧!所有的红与蓝紫被火焰烧成斑纹状,一如熊熊烈火的窑。"

心理效果和象征效果

5. 嫉妒、吝啬和一切形式的利己主义

  黄色大多会引起人们负面的联想:黄色是代表所有烦恼的色彩。嫉妒是黄色的——为他人的所有物而烦恼;猜忌是黄色的——为他人的存在而烦恼;吝啬也是黄色的。嫉妒和吝啬按天主教教义为七宗罪中的两大罪状,这七宗罪反映着自私的各个层面。在每一宗罪恶、每一个不良特征的象征色彩里都包含黑色与灰色。

黄 色

　　七宗大罪的每一宗都将导致自我惩罚,有罪的人大多会承受由此所带来的痛苦。嫉妒和猜忌是产生永久烦恼的源泉,吝啬的人也会因担心他人分享自己的好处而不断地烦恼着。按照古老的说法,烦恼位于胆囊中,因此"胆囊"这个词和"黄色"属于相同的词族。经常生气烦恼的人会得胆囊疾病,这是因为人在十分生气的情况下,胆囊管会发生痉挛,胆汁不能经由肠道而引流,它们便会直接出现在血液中,人的皮肤就会发黄。古代通医术的巫师使用诸如胡萝卜、黄花、小便等黄色的"药物"来医治"黄色的疾病",人们还用黄色的铜盘给病人盛食物。

　　像黄疸一样,黄色象征烦恼的象征意义为世界各地通用。因为胆汁是黄绿色的,所以绿色是自私特征中的第二个色彩,人们还会"忌妒得发绿"。图44为胡戈·凡·德·格斯(Hugo van der Goes)所画的"原罪"的一部分,他把用谎言引诱亚当和夏娃的那条蛇画为长着人脑袋的黄绿色爬行动物。

　　对"谎言"和"虚伪"这两个概念进行比较可以特别清楚地看到黄色坏的一面。一个谎言是可以原谅的——不管怎样,有8%的人认为谎言的色彩为金色,也许这些人想到了礼节性的谎言。列举灰色的人想到的大概是不得已的谎话。但是虚伪作为原则性的性格特点是不可原谅的:它是黄色的。

　　纯黄色是照明的色彩,当它与黑色组合在一起时,就成为不纯洁的象征色。画家兼艺术教育家约翰纳斯·伊藤(Johannes Itten)曾就黄色的效果写道:"如同只有一个真理一样,黄色也只有一种。模棱两可的真理是病态的真理,是不真实的谎言。因此模棱两可的黄色表现为嫉妒、出卖、谬误、怀疑、不信任和错乱。"[2]

　　混合色灰色是不稳定、不自信的典型代表色,黄色则是代表不自信的第二种色彩——它极易受其他色彩的影响。这两种颜色之一与其他任何一种色彩混合将立即产生浑浊的效果,甚至连白色与这两种颜色混合时都不能弱化这种浑浊的效果。

　　在英语中"黄色(yellow)"也意味着"胆怯"。法国人称不自信、拘束的笑容为"黄色的笑容(rire jaune)"。在俄语里"黄色的房子(zeltyi dom)"指精神病院。

嫉妒（125）：

黄色 53%
绿色 30%
灰色 10%
黑色 7%

嫉妒是黄色的，为他人的所有物而烦恼。

猜忌（33）：

黄色 54%
绿色 29%
黑色 10%
紫色 7%

猜忌是黄色的，为他人的存在而烦恼。

吝啬（61）：

黄色 34%
绿色 28%
灰色 21%
黑色 9%
褐色 8%

嫉妒和猜忌是产生永久烦恼的源泉，吝啬的人也会因担心他人分享自己的好处而深陷烦恼之中。

虚伪（182）：

黄色 31%
黑色 22%
绿色 16%
紫色 13%
褐色 11%
灰色 7%

虚伪作为原则性的性格特点是不可原谅的：它是黄色的。

《老鸨》 荷兰 约翰内斯·维米尔 1656 年

这幅画表现的是狎客与老鸨的交易。画家用浓烈的色彩组织画面,构成热烈的调子,老鸨身着黄色,显得十分刺眼,这是画家突出题旨的巧妙之处。

色彩的性格
Wie Farben wirken

心理效果和象征效果
6. 酸的味道

酸味、清凉而苦——黄色属于这类口感：人们会联想到最酸的水果——柠檬，以及苦的胆汁。

黄色是代表有毒的第二种色彩——相应的成语有"喷吐毒药和胆汁"。

《一篮苹果》 法国 保罗·塞尚
画中黄色的苹果和梨子色彩鲜艳，栩栩如生。

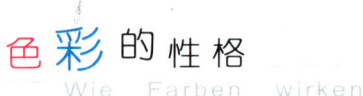

酸味 (141)：

绿色 50%
黄色 50%

酸味、清凉而苦——黄色属于这类口感，人们会联想到最酸的水果——柠檬，以及苦的胆汁。

苦味 (24)：

绿色 30%
褐色 19%
黄色 19%
灰色 10%
黑色 9%
紫色 8%
蓝色 5%

褐色是烹调好的食物及精美食品的色彩，其口味的特征为既涩且苦，但并不令人不舒服。

有毒 (67)：

绿色 68%
黄色 26%
紫色 6%

绿色和黄色既是毒药的主色调也是食品的主色调。

酸涩 (78)：

绿色 41%
褐色 21%
灰色 12%
黑色 11%
银色 9%
黄色 6%

有些绿色饮料就是用药草配制的，这时候新鲜是与酸涩联系在一起的。

色彩的性格
Wie Farben wirken

7. 最佳的远距离效果

黑色文字写在黄色底面上有最佳的远距离效果（参见图24）。一张图要得到最佳的远距离效果应遵循下列构图原则：

1. 图的色彩和环境形成的反差必须达到最大限度；
2. 色彩之间的明暗对比必须达到最大限度；
3. 浅颜色应该作为底色使用；
4. 彩色应和非彩色组合使用。

黄色之所以有最佳的远距离效果，是因为它无论日夜都明显地有别于天空的颜色。黄底黑字的交通指示牌就是最佳着色的一个体现。——如果在荒漠中绿色自然是最佳的底色。

深色的底面上白色字体的效果最好，这是一种不会让眼睛产生错觉的明暗对比。在浅色的底面上效果最佳的是黑色字体。如果两种杂色放在一起就会互相抢眼，让人眼花缭乱而看不清文字。效果特别不好的色彩组合如红与黄；当两种色彩的深度同等时，文字的可读性将受到极大的影响。

比如在粉红色的底面上黑色字体要比淡淡的浅紫色字体容易辨认得多（参见图24）。在蓝色的底面上白色比黄色的符号清楚得多。

如果把用于最佳远距离效果的规则当做普遍适用的最佳效果规则来使用，那就会犯错误。远距离效果和近距离效果有各自不同的适用法则，因为两者所要传递的信息有所不同。从远处就应该看清的信息必须简短易懂，使人一眼就能看明白。从近处看的文字大多较长，包含着人们不熟悉的信息。

当一篇文字需要人们给予较长时间的注意时，所有的色彩对比都会干扰阅读，这是因为它们使眼睛产生错觉。所有色彩在近距离的效果会强烈一些。在远处看起来舒服的色彩，在近处有可能显得刺眼。

室外广告如果仿效交通指示牌的色彩与构图，就可以最大限度地引起人们的注意。不过这样一种蒙蔽会带来心理上的风险：当一位观者认识到自己把一个广告误当做了交通指示说明时——这种认识对于广告信息是必要的，否则它

黄　色

《国王的忧思》法国　马蒂斯

画面中黄色与其他颜色反差强烈，中间的吉他手所穿黑衣的黄色花朵已经非常醒目，而倘若他穿黄色衣服配黑色花朵则会产生最佳的远距离效果。

的存在就是毫无意义的，——那么他会产生挫败感。当人们感觉受到了欺骗时就会将广告中所宣传的产品与消极的感觉联系在一起。

心理效果和象征效果

8. 醒目的警示色彩

所有的警示标志均为黄色和黑色。
图37：易爆物品　图38：放射性物品

由于黄色有最佳的远距离效果和醒目的近距离效果，它成为国际通用的警示色彩。黄底黑字是有毒、易燃、易爆、放射性物品的标志（图37及图38）。黄、黑色组合的带子是提醒人们注意的区域限制的标志，这种标志一般为了防止车辆通行于纵深及狭窄的道路，以及防止机器棱角对人的伤害。黄色和黑色也用于盲人标志。

在足球赛中有"黄牌"警告。如果一艘船上升起黄色旗则表示船上爆发了流行病；不允许任何人离船，也不允许任何人上船。在旗语表上黄色代表字母Q，即隔离。在中世纪的城市里如果升起黄旗，也表示有瘟疫爆发。

黄色比红色更醒目。英语中的"黄色（yellow）"与"大喊大叫"、"尖声叫喊（to yell）"的词义相近。人们用"黄色报刊（yellow press）"来描述具有轰动效应的新闻。黄色令人将注意力转向危险、不舒服的东西，因此黄色自身并不讨人喜欢。

黄 色

文化效果

9. 番红花：植物之王

制作黄色染料最著名的植物是番红花。众所周知，真正的番红花在春天开花，它是藏红花的别称。番红花非常珍贵，10万到20万朵的番红花原料只能制成一公斤的染料，用它可以印染约10公斤的羊毛。每个番红花的球茎上只长出一到两朵花，要种满好几块地才能获取一公斤的番红花。收获同样很辛苦：需要将雄蕊从花中抽出，但只能选择那些黄色或橘红色的雄蕊，然后将它们放在炉中用低温烘干。番红花的黄色是一种发红黄色的。

番红花染出的颜色耐光、耐洗，色泽持久。过去由于造价昂贵，在欧洲人们一般不用番红花印染整件衣服。但是在阿拉伯国家这种植物遍布各地，番红花即等同于染料的词义："Zafaran"在阿拉伯语中的词意为"染料"，番红花（Safran）因此而得名。

番红花不仅仅是一种染料。早在古印度的医学著作中，以及所罗门王、荷马、希波克拉底所处的时代，番红花被称为药用植物。如果大剂量服用，它会产生强烈的兴奋作用，人为地造成体温升高。不过现代医学对它的效用仍然持怀疑态度。

世界各地的人都用番红花做调味品。早在1900年左右，在下奥地利州、南蒂罗尔州①、匈牙利均有番红花的种植，今天它大多出自印度和中国。它细腻、略苦的味道只在和其他调味品合用时才能发挥出来。番红花以毫克的微量用做食品的色素——"番红花让蛋糕变黄"，儿歌中是这么唱的——它可以给蜜酒、干奶酪以及香水和洗发水染色。番红花在印度菜中起着特殊的作用，那里所有用大米制作的节日食品都染成黄色。真正的法国菜浓味鱼肉汤也必须用番红花做食色。

此外人们还拿番红花来制造金色清漆。番红花的球茎也有利用价值，它可以生吃或烤后食用。——由于番红花的用途多而且广，人们称之为"植物之王"。

---

① 此两州均属奥地利。——译者注

色彩的性格
Wie Farben wirken

植物之王番红花

可用于黄色印染的植物还有一些。比番红花便宜许多的染料是红花（Saflor），人们大多用它来印染服装。红花属于飞廉科，同样自古以来就为人们所知，在埃及金字塔里就曾发现用红花染的羊毛面料。自中世纪后欧洲也开始种植红花，它是除靛蓝之外最重要的染色植物（参见"橙色"第7节）。

这种干燥处理后的飞廉属植物的花朵，包含一种红色和一种黄色的染料。黄色的染料虽然印染出的色彩艳丽，但不耐光，洗涤后容易褪色，所以不用它染贵重的面料。但如果先使用红花印染后再用靛蓝或菘蓝复染，就会得到一种持久的绿色。红花的种子还可以加工成食用油和灯油。

除此之外，淡黄木犀草也是欧洲一种重要的进行黄色印染的植物，它也称木犀草或黄草。这种自石器时代就为人类所了解的染色植物直到20世纪在德国还有种植。它的收获和印染均很简单：人们把这种长至一米高、开黄花的植物整个煮在水中，然后将煮好的汤用于印染。因为干燥的木犀草也能够染色，所以它还是用于贸易的一种重要植物，不过木犀草染出的黄色发灰。像红花一样，人们主要将木犀草用于绿色印染。

黄 色

传统效果

10. 受社会排斥者的识别色

在中世纪时,黄色是识别所有受到社会排斥的人群的颜色。1445年汉堡的一则关于服装的规定中指出娼妓必须戴黄色的头巾;1506年莱比锡的一部法律则规定她们必须穿黄色的短披风;其他地方对于娼妓的服装也有类似的规定,比如黄色面纱或黄色的衣服镶边等;在梅兰,娼妓的鞋必须配黄色的鞋带;那些非婚生育的妇女也必须穿黄色的衣服将她们的耻辱公之于众,在弗莱堡的不莱斯区则规定她们把皮肤染黄。

异教徒受处决时会被挂上黄色的十字;犯下过失的人必须在自己的衣服上缝以黄色的布片;受歧视者居住地的房门上被涂以黄色。[3]

犹太人首当其冲受到社会的排斥,基督教徒曾宣布黄色为犹太人的色彩。即使到了20世纪,这种犹太人的黄色仍然象征着歧视:纳粹分子曾强迫犹太人佩戴黄色六角星的标志。

为什么黄色——太阳的色彩会成为受歧视的色彩?这是因为黄色为明亮的色彩,那些被迫将此颜色穿在身上的人不容易将它掩饰,黄色即使在黑暗中也能被人发现。而且黄色从来就不是人们喜爱的服装色彩,番红花用来染衣服造价太高,其他的黄色染料又很容易褪色。淡黄色也不是服装常用的色彩,因为穿淡黄色的人会显得衰老而且病态。就像纸张会变黄一样,上了年纪的人牙齿、肤色、眼白都会发黄,因此发黄是衰老和腐变的标志。烦恼和疾病,还有不良的生活状态也可以使肤色变为淡黄。浪荡艺人团体中的画家如图卢兹-劳垂克(Toulouse-Lautrec)所

图45:黄色作为被社会排斥者的色彩。图中为一个穿黄色衣服的盲人妇女。她是代表犹太民族的形象。

色彩的性格
Wie Farben wirken

画的纵情声色的男女都有着发黄的肤色。

在象征意义中,黄色是代表声名狼藉的颜色,具体表现为不良外观的色彩。

在衣着简单、面料以褐色为基础色的时期,明亮的黄色只能在丝绸上印染,黄色染在其他的面料上显得既不干净而且廉价。歌德于1800年这样写道:"当黄颜色被不精致、不高贵如普通的布片、毡子这一类材质所分享时,它的外观会显得无精打采,效果非常令人不适。原本对于火及金子的美好印象,只由于一丝微小、让人不易察觉的变动,竟颠倒为污秽的感觉,代表荣誉和幸福的色彩成为了耻辱、令人厌恶的色彩……"[4]

即便在今天,黄色仍很少见于服装的色彩,人们很少将它作为时装色彩宣传发布,而大多用于夏季的休闲服饰。在优雅的时装中,黄色最多只出现在高度闪光的面料上作为金色利用。一件黄色的衣服使用虽然高贵但缺乏光泽的天鹅绒做面料是不多见的。

如果将黄色评价为一种时尚的色彩,这即是说,这种色彩并非真正地受到人们的喜爱,而更多是作为一种时髦的象征。

《黄色基督》法国 高更

画中的基督身体为黄色,画面的光是布列塔尼地方特有的冷光,田野中透出黄色与绿色的和谐。

文化效果
11. 宇宙中心的另一种黄色

幸福极乐的色彩、荣誉的色彩、智慧的色彩、和谐的色彩、高等文化的色彩——是黄色在亚洲的地位。

每个民族均自视优越于其他民族,每个种族均自视为万物之灵。白种人以白色为理想化的颜色,对于亚洲人而言,黄色是万物中最美丽的颜色——这是许多欧洲人几乎不能理解的。

中国人所经历的黄色为赐予生命的自然力量:在中国北方,覆盖着从沙漠戈壁不断吹来的尘土,它是黄色的黄土质尘土,构成了肥沃的可耕地。

图27:阴阳符号。在中国黄色是黑色的对极。

中国一向自称为"中心之帝国",皇帝的居住地被视为世界的中心。黄色也是代表皇者之尊的色彩。中国的传说中有一位与上帝等同的皇帝,他创造了人类文化的起源。人们尊称他为"黄帝"。

中国的哲学用相互补充的阴阳两极的理论来解释世界的命运、人的命运。阴,是女性的力量,代表消极、被动接受的原则。阳,是男性的力量,代表积极、有创造力的原则。一切存在的事物,以及一切重要的事物——感觉、食物、幻想中的事物、方位、感官还有色彩——均被归于两种原则之一。黄色属于阳。

每种文化中最重要的颜色均代表男性。在中国,男性的黄色对立于女性的黑色——这个概念与欧洲人对色彩的感觉相矛盾。对我们(指欧洲人)而言,黑色明显应为男性的色彩,而黄色才是女性的色彩,并且,黑色的对立色应为白色,而非黄色。但是按照中国的象征意义,黄色得自于黑色,正如黄色的土壤产生于黑色的原始水域一样。

对于欧洲人的思维,同样陌生的是中国有关数字[5]的象征意义,我们这

黄 色

里的象征意义与数字3或4相关。在我们看来,超出四个方位是不可想象的——但在中国人的思维中却有五个方位。第五个是中心——中国的方位。对于我们不太陌生的是出自不同范畴的文字符号的相互组合。我们也把一定的色彩与四季相联系,与方位相联系。中心为哪一种颜色呢?自然是黄色。

中国的象征意义中的五个基本色彩是黄色、蓝绿色、红色、白色、黑色。蓝色不被视为独立的颜色。

中国的色彩象征意义[5]

	色彩	动物种类	象征性动物	方位	四季	元素	天体	花
阳（♂）	蓝绿色	带鳞的	龙	东	春季	木	木星	芍药
阳（♂）	红色	长有羽毛的	凤凰	南[6]	夏季	火	火星	莲花
阴（♀）	白色	长有毛发的	麒麟	西	秋季	金	金星	菊花
阴（♀）	黑色	披甲的	乌龟	北	冬季	水	月亮	李子树花[7]
阳（♂）	黄色	皮肤裸露的	（黄种!）人	中	残暑	土	太阳	玫瑰[7]

上表向我们展示了色彩与其他范畴在象征性上的联系。在第一栏中是对各种事物划归阴或阳的说明。

动物也被分成了五类:带鳞的动物、长有羽毛的、长有毛发的、披甲的及皮肤裸露的动物。每一个动物种类均有一个占主导地位的动物作为代表:最高等的皮肤裸露的动物是人类。持这种观点的当然是亚洲人,因为他们的肤色是黄色——不是白色、黑色或者红色。

象征意义的所有元素均可以相互组合。一只黑色的乌龟象征北方,一只红色的凤凰象征夏季,一条绿色的龙象征春天。一条黄色的龙是吉祥的标志。黄色总是代表正面的意义。

"黄色之源"并非像欧洲人所臆想的那样为含硫的水源,而是指吉祥的水。甚至黄金是因为黄色才有价值。金子是财富的象征,但"黄色的金子"是忠实、坚贞的象征。

色彩的性格
Wie Farben wirken

图 43 表现的是一位中国公主及她的宫廷仆从。这位帽子上披着黑纱的公主穿着一件黄白色的衣服,图中的旗子则反映了中国的颜色等级:中心为黄色,旁边是代表男性的红色和蓝绿色,在第二列中是代表女性的白色和黑色。

在印度,黄色也是统治者和天神的色彩。图39表现的是神克利须那与他的情人拉德哈。两者都身穿黄色服装。

图43: 中国的象征色。黄色是地位最高的色彩,中心的色彩。红色、黄色、绿色是男性的色彩,白色和黑色是女性的色彩。

政治效果

12. 这里视为叛徒——那里奉为上帝和国王

就政治色彩而言,黄色在我们这里只能起消极的作用,从未有过一个自称为"黄色"的政党。黄色是代表叛徒的色彩。汉斯·萨克思(Hans Sachs)的诗中曾写道:

你是个叛徒,一个黄色的人,

自己吞下你的毒苹果吧。[8]

在德国和法国人们会说到"黄色工会",但这只是用来称呼对手的名称。黄色工会自称为"工场同盟",他们宣传工人和雇主的共同利益。在那些被人们称为"红色工会"的工会组织眼里,工场同盟的追随者是叛徒和罢工的破坏者,所以工场同盟被冠以"黄色"的称号。

对欧洲人而言,黄色是亚洲人的同义词。在欧洲,对黄色的拒绝常常与对陌生人的拒绝联系在一起。

《犹大之吻》意大利 乔托

这是当时人们经常谈到的一个圣经故事：耶稣有12个门徒，其中一个叫犹大的为了30块银币当了叛徒，暗暗把耶稣出卖给了反对耶稣传教的罗马总督。画中的犹大穿着一件黄色的袍子，在这里这种模棱两可的黄色表现为出卖。

13. 创造性的黄色

一位印刷色的制造商在一则广告中展示了一个荷包蛋——蛋黄是蓝色的。许多黄色的水果也能找到类似的谐趣：一根红色的香蕉，一个橘黄色的梨，粉红色的玉米，一个紫色的柠檬，蓝色的菠箩……

许多食品是黄色的，近些年来色彩已进入了面条：首先有了绿色的菠菜面条，接着是红色的番茄面条，然后是褐色的全麦面条。也许很快会有黑色的鱼子面条和红球甘蓝面条。

马铃薯是黄色的，油炸薯片虽然出自天然的马铃薯，但它也是一种人造的食品，将其口味做些变化，比如变为薄荷绿和波尔多酒红色也许未尝不可。

在有关糖的产品中，最不寻常的色彩都已被人们接受，各种颜色的糖果都有。爆米花的天然色彩也是黄色的，但在年集上你却可以买到涂有各种糖色的爆米花。

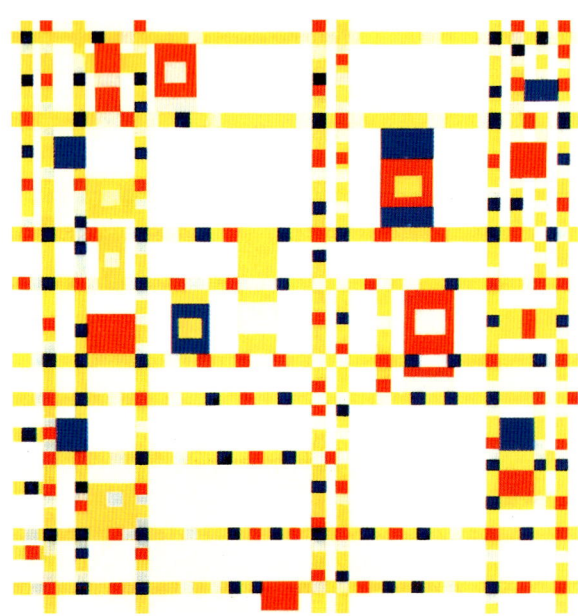

《百老汇爵士乐》荷兰 蒙德里安

蒙德里安用爵士乐的节奏，把丰富多彩，光影交辉的繁华街道加以抽象化，压缩成为数学关系，以大小不同的黄、红、蓝色的格子构成画面。这种色块的交替配置使人视觉上产生一种富有节奏的动感，它象征百老汇的繁华和热闹。

黄　色

　　甚至可以给啤酒搀入果汁变为红色或黄色后饮用。——还可以通过添加蜂蜜、芥茉、玉米片、干奶酪得到相应的色彩变化。

　　香水大多是黄色的，它的色彩原本取决于天然原料。而今天许多香水的香氛为人工合成，黄色是后染上去的。按照常规，只有很少的香水会冒风险染成其他的颜色。紫色与沉闷、暧昧的香氛极其相配，所以紫色的香水是唯一可通过色彩彰显其特征的个例。

　　色彩的改变在绘画中所产生的艺术效果：蜡烛的光本来是黄色的，但所有时代的艺术家们均将烛光画成他们想要的色彩。当需要达到一种神秘、鬼魅的效果时，蜡烛发出的光会被画成绿色或蓝色。

　　在园艺设计上有艺术志向的人可以通过不同色彩的沙子给花园设计出不同的景观。

　　本书给予商标和各种标志有关新色彩的建议：一头淡紫色的狮子，一只蓝色的蜜蜂，一只绿色的小鸡，一头绿色调的老虎，一只迷彩的长颈鹿。

注　释

[1] 劳弗：《德国民间习俗的色彩象征性》，27 页。

[2] 伊滕（Itten）：《色彩的艺术》，85 页

[3] 劳弗：《德国民间习俗的色彩象征性》，24 页及下页。

[4] 歌德：《色彩规则》，771 节。

[5] 表格的概括依据埃贝哈德的《中国符号词典》；鲁克尔编著的《古埃及神与象征词典》；《易经》。

[6] 对中国人而言，南方是主导方位，就像我们的北方一样。在中国地图上南方在上。

[7] 中国的李子树冬天开花，玫瑰整年开花。

[8] 依据格里姆编著的《德语词典》，词目"黄色（Gelb）"，2882 栏。原文为："du verreter, wie bist so gelb,／frisz den vergiften apfel selb。"

冰冷的完美之光

雪花石膏白·白化病的白色·旧白色·铅白色·苍白·缎子白·米白色·桦木白·灰白·铅白·雪花白·无血色·麂皮色·香槟色·小丑的白色·奶油白·不透明的白色·金刚石白·蛋壳·蛋白·象牙·搪瓷白·无色·发黄的白色·石膏白·灰黄色·乳酪白·石灰白·粉笔般白·铅白色·死人般苍白·如玉的洁白·大理石白·辣根白·面粉般白·奶白色·自然色·卵白石的白色·纸纱草的白色·珠母白·淡金黄色·瓷器白·纯白色·雪白发色·脏白色·雪白·天鹅般的白色·银白色·脂肪白·钛白色·极苍白·超白·蜡白色·洗衣白·羊毛白·牙白色·锌白

色彩的性格
Wie Farben wirken

非色彩

白色是一种色彩吗？不是——在物理学的意义上不是。在物理学中白色的意义多于一种色彩：一个棱镜将无色的光分解为红色、橙色、黄色、绿色、蓝色和紫色的光。白色是所有光谱的总和（参见"灰色"第16节）。

对于仿效光的色彩的印象派艺术家而言，白色即"非色彩"。[1] 任何其他时期的画家都未想过这个问题。白色的物体并非无色：我们可以看见白色，并且会将白色与某些情感和特性相联系，而这些情感和特性不属于任何其他的色彩。

白色是一切色彩中最完美的颜色，我们几乎找不到白色有消极意义的情境。只有极少的0.5%的男性称白色是他们最不喜欢的色彩。不过完美似乎也与人们保持着距离：只有3%的人把白色列为喜爱的色彩。

仙鹤是上天派来的吉祥使者

心理效果和象征效果

1. 小麦与光

  白颜色的名称得自于我们最重要的食用植物,"白色(Weiβ)"和"麦子(Weizen)"在语言上类似;英语中为"white"和"wheat";瑞典语为"vit"和"vete"。

  在其他语言里,白色与光芒、光线近义。意大利语的白色为"bianco",法语为"blanc",两者相当于德语中的"闪闪发光(blank)"。白色的希腊语为"leukos",也就是德语词"闪耀(leuchten)"。关于光、闪耀的联想决定了白色这个颜色的象征意义。

色彩的性格
Wie Farben wirken

象征效果

2. 神的白色

在欧洲，宙斯的化身是白色的公牛，遇见勒达后他化身为天鹅；圣灵表现为白色的鸽子；耶稣基督是白色的羔羊；白色的麒麟为圣母玛丽亚的象征兽。在印度，白色的牛是光明的化身。即使白色的动物本身不代表神灵，他们也会与神有密切的联系。白色的大鸟是上天派来的吉祥使者：仙鹤送子。因为仙鹤吃蛇，所以它们在中世纪的艺术中还被描画为与邪恶战斗的勇士。在中国，鹭鸶和朱鹭是象征不朽的神圣的鸟。

神灵的颜色成为了教士服装的颜色，白色自古以来就是教士服装的主导颜色。印度和日本的宗教团体的神职人员全身皆着白色服装。在天主教的礼拜仪式上，神甫穿白色长袍Alba——"alba"是白色一词的拉丁语。过圣诞节、复活节和圣母节时他们也穿白色长袍，因为白色是神圣的节日中礼拜仪式的颜色（参见图47）。

只有教皇被允许在白色的礼拜仪式以外及教会以外穿白色，白色代表着他的等级。

图47：白色是教会节日里地位最高的色彩，也是代表教皇等级的色彩。在做礼拜以外的时间里只有教皇才可以穿白色衣服。

崭新（126）：

白色 35%
黄色 16%
蓝色 13%
粉红色 10%
绿色 10%
银色 9%
金色 7%

白色是一个极端的色彩，白色为始，黑色为末。

好（72）：

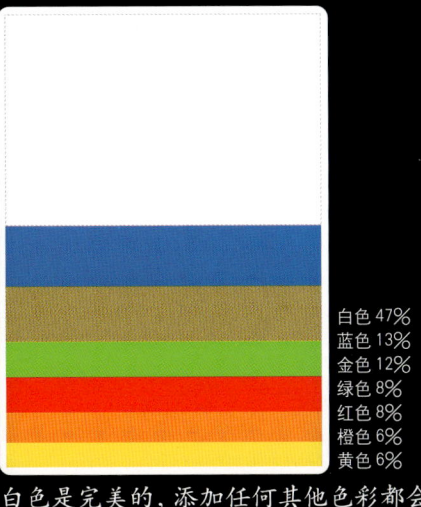

白色 47%
蓝色 13%
金色 12%
绿色 8%
红色 8%
橙色 6%
黄色 6%

白色是完美的，添加任何其他色彩都会减少其完美性。

清洁／纯洁（140）：

白色 88%
蓝色 12%

蓝色与遥远相关，代表完美的白色和代表遥远的蓝色都是象征纯洁的颜色。

理想（84）：

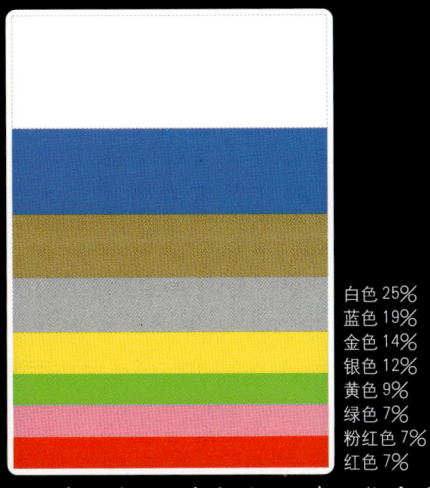

白色 25%
蓝色 19%
金色 14%
银色 12%
黄色 9%
绿色 7%
粉红色 7%
红色 7%

白、金、蓝是代表完美、理想、优秀的色调。

《希望》法国 夏凡纳

这副画创作于普法战争之后,画中少女身穿洁白的衣裙,手持橄榄枝,端庄娴静,给人以青春长存的光彩夺目的印象,暗喻法兰西美好的未来。

象征效果

3. 完美、理想、好

  所有积极的东西都被加入到白色的象征意义中,消极的则被抹去。白、金、蓝是代表完美、理想、优秀的色调。金色接近于完美,但有些过于物质化而达不到理想化。蓝色的效果过于多面性而不能单纯拥有积极的意义。

  埃及人认为白色是象征朋友和幸运的色彩。罗马人在说到某人总是很幸运时会这样形容:"他是白色母鸡的孩子。"

  白色通过它的对极黑色而显示其理想化。美好与邪恶之间的争斗有许多种变化形式,比如白色对黑色,白天对夜晚,上帝对魔鬼。在朴素的牛仔电影中恶棍穿黑色衣服,维护正义的斗士戴白色的帽子。"黑色巫术"祈求来自魔鬼的奇迹,"白色术士"则靠祈祷上帝赐予帮助来给人治病。

  白色是完美的。添加任何其他色彩都会减少其完美性。

白色

> **象征效果**
>
> ### 4. 初始及复活

　　白色是一个极端的色彩。白色为始，黑色为末。康丁斯基（Kandinsky）称白色为"非物，存在于开始之前、出生之前"[2]。

　　一个代表初始的特殊标志为白色的蛋。世界产生于一个蛋的说法是一个古老的传播很广的猜想。

　　世界的初始也是邪恶的开始。但是在所有的宗教中还有美好的开始：复活、除罪恶。白色是复活的色彩，复活者皆身着白色衣服出现在上帝面前。复活的耶稣在画中总是身穿亮白色的衣服。在佛教中白色的莲花是复活的象征。蛋是初始的标志也是复活的标志：耶稣在复活节复活，所以才有了复活节蛋。

《耶稣的复活》 意大利 拉斐尔

基督教认为，耶稣受难复活是战胜了死亡，从此死对基督徒不再可怕，并且表明耶稣的确是上帝之子，是世人的救世主。

色彩的性格
Wie Farben wirken

心理效果
5. 清洁直至消毒

《漂亮的巧克力女孩》利奥塔德 1745年 画中女孩的围裙和茶杯是白色的。

外表的清洁和内心的纯洁都同样让人联想到白色，两者没有差别。

所有应该卫生的物品均为白色，这样容易发现污渍，使清洁容易监控。在加工食品的地方规定人们必须穿白色的工作服，比如面包师、厨师、屠宰工都得衣着白色。而蔬菜经营商接触的是未经加工的食品，销售员只接触包装好的食品，他们可以穿彩色的服装。

医务人员全身都必须穿白色工作服，医院的家具涂刷的也是白漆。一个白色的环境会让许多人感觉不适，因为这使他们想到医院的氛围。这是白颜色引起人们消极联想的为数不多的情境之一：消毒和疾病。人们会不由自主地想到一个白色覆盖的床上躺着的重病人。谚语"白色马甲"寓义为无可指摘的行为——指不存在不清白的可能性。这里的象征意义也包含着一个典故：在古罗马谋求政治职位的人必须首先在公众面前对质问进行答辩。按照规定，所有的求职者必须穿白色的宽外袍。"闪耀的白色"在拉丁语中为"candidus"，至今人们仍然称谋求政治职位的人为"候选人（Kandidaten）"。

象征效果

6. 祭品及无辜者

显而易见，就像红色象征爱情一样，白色是代表无辜的色彩。人们祭献年幼的白色动物，是为了抵偿人类的罪过。象征无辜的典型祭品是白色的羔羊——耶稣的象征兽。

在基督教的绘画语言中，白色的花朵象征玛丽亚圣洁的怀孕，白色的百合花也被称为"玛丽亚百合花"。

19世纪，迷信的人为驱走女巫常常祭献"三件白色礼物"，这三者大多为白色的食品：面粉、盐、鸡蛋或牛奶。

《天使报喜》意大利 波提切利
在基督教的绘画语言中，白色的花朵象征玛丽亚圣洁的怀孕，白色的百合花也被称为"玛丽亚百合花"。

白色

207

色彩的性格
Wie Farben wirken

心理效果和象征效果
7. 白色作为哀悼的颜色

白色是代表简单的颜色以及象征谦虚的基本色彩，在此意义上白色成为象征哀悼的色彩。白色的丧服是没有光泽的白色并从不用闪光的面料制作，人们使用未经漂白、最朴素的面料。如同黑色的丧服一样，白色的丧服也同样表达了悼念者对自我表现的放弃。

白色丧服主要来源于宗教的转世思想，转世思想不把死亡当做对世界的最终诀别。在这种信仰的老家——亚洲，白色是传统的丧服颜色（参见"黑色"第2节）。对于这种传统的产生，自然还有另一个原因：那里种植棉花，它是制成白色面料最重要的材料。

即使在欧洲，以白色作为丧服的颜色的习惯也很广泛。许多地方的女性戴宽大的白色头巾出席葬礼，头巾将头部和上身盖住。王后和女侯爵参加悼念仪式时则穿一身白，其特殊的身份不允许她们像普通人一样穿黑色的丧服。在绘画作品中，玛丽亚作为上天的王后在哀悼时也戴着白色的面纱（参见图53）。

图53：白色在欧洲也曾是丧服的颜色。白色的丧服被理解为无色的衣服，象征着哀悼者对自我表现的放弃。

真理（187）：

白色 48%
蓝色 32%
金色 20%

无辜是真理软弱的一面，明确则是真理强劲的一面。白色或黑色，是或非，它们之间应该没有任何东西存在。

中性（127）：

白色 63%
灰色 37%

白色与灰色象征中性，歌德认为所有色彩均出自灰色。

诚实（32）：

白色 45%
蓝色 28%
绿色 20%
金色 7%

所有科学品质包括诚实的象征色彩由白色和蓝色组成。

无辜（173）：

白色 86%
粉红色 14%

象征无辜的典型祭品是白色的羔羊——耶稣的象征兽。

《基督受洗礼》
意大利 弗朗切斯卡
画家用抒情的笔触和富于美感的色调，描绘了乌尔比诺的小山丘，衬托了前景上态度严肃的基督形象。

象征效果

8.真理的色彩

　　无辜是真理软弱的一面，明确则是真理强劲的一面。白色或者黑色，是或非，它们之间应该没有任何东西存在。谁要把黑变成白，做不可能的事情，就等于"把黑种人洗白"或者寻找一只"白乌鸦"。英语中的"white"也有"合理"的意思，"白色的谎言（a white lie）"即出于礼貌的谎言。

　　相对于只在两个极端中做出选择，寻找科学真理要有所不同。光看外观是靠不住的："黑色的奶牛也会产白色的牛奶"，"从白色的鸡蛋里钻出黑色的小鸡"，意味着应小心谨慎。"明确"这个概念的代表色是由黑色与白色组成，而所有科学品质的象征色彩由白色和蓝色组成。

白色

象征效果
9. 死者与幽灵

给死者穿的衣服为白色,因为据说穿上白衣服他们就会复活。给死者用的花和蜡烛也是白色的。

受诅咒的灵魂也会在裹尸布或者寿衣上作祟,因为他们在阴间不能得到安宁。传说王侯贵族都有家族的鬼魂,霍亨佐伦王族就有一个"白姑",据说她是一个谋杀了自己丈夫和孩子的女祖先,她的出现预示着这个家族里其他有罪之人的死亡。有些地区的夜晚会有一个白姑走过田野草地,她是一个掌管生殖的女魔鬼,当她碰见地下情侣便会"祝福"他们。

《阿塔拉的葬礼》 法国 安妮-路易斯·吉罗代-特里奥松

画家运用古典主义手法,描绘了少女阿塔拉入葬的情景。年轻的恋人抱住阿塔拉的脚不忍离去;画家娴熟地表现了这一幕生离死别的场景。画面色彩单纯而不失丰富,凝重而又富于情感。

色彩的性格
Wie Farben wirken

文化效果

10. 地位的象征：白领

直到几年前还是，一位男性职业身份的明显标志是他工作时所穿衬衫的颜色。工人穿蓝色或灰色衬衫。一件白衬衫配以颜色中规中矩的西服是那些工作时不必干脏活的人的标准服装。直至20世纪70年代中期，银行职员穿的彩色男式衬衫才被人们接受。

在美国和英国，衬衫领子的颜色是社会等级的标志："blue-collar workers（蓝领工人）"指工人；"white-collar workers（白领工人）"指职员。

白色的衬衫被视为身份的象征，因为在没有洗衣机和容易打理的面料的年代，干净的衣服是一项奢侈。过去很实用的一个方法是给衬衫配上可拆卸的领子和袖子，这样一来人们就不必洗涤和熨烫整件衬衫。家中没有佣人的家庭妇女用白色的粉笔涂刷衣服弄脏的边。

即使到了今天，优雅的衬衫仍然是白色的衬衫，一个人的职业地位越高，他的服装样式越保守。居于社会顶层的男性不受时尚变化的影响，他们几乎都穿白色衬衫。因此，从英文中泊来的概念"白领犯罪"还完全具有现实性。白领犯罪指经济领域中的诈骗活动，所谓"干净的"不流血的违法行为。

《巴黎歌剧院的乐队》法国 德加
德加擅于从不寻常的角度描绘对象瞬间的动态，描绘在灯光下、日光下人物与物体的温和色彩。

白色

> 传统效果

11. 穿白色的世界时尚

　　法国革命后，整个欧洲时髦的女士皆穿白色。她们穿女式衫裙，一种没有腰身、无袖的服装，胸部以下有摺，胸部上是低领设计。特别引人瞩目的是这种服装的面料：透明，由极薄的麦斯林纱①或细亚麻布制成。这种女式衬衫看上去就像睡衣一样。

　　为什么在奢侈的洛可可式礼服之后一件如此简单的衣服会成为时尚呢？

　　社会的变迁再次决定了时尚的变迁。法国革命中资产阶级最终赢得了对贵族的胜利，此时资产阶级所要追求的目标是实现他们的价值，资产阶级的价值为：自由、平等、兄弟情谊。

　　洛可可式的时尚要求全盘的人造：腰身要绑起来，小腿肚衬以软垫，头发

《着衣的玛哈》西班牙 戈雅

着衣的玛哈惬意地倚卧在一张铺设着床单的沙发上，白色的衣裙上混合了丰富的光和色，丝织品上亮部的反光、暗影部分的环境色都被表现得恰如其分。

① 高级薄纱。——译者注

色彩的性格
Wie Farben wirken

藏在假发下面，肤色用粉盖上。崭新的自由理想则要求"回归自然"，新时尚要在原来紧身胸衣的位置凸现自身的体态。

被贵族打上烙印的时尚是对财富的一种体现，对此资产阶级不愿与之苟同。他们用精神的富有代替对财富的表现。放弃外表的价值说明了对内心价值的追求。

正如当今时代一致的牛仔时尚表达了一种进步的思想，那时统一的白色服装则表现了一个自认为对文化起着决定性作用的社会阶层休戚相关的感觉。

歌德于1800年左右在他的《色彩规则》中描写了这种时尚："现在的女性们几乎普遍穿白色，而男性们则穿黑色。"[3]——黑色的男式服装并不新鲜，长期以来黑色都是市民们节日服装的色彩。新鲜的是白色的女式时装，因为它表达出了时代的理想，因而成为了世界性的时尚——此时为古典主义时期，白色的时装被视为古典希腊式的风格。

资产阶级梦想再现古代的希腊王国，它被理想化为完美的民主国家，在这个国家里，哲学家比政治家更重要，对人们的评价只凭他们对科学和艺术做出的贡献。——正是按照这种理想，出身于一个破落的城市贵族家庭的少尉拿破仑才能成为国王。

19世纪早期的建筑师曾经尝试恢复古代建筑。古典的建筑风格被理解为忠实地仿造希腊的风格，一切皆为白色。

那时的人们还不知道，那些古代的神庙甚至雕像原本的色彩非常艳丽：希腊神庙的雕式花纹都有色彩，圆柱上雕刻的树叶是绿色的，雕像的眼睛涂以自然主义风格的色彩或贴以彩色的玻璃石。但当时有知识的资产阶级就像歌德笔下伊菲格尼（Iphigenie）用灵魂寻找希腊之国一样，在他们眼里那些色彩已然剥落的古代遗址是那么地完美。

古希腊时期的古典主义被误解的典型画面为：身着白色的希腊人边争论问题边漫步在白色的大理石圆柱之间，他们衣服上的唯一装饰是摺裥，建筑构造上的唯一装饰是浮雕——白色的朴素即为庄严的表现。

由于受到白色古迹的激励，一切色彩对于有知识的资产阶级而言都是不堪忍受的。歌德写道："有知识的人们对色彩有些厌恶。"[4] 人们认为，越是五光十色的东西，其品位越是粗俗，对此歌德与他同时代的人有着一致的观点："原始人、未开化的民族、儿童十分喜欢极其有活力的色彩，尤其是红黄色。他们

白 色

也对五光十色的东西抱有好感。"[5]

优雅的白色女式时装完全古典化:太太们像希腊女神那样穿着,透明的服装面料让她们看上去跟裸体无异。与此服装配套的是系着皮带的凉鞋,带子一直系扎到小腿肚上。不穿袜子——这样人们能看见脚趾间的金色装饰。上流社会的勒卡蜜尔太太的肖像画,为亚克奎斯-路易斯·大卫(Jacques-Louis David)于1800年所作(参见图52),画中卧在所谓的躺椅沙发上的这位太太,穿着一件与睡衣并无二致的白色衫裙。她的头发模仿希腊雕像,短而卷曲。她赤着脚,如同一座雕像,在接待她的朋友。此时她的年纪已为65岁。

当时时尚的标准是:衣服、鞋和装饰品的总重量不能超过250克,极其时髦的女性甚至只披裹着一条薄纱出去散步,其有些滑稽的配件为:一个外观像古希腊双耳陶罐的小手袋。[6]

不管怎样,这种女神式的服装不适合寒冷的气候:那时的许多妇女死于肺炎,人们称之为"麦斯林纱病"。

这种希腊风格的服装流行的时间很短,但白色作为女式时装的色彩仍然保持了几十年,因为白色象征了穿着者的社会地位。穿白色衣服的太太雇有佣人,把衣服收拾干净的活可以交给她们去做。

伴随着白色的世界时尚出现了白色的新娘礼服。

图52:歌德时代以穿白色的古典装束为世界时尚。

色彩 的 性格
Wie Farben wirken

历史背景
12. 新娘礼服的历史

由于白色象征无辜，所以许多人认为已怀孕的新娘穿白色是违反风俗的行为。白色也不适合离过婚的新娘。自然任何地方都没有对新娘的服装色彩做出规定，但有些地方对风俗的尊重比法律还要严格。

佩有花冠和披纱的白色的新娘礼服并非来自于古老的传统，新娘的白色时装在19世纪才刚刚出现。

那么新娘在此之前穿什么呢？她们穿自己最好的衣服，专门的新娘时装是根本不存在的。

几百年中红色一直是贵族和富人的色彩（参见"红色"第7节），接着是西班牙的世界时尚：每个人都穿黑色。结婚的新人越富裕，黑色礼服上的金线刺绣及宝石装饰就越多。后来进入文艺复兴时期后，一些新娘穿白色服装结婚，不过她们所穿的白色丝绸面料只是被用做金银刺绣的底色罢了。当玛丽亚·冯·梅迪西（Maria von Medici）和海茵利希四世于1600年结婚时，她穿着一件白底的礼服，上面装饰着一层又一层的金线及彩色宝石，外加一条拖曳的金色披纱。玛丽亚·冯·梅迪西并非引领了婚礼穿白色的时尚——在她以及与她同时代的人看来，她结婚时所穿的衣服为一件金色的礼服。

所有这些都算不上标准的婚礼礼服，当时根本就没有专门用于婚礼礼服的色彩，也没有特殊的款式；色彩和剪裁只是符合普遍的时尚：在恪守

《不相称的婚姻》俄国 V.V.普基廖夫

画面集中表现一位风烛残年的将军娶一位少女为妻的情节，而这一丑恶的行为恰恰是在庄严的教堂中举行。据说画中新娘正是画家的未婚妻，新娘背后那位双手交叉在胸前，用审视、严峻谴责的目光注视这幕人间丑剧的人就是画家自己。

道德规则的年代所有的服装开口处都很高,而洛可可时代的女性结婚时穿低胸的夜礼服。

因此,单凭前几个世纪的绘画来推论当时新娘服装的时尚,也是错误的。在那幅由扬·凡·艾雨克(Jan van Eyck)于1434年所作的著名绘画《阿尔诺非尼的婚礼》上,新郎——一位富裕的布匹商人,穿一件有毛皮装饰的褐色披风,新娘则穿一件有毛皮装饰的绿色衣服——它是件非常不错的衣服,但绝不是带有象征性色彩的婚礼礼服。这幅画还展示了当时婚礼的情形:人们在家中举行允婚仪式。在阿尔诺非尼的婚礼上,绘画作者只是一个见证人,但这已足够。那时的结婚不是件浪漫的事情——重要的是法律形式的结婚契约,这一点在这幅画上以清楚的象征意义被表达了出来:新郎将左手伸向新娘——每个同时代的人一眼就能看明白,这是一桩"左手之婚",它的含义为:新娘已放弃对所有遗产的继承权。也许这是阿尔诺非尼先生的第二次婚姻,他的19岁新娘明显已经怀孕,不过这在当时并非耻辱的事情,因为贞洁的结婚还不是人们的理想。

《阿尔诺非尼的婚礼》 尼德兰 扬·凡·艾克

新郎——一位富裕的布匹商人,穿一件有毛皮装饰的褐色披风,新娘则穿一件有毛皮装饰的绿色衣服——它是件非常不错的衣服,但绝不是带有象征性色彩的婚礼礼服。

1600年左右,甚至非常富有的新娘都不置备结婚礼服。在莎士比亚的《罗密欧与朱丽叶》中,年轻的女伯爵朱丽叶·凯普莱特的父母强迫她与伯爵帕瑞斯结婚。为了举行一个大型的庆典仪式,一切都要进行长时间的准备,为此聘用了这个国家的20名最好的厨师——但直到婚礼的前一天晚上,朱丽叶的母亲才问道,朱丽叶在婚礼上究竟穿哪件衣服。朱丽叶带着她的女佣简单地查看了一下衣箱,然后选中了一件衣服,她的母亲对此表示满意,这个项目就算完成

《玛丽亚订婚》意大利 拉斐尔

圣母与约瑟订婚的庄重仪式在一位最高祭司的主持下进行,祭司事先说:凡求婚者手上的树枝开花的既是玛丽亚的丈夫。

白色

了。女伯爵朱丽叶在婚礼上不穿新衣服——这是当时司空见惯的事情。

在教堂结婚的风俗产生于16世纪晚期。路德仍然将结婚视为"一桩尘世间的生意",他认为结婚和教堂两者之间毫无关系。教会对结婚的影响开始于特兰托①宗教大会(1545—1563)。每桩有效婚姻的缔结仪式均需在地方上的教士和两个见证人面前举行,是自那时起才有的习惯。

渐渐地在教堂举行结婚典礼的风俗被确定下来,但仍然没有结婚专用的服装。教会支持有关的服装规定,任何奢侈的行为都要受到诅咒。一件衣服只穿一天——这是有罪的。

第一个穿着今天的款式——白色礼服和披纱——结婚的女性是19世纪著名的新娘——1840年维多利亚女王与萨克森—哥塔的艾伯特亲王完婚。女王穿一件英国缎子制成的礼服,配有一条引起轰动的短披纱。一位新娘头顶一件披纱在当时是件新鲜事。几百年来妇女们自婚礼后才将她们的头发用披纱遮住,披纱对于她们而言就像一个帽子一样——因此成语"到帽子下"的意思为女孩子出嫁。维多利亚的婚纱可以理解为对修女披巾的仿效:新娘如同耶稣一样无辜,这样尘世的新娘也可以出现在神圣的祭坛前。女王愿意戴披纱还有另一个原因:她希望以此支持在与法国的竞争中陷于不利境地的英国的尖端工业。维多利亚女王的新娘礼服成为人们狂热效仿的对象。当1853年拿破仑三世结婚时,他的新娘恩吉妮也穿了一件白色的礼服配以白色的披纱——不过这位极其优雅的恩吉妮为她的新娘礼服挑选了一种不寻常的面料:白色的天鹅绒。

那时王室的新娘对时尚的影响比今天要大得多。无论如何,现在人们如此喜爱白色的新娘礼服,也是时代精神的一个表现。1808年雅克夸德(Jacquard)将第一部织布机投放市场,从此以后布料便宜了许多。自1830年起缝纫机面世。

这时候的许多女性可以用一件白色的新娘礼服来满足自己成为一位女王的梦想,哪怕只有一天。但大多的新娘仍然穿更实用的黑色丝制礼服(参见"黑色"第14节),配戴白色的披纱。借此她们也可以显示自己纯洁的新娘身份。直至今天,那些不太浪漫的新娘才会放弃穿白色的梦想。

---

① 意大利北部城市。——译者注

色彩的性格
Wie Farben wirken

政治效果

13. 投降及君主主义者

白色拥有的最重大的政治意义是象征投降,亮出白旗表示准备协商。白旗为和平之旗。

就政治运动的色彩而言,白色是代表绝对的君主制度的色彩。第一次君主主义运动自称为"白色运动",于1814年发生于拿破仑垮台后的法国。波旁皇族试图重掌政权,他们的追随者听命于百合花的旗帜下并把白色宣传为上帝赐予的君主制度的色彩。继法国革命的"红色恐怖"之后发生了"白色恐怖",即君主主义者的反革命复辟。

1871年,罗马被宣布为教会国家意大利王国的首都,围绕着教皇和国王各应拥有多大的权力爆发了一场持续几十年的新的战争。意见分歧为白色与黑色两大议会派别,白色派别支持国王,黑色派别则支持教皇。

在南斯拉夫,"白色之手"(1917年)——一个忠实于国王的军官同盟,消灭了具有民族意识的秘密同盟"黑色之手"。

在俄国,"白军"、"白色近卫队"是沙皇的追随者,他们在1918—1920年期间与红军作战。

俄国内战时期的白军

《尤索布娃公主像》
俄国 V.A.谢洛夫

谢洛夫现实主义的绘画特征，列宾的艺术思想和绘画技巧给予他决定性的影响，他最擅长肖像画。

象征效果

14. 轻声、女性的白色

"Bianca"和"Blanche"（白色）是国际上通用的女孩的名字。即使在中国的色彩象征意义中，白色也属于女性的阴（参见"黄色"第11节）。

当白色被视为无色及没有力量的时候，它是女性的色彩。它的对立色彩黑色和红色代表喧闹、进攻性，白色则是轻声及和平的象征。

与柔弱的粉红色组合在一起时，白色还是代表温和、娇嫩、妩媚及敏感的

> 心理效果

15. 从功能化的客观性到后现代

　　20世纪60年代的波普文化风格在许多人看来过于五光十色。进入70年代，黑色和白色是设计师们喜爱的色彩。没有功能性的色彩均被剔除。彩色图案装饰的壁纸从所有时尚人士的房间中消失，白色的粗纤维成为统一的外观。

　　继冷漠而简化的设计之后，在80年代出现了与之形成对照的后现代主义风格。曾经被咒骂为毫无意义的装饰又开始流行——毫无意义的装饰甚至就是风格的法则。建筑师歪曲地模仿古典主义，那些在70年代还不是白色的东西现在统统变为白色：黑色的橡胶地板从建筑师的作品中消失了，代之以白色的大理石；早先被建筑师誉为"野蛮美学"的灰色混凝土被人们用白灰抹盖。

　　每一种被广泛接受的风格均发源于一种真正的需求，也只有如此，这种风格看上去才不会显得生硬，并符合时代的要求。白色并不是时髦的色彩，而是具有现代感的色彩。

功能性（57）：

白色 34%
灰色 25%
黑色 23%
银色 12%
蓝色 6%

进入20世纪70年代，黑色与白色成为设计师们喜爱的色彩，没有功能性的色彩均被剔除。

现代（118）：

白色 21%
黑色 15%
红色 14%
橙色 12%
紫色 11%
蓝色 11%
银色 9%
粉红色 7%

白色并不是时髦的色彩，而是具有现代感的色彩。

轻（103）：

白色 42%
黄色 21%
粉红色 20%
蓝色 11%
银色 6%

代表轻的色彩也是代表上方的色彩。

咸味（138）：

白色 41%
灰色 14%
绿色 14%
蓝色 14%
银色 9%
黄色 8%

如果问咸味是哪种颜色，人们自然而然地回答是白色。

心理效果

16. 轻与上方

  白色是最浅的色彩，同时也是最轻的色彩。在服装中浅和轻的联系也一再被我们的经验所证实：夏季的衣服多为浅色而冬季服装多为深色，其原因不仅是为了符合季节的氛围，而且也是因为受到了材料的制约：冬季的羊毛面料不能经常洗涤。

  此外，因为深色衣服可吸收太阳射线，所以还具有额外的增暖效果。浅色的衣服反射太阳光，其效果是降温。——不管怎样，所有的沙漠民族仍然穿深色的服装，南方国家的农业工人几百年来都穿黑色衣服。为什么呢？因为这些人随时随地都在与沙子或脏东西打交道，而水又十分宝贵，不可能把它作为每天的洗涤用水使用。

  代表轻的色彩也是代表上方的色彩。一封短信、一本只有几行字的证书、每个不到一页的文章，如果行文上方留有空间，它们看起来才比较美观。上方的空白处应该总比下面的空白处大，否则就会让人产生不稳定的印象，如同一行行的字会跌倒一样。

  一间有白色地板和黑色天花板的房间会混乱人们对空间的感觉，天花板看上去似乎会砸在头上，同时地板会从脚下掉落。进入这样一个房间的人会不由自主地缩回脑袋并且觉得脚下的每一步都不安全。

心理效果和象征效果
17. 白色的口味

如果问咸味是哪种颜色,人们自然而然地会回答是"白色"。但是白色的这种效果并不是普遍化的:白色的东西不一定都有咸味,白色也是代表柔和的颜色。白色后面所列的色彩可以明确白色的效果,咸味是白、灰、绿,柔和是白、粉红、蓝。

当人们将洗衣粉放入一个盐罐并询问不知情的受测人员这种白色颗粒状的东西会是何种口味时,受试者会说它是咸的;人们把洗衣粉放入一个糖罐中,他们会猜它是甜味;如果把它压成药片的形状,看起来口味是不确定的;人们还可以把洗衣粉做成薄荷糖的形状,或者像掼奶油①的效果——测试人员总是会猜与外观相应的口味。只是每个受试者在测试后都会立刻发现,这种白(掼奶油为一个名词)色颗粒状的东西是洗衣粉。[7]

这个例子告诉我们:一种色彩的效果如何在很大程度上依赖于人所具有的基本常识。理性先于感性发挥作用。

结婚的新人们在婚宴上喜欢选择白色的婚庆蛋糕,在这里的白色既柔和又很甜蜜。

① 经搅拌而制成的奶油。——译者注

色彩的性格
Wie Farben wirken

心理效果和象征效果

18．精细与纯净，人造与无实质性内容

  纯白色的食品常常是精良制造的一个特征。白色的糖是经过人工脱色的糖；白色的大米经过去壳打磨的加工；白色、无脂的小牛肉特别昂贵。对于这类精制食品的推崇却每况愈下，因为白色的食品虽然在外观上漂亮多了，但是消费者也学到了一点：伴随着这种色彩的常常是实质性内容的缺失。

  因此白色的食品给人以矛盾的印象：它既显得精细和纯净，又显得人造和缺乏实质性内容。

白　色

象征效果
19. 空洞与不熟悉

"白色的声音"在法语中意为平板的声音,"白色的夜晚"指无眠的夜晚。在许多语言中白色与空洞同义。虽然在德语里这种语言上的联系并不明显,但白色经常被称为空洞的色彩。在转义中白色是代表孤独的色彩。

白色也是代表不熟悉的色彩。古代地图上白色的区域标志着未开发的地区。对于某种知识的缺陷今天人们婉转地称之为"空白"。

《海上升明月》 德国 弗里德里希
我们只见画中人的背面,因此我们切勿目注其人,而应该透过他们,置身其地,见他们所见,与他们一同感受自己在伟大的自然景物前何其渺小。

《卢弗西埃恩的雪景》法国 艾尔弗雷德·西斯莱 1878年

西莱斯喜欢雪景,把冬天置于白色与灰色的和谐中,这最能表达自然界的幽默与纯洁。

心理效果和象征效果
20.北方的色彩

"白色死亡"指受冻而死。白色是北方的色彩,"白俄罗斯人"指原来生活在俄罗斯北部的种族,这个来自北方的民族有了白俄罗斯这个名字。

白色、蓝色是典型的代表深度冰冻以及代表冰镇后饮用的酒类饮料的组合色彩。如果强调的是产品的新鲜程度,则典型的色彩组合为绿色、白色。

白色在转义中为代表感情冷漠的色彩:傲慢的色彩。

白 色

21. 创造性的白色

　　世界变得越来越五彩缤纷，举个浴室的例子：牙刷有彩色的刷毛，牙膏有彩色的膏条，肥皂有从黑到橙黄的各种颜色，也有多种颜色混杂的。其中还有虹彩般五颜六色的浴盐。甚至连药品也被装饰为彩色：许多胶囊均有两种色彩，一半为红色，一半为绿色，或者彩色的药丸包在透明的胶囊中，使人们至少从色彩上可以看见药品的多种效果。

　　对色彩的滥用导致了人们的厌恶，从浴室的釉砖上我们可以很清楚地观察到这种趋势。釉砖的价格很贵，很少有人像更换壁纸那样更换釉砖。在上个世纪之交，当第一批有浴室的房子建起时，所有的釉砖都是白色的。接着用蓝色

色彩 的 性格
Wie Farben wirken

图54：创造性着色的小丑

和绿色的釉砖构成的雕式花纹成为了时尚。到了20世纪50年代釉砖改为粉嫩的颜色：粉红色、浅蓝色、浅灰色、浅黄色是标准色彩。前卫的室内装饰者喜爱黑色釉砖的浴室。进入70年代深色成为了时尚，橄榄绿、波尔多酒红、姜黄被视为别致的色彩。与此相呼应，浴缸也变成了橄榄绿和姜黄色。比较谨慎地使用色彩的房主人所选择的时尚色彩淡而柔和：浅橄榄色、米色、蓝灰色。到了80年代人们开始给釉砖之间的缝隙粉刷上深色的蓝、红、绿色，如此一来，最后的一丝白色也被从浴室中剔除出去。到此为止发生了彻底的转折，新的趋势是浴室整个为白色，甚至连地板都铺上白色的釉砖。所有的配件，从肥皂到手巾，在时髦的浴室中都会是"高贵"的白色。对此感觉色调过冷的房主人，可以用蓝色的雕饰花纹让白色显得轻松活泼一些——正如以前人们所做的那样……

到了今天，可以由其他色彩来取代的白色已经很少，通过其他色彩给白色带来创造性改善的可能性更少。

只有在幻想的世界里，新色彩总会有妙趣横生的效果。神话里的独角兽也许根本就不是白色的；一个没有把自己涂成白色的小丑，也是一个别出心裁的改变（参见图54）。

在产品设计上的新色彩：有几种香烟使用了柔和色彩的卷烟用纸，这些品牌的香烟尽管价格昂贵却自几十年来稳立于竞争激烈的香烟市场。

传统的清洁剂是白色或蓝白色的外包装，这些干净的颜色据说起着强调产品效果的作用。就那些效果广为人知的产品而言，这类帮助记忆的手段已经显得多余。如果把用于浴室的清洁剂包装成和浴室釉砖同样的色彩，应该会很漂

白　色

亮。将塑料盒与瓶子染成任意一种颜色并不困难，这样人们就可以提供用粉红、浅蓝和波尔多酒红的盒子包装的去污粉。一个制造商如果考虑到了这一点，就会比那些所谓的"按消费者的意愿办事"的广告用语要有说服力得多。我们知道，有许多人的浴室是波尔多酒红色的，而且过去的前卫派还想用黑色的盒子来装去污粉。

钢琴键在今天大多为合成材料制品，象牙白和乌木黑只是对传统琴键的仿造品，和一个波普乐队或摇滚乐队的包装相匹配的是一架有彩色琴键的钢琴。

国际象棋、皇后跳棋、连珠棋、西洋双陆棋、围棋，用于两人游戏的传统棋盘都是白黑两色。这种着色可以用任何其他的对比色彩来代替，比如说红色和蓝色的棋子相互区分的效果同样很好。

与传统的在白色瓷器上涂画色彩相反，我们可以在彩色的瓷器上画白色。瓷器制造商威吉伍德(Wedgewood)的著名产品就是带有白色装饰的蓝色和黑色的瓷器。

即使男式衬衫也可以用白色的珠光纽扣，将扣子染成和衬衫一样的颜色非常美观。

一份印刷在浅蓝色纸张上的报纸，看起来像是一份国际航空报。无论如何，彩色的报纸对于周年纪念版都是一个富有吸引力的创意。

注　释

[1]　康丁斯基：《关于艺术中的神灵》，95页及下页。
[2]　同上，96页。
[3]　歌德：《色彩规则》，841节。
[4]　同上。
[5]　同上，835节。
[6]　比泽尔：《大师绘画时尚》，60页及下页。
[7]　海勒(Heller)：《广告的效用：理论与事实》，111页。

从代表权力的色彩到不道德及女权运动的色彩

紫晶色·茄子色·主教的淡紫色·极淡的紫色·蓝紫色·蓝红色·波尔多酒的紫色·深紫色·纯紫色·欧石南蓝·女权主义者的浅紫色·丁香·风铃草的紫色·青莲色·钴紫色·帝王的紫色·结晶紫·薰衣草的颜色·淡紫色·品红·锦葵色·锰紫色·浅紫·甲紫·纽伦堡紫色·淡兰紫色·帕尔玛紫·粉画紫·佩恩灰·离子蓝·普紫粉红·普紫·淡紫红色·紫红色·深紫色·群青紫·青紫色·紫褐色·灰紫色·紫粉红色

紫罗兰、紫丁香、碘与强权

紫色是红色和蓝色的混合色。淡紫色是减弱的紫色,它是红色、蓝色和白色的混合色。[1]

紫色也是一种代表混合情感的色彩。反感紫色的人多于喜欢紫色的人,在接受调查的人中有12%的男性和10%的女性不喜欢它,只有1%的男性把紫色列为他们喜爱的色彩,有着相同喜好的女性则为5%。

紫色和淡紫色是自然界中极少见的颜色,所以这种颜色的名称在大多的语言中与少数花的名字相同,比如紫罗兰为紫色,紫丁香为淡紫色。"violet"及"violette"是紫罗兰及其色彩在英语及法语中的名称。德语的"紫罗兰"也是"紫色"这种色彩的名称。——没有紫罗兰生长的地方,紫色的茄子则是紫色的名字。在紫罗兰之后甚至化学元素碘也成了紫色的代名词:在古希腊语里紫罗兰为"ion",由此派生出词语"碘(Jod)"。这是因为加热碘会产生紫色的蒸汽。

淡紫色是紫丁香的色彩,在英语中它叫"lilac",法语为"lilas"。

值得一提的是"紫色"与"强权"在语言上的近似。"viola"是紫罗兰的拉丁语——"violentia"即强权,"violare"为亵渎。在英语和法语里,"violence"及"violation"也是强权及强奸的意思。关于两者之间的联系来自于普紫色的历史说法尚无定论。普紫色为古代统治者的色彩,曾为紫色的代名词。

紫罗兰的色彩曾是代表权力的普紫色,因此紫罗兰的名称成了强权的名称。

历史背景

1. 普紫色的秘密

古代的普紫色染料产自于螺,它的紫色色谱包括从深度的蓝紫色到浅浅的淡紫色。

紫螺是一种海螺,它褐、白条的外壳上有很粗的刺,还长有一条管状的突起物,看上去像条尾巴,动物学家称之为"刺螺"或"条螺"。地中海边到处都有这种螺,现在的市场上也有出售,不过并不是为了用于印染,而是用来做法式佳肴。

最著名的普紫色染料出自腓尼基[①]的城市土瑞斯(Tyrus)和西顿(Sidon),它们就是位于今天黎巴嫩的苏尔(Sur)和赛伊达(Saida)这两个城市。现在那里还堆着许多几米高的带刺的螺壳,它们是从前制造普紫色染料时留下来的剩余物。在意大利也曾生产过普紫色染料,在塔兰特(Tarent)附近的蒙特·

① 地中海东岸古国。——译者注

色彩的性格
Wie Farben wirken

特思塔塞欧（Monte Testaceo）就是一座由螺壳堆砌而成的山。

为获取普紫色染料并不用整只的螺，而只需要它分泌在鳃管内壁上的无色的黏液。黏液包含了普紫色染料的初级成分——但以前的人们并不知道这一点，他们以为普紫色染料就是螺的血液。人们把螺收集在大锅中，让它们腐烂，以产生更多的黏液，这期间螺因腐烂而散发出极臭的气体，生产这种染料的城市也因而臭名昭著。

在螺腐烂后的浑浊液体中需要添加盐，然后用火煮至十天。它们散发的臭味会越来越重，而液体在逐渐减少：从100升的液体中可以萃取5升的染料。这时的萃取物尚为浑浊的黄色，刚染出的羊毛线和丝线也是这样的颜色。只有将这些线放在阳光下晒干后紫色才会显现。先是从浊黄变为绿色，然后骤变成红色，最后达到色彩变化的最高点——紫色（普紫色的色调——浅紫或深紫——依据所使用的螺的种类。动物学名称为 Murex trunculus 的螺制成发红的浅紫色染料，贵重的深色的普紫色取自学名为 Murex brandaris 的螺）。

普紫色非常耐光，它就是通过光照产生的。因此在色彩不容易持久的年代，普紫色特别适合作为象征永恒的色彩。

化学家保罗·弗利德兰德尔（Paul Friedländer）曾于1908年尝试分析普紫色的化学成分。为此，弗利德兰德尔首先得自己动手参与制造过程：他在特里斯特的市场上购买了1.2万个紫螺，按照古老的方法加工，最后获取了1.4克的普紫色染料，这个份量只够染一条手帕。——人们计算过，印染一件加冕披风需要三百万个紫螺做原料。即使在紫螺和人工都很廉价的古罗马时代，印染一公斤的普紫色羊毛也要花费 6000 马克～7000 马克。[2]

弗利德兰德尔破译了普紫色化学结构并为此大吃一惊：产自螺的普紫色在化学成分上与植物染料靛蓝几乎无异，靛蓝加上两个溴原子——这就是普紫色。蓝色的靛蓝通过溴原子就变为紫色。[3] 但是弗利德兰德尔的这项发现并不像当初人们对靛蓝分子结构的揭示那样具有经济效应，因为在普紫色分子中的两个溴原子的排列很不寻常，使得人工制造普紫色的技术格外繁冗而又十分昂贵。[4] 因此，直至今日，普紫色仍保持着它的专有性。

而且，直至今日，紫色仍然是象征无节制的色彩，比金色有过之而无不及（参见"紫色"第5节）。

紫 色

> 传统效果

2. 权力的色彩

人们推测，公元前1500年左右的腓尼基人已经掌握了普紫色染料的秘密。《旧约全书》中普紫色已被称为最珍贵的色彩，例如上帝授命摩西如何建造神庙："你应用细纺亚麻布做帷幕，并将其染为偏蓝色与偏红色的普紫色及猩红色，你应用高超的工艺编织天使。"[5] 教士的服装同样为普紫蓝、普紫红及猩红色，并用金线交织。

古代用于对上帝表示敬意的颜色也是统治者专用的色彩，穿紫色是比穿金色更高等的一种特权。《圣经》里曾叙述，在不相信上帝的国王伯沙撒（Belsazar）的招待盛宴上，突然在墙上出现了神秘的文字"Mene mene tekel u-par-sin"。这位惊慌失措的国王允诺说："谁能看懂并告诉我它的意思，他便可以穿普紫色的衣服，在脖子上戴金链，并在我的王国中坐第三把交椅。"[6]

制作一件普紫色的华丽长袍需要数年的时

《路易十四》
法国 亚森特·里戈 1701年

里戈淋漓尽致地描绘了这位最高权利者的戏剧般的姿态。

色彩的性格
Wie Farben wirken

间：商队经小路将丝绸从中国带往叙利亚，在那里的大马士革由著名的丝织工人进行加工，然后再送到土瑞斯印染，印染好的面料再送往埃及的亚历山大，在那里缝制好长袍并用金线刺绣。

在古罗马帝国只有皇帝、皇后和皇位继承人才有穿普紫色染成的披风的权利。大臣和高官只允许在长袍上装饰普紫色的镶边。除此之外任何人不得穿普紫色的衣服，否则将被处以死刑。尤利乌斯·凯撒曾批准了有关的法律：元老议员可以穿普紫色条纹的宽外袍，他自己则穿普紫色的披风。克勒罗帕特拉——埃及女王，不遵从凯撒的法律，她甚至还要赛过凯撒的普紫色披风：她将自己舰船上的风帆全染成普紫色。

公元300年左右，蒂欧克雷蒂安皇帝使普紫色印染业处于皇室的垄断之下，他将手工作坊搬迁至拜占廷，即后来的康士坦丁堡。

东罗马帝国的皇帝严守普紫色印染的秘密，普紫色印染的面料只在皇帝送礼时才会进入西方。当时卡尔大帝加冕时所穿的普紫色披风，也是来自康士坦丁堡的一件礼物。

那时用蓝色的靛蓝和红色的胭脂虫染料虽然也可以染出紫色，但人们却不这么做，靛蓝比胭脂红便宜，所以它们染出的色彩比红色还要廉价，而不那么珍贵的紫色面料则无人问津。依照当时的法律普紫色是皇室专用的色彩，即使皇帝签字用的墨水也为普紫色，这种墨水有专门的官员看管，其官衔为"皇室文具看守官"。皇帝看的书用普紫色的墨水书写，其祈祷书的插图也以普紫色为底色。

在拜占廷的艺术中，色彩是完全用普紫色来协调的。位于拉文纳①的圣威塔勒（San Vitale）镶嵌画展示了皇帝尤斯提尼安（Justinian）、皇后苔欧多拉（Theodora）及其朝臣的形象，从这些画上可以看出普紫色所占比重与人物地位重要性的关系。皇帝全身为普紫色，并佩有金色绶带，因为他还是教会的首脑，所以在他的头上有一轮光环。在皇帝身边的康士坦丁堡教祖则没有光环，但在他白色的长袍外披着普紫色的圣衣。然后是大臣们，在他们白色的长袍外是一大块普紫色、被称为"塔布里翁（Tablion）"的矩形披巾。

上述镶嵌画对面的一堵墙上画的是皇后苔欧多拉与她的随从。她头上也有光环，她金色的长袍外也套着一件丝制的普紫色的披风。这件普紫色披风上绣

---

① 意大利境内。——译者注

紫色

有金线，衣服的镶边上展示着三圣的形象。皇后的左边为两位高官，身披普紫色的矩形披巾（参见图56）。在她的右边是皇宫里的女大师，她的长袍上有宽大的普紫色条纹。其他随从的妇女虽然有幸在此镶嵌画上占有一席之地，但她们不被允许穿普紫色的衣服。

与苔欧多拉同时代的历史学家普罗科朴（Prokop）曾描述说：当432年起义者烧毁城市各部分，包围皇宫时，这位皇后拒绝过流亡生活。"我永远不想脱下普紫色披风"，她解释道，"并且永远不想过没人称呼我为皇后的日子。普紫色披风是一件不错的裹尸布。"在她的建议下，尤斯提尼安皇帝的将军镇压了起义，战争中死者达4000人。苔欧多拉在16年后带着她的普紫色披风进了坟墓。[7]

在真正意义上的普紫色存在的时代，普紫色一直是代表权力的色彩。在伦敦的威斯特敏斯特修道院放有一把椅子，自从1308年以来所有的英国女王和国王均坐在上面接受了加冕，其扶手上铺盖着紫色的天鹅绒。所有的英国王冠上都衬有紫色的天鹅绒（参见图57），但这种色彩现在只具有传统的意义，自1453年后，人们不再使用普紫色。

这是因为1453年土耳其人攻占了康士坦丁堡，并将其改称为伊斯坦布尔。东罗马帝国的灭亡宣布了普紫色印染历史的结束。当普紫色染料不复存在时，产自虱子的红色染料胭脂红成了最贵重的染料，这样一来普紫色就变红了。

图56：古代的普紫色并非红色，而是紫色。苔欧多拉皇后穿着普紫色的披风。大臣们只许可在长袍外配一道用普紫色面料制成的方形镶边。

图57：在有关古代普紫色的传统中，英国王冠需用紫色的天鹅绒做衬里。

239

色彩的性格
Wie Farben wirken

象征效果和心理效果

3. 主教及忏悔的色彩

基督教教会是下属人员穿紫色服装的唯一的公开机构。紫色在这儿有两重不同的意义：它是象征主教的等级色彩以及代表忏悔期和斋期的色彩。

教会的紫色也源于普紫色的象征意义，这种世俗权力的色彩在教会的意义中被解释为象征永恒及公正的色彩。

主教和其他高级教士穿紫色。"紫色长统袜"是对主教的一个古老而不甚尊敬的称呼。主教日常的黑色服装配紫色的纽扣，红衣主教配红色纽扣。

在真正的普紫色尚有供应时，紫色是标志红衣主教的等级色彩。自从再也没有来自康士坦丁堡的普紫色面料时，1464年教皇保罗二世发布命令，规定红衣主教的长袍以后用胭脂红染色。此时"红衣主教的普紫色"就成为带一抹浅蓝色的红色。主教的长袍是用胭脂红和廉价的靛蓝混合后印染的——产生的就是紫色。对应于这些染料的价格，等级色彩的排列也有了相应的改变。[8]

在福音新教教会中，紫色是普遍使用的教会色彩。在新教的教会大会期间所挂的旗子为上有紫色十字的白旗，说明新教礼拜仪式的指示牌上标着一个紫色的教堂的造型（参见图58）。

紫色是神学的传统色彩。在教授们还穿长袍的年代，每个学科都有其专用的色彩。在普鲁士的大学里，神学家穿紫色，法学家穿深红色，医学家穿浅红色，

《保尔三世法尔内塞像》
意大利 提香·韦切里奥

这幅肖像画描绘陷入沉思的老教皇。

紫 色

图58：紫色是代表福音传道的教会的颜色。

图59：古老与新的普紫色：红衣主教的普紫色是红色，主教穿的普紫色为古老的紫色。

哲学家则穿深蓝色。

因而紫色是代表虔诚和信仰的色彩。

在礼拜仪式的色彩中，紫色是代表忏悔和思索的色彩，它是用于基督降临节的斋期和复活节前斋期的色彩。[9]自从1962~1964年的第二次梵蒂冈宗教会议以来，追思弥撒的仪式也使用紫色。黑色受到了排挤，因为日常的教士服装和世俗的丧服的颜色不应该是宗教礼仪的色彩。

在基督教的象征意义中，紫色还是代表谦恭的色彩。这个古老的象征意义虽然与普紫色作为权力的色彩的意义相矛盾，但它是教会对红衣主教为什么穿普紫色的解释：国王通过强权统治国家，教会通过谦恭统治教民。因此紫罗兰相应地成为基督教中象征品德和谦恭的花："就像泥沼中的紫罗兰——谦虚、庄重而纯洁。"在古典时期紫罗兰就是代表自制的花，不过它所包含的是非常世俗的意义：在节日的宴席上，狂饮的人都在头上戴着紫罗兰花冠——人们希望，紫罗兰的芬芳可以防止醉酒和头痛。

紫色宝石紫晶被人们赋予了同样的效用，据说戴紫晶宝石的人能够免受毒药的危害并防止醉酒。因此紫晶（Amethyst）才得到了它的名字：希腊词语"amethysos"的意思为"不醉"。——至于红衣主教通常会从教皇那里接受一枚紫晶戒指，自然有其另外的含义：在这里清醒再次意味着谦恭。

色彩的性格
Wie Farben wirken

象征效果

4. 虚荣的色彩

虚荣也属于七宗罪之一——按今天的理解这当然是最无关紧要的品性，但是在中世纪时，由于存在服装上的规定，虚荣是教会布道时的一个重大的题目：如果只顾个人享乐而忽略上帝的欢悦，就是邪恶和有罪的。

正如虚荣在今天很少被看做罪过，当代的人们并没有把代表罪恶的黑色归到虚荣这个概念中。紫、粉红、金色是构成虚荣的色调：十分美丽与无害，并无罪过。

心理效果

5. 奇特与时尚

紫色的宗教意义明显地有别于其世俗的意义，没人一看见穿紫色衣服的人就会想到恭顺、谦虚或者甚至是忏悔——人们会感觉紫色是代表奇特的一种色彩，紫色是非常规、独特的一种表现。

人们穿紫色时不会像穿米色和灰色衣服那样不加考虑，穿紫色的人会非常引人注目。尽管紫色为冷色，可它是一种显眼的色彩，由于少见甚至比红色更醒目。

紫色是代表时尚的色彩，虽然它很少成为真正的时尚热点，但人们视它为典型的时尚色彩。不过在许多人看来，紫色过于冒险。"时尚"对许多人而言是个消极的概念，人们会联想到寿命短暂、浪费、招摇这类字眼。代表时尚的色彩组合——除了根本不讨人喜爱的褐色——与"不讨人喜欢"这个概念的色彩组合一样。

不寻常（16）：

紫色 36%
金色 25%
银色 18%
黑色 13%
橙色 8%

尽管紫色为冷色，可它是一种显眼的色彩，由于少见甚至比红色更醒目。

时尚（119）：

紫色 23%
橙色 19%
粉红色 16%
黄色 13%
红色 13%
黑色 9%
白色 7%

紫色是典型的时尚色彩，但时尚对许多人而言是个消极的概念，人们会联想到寿命短暂、浪费、招摇这类字眼。

非常规（169）：

紫色 35%
银色 18%
橙色 13%
黑色 13%
黄色 11%
红色 10%

没人一看见穿紫色衣服的人就会想到恭顺、谦虚或者甚至是忏悔，人们会感觉紫色是非常规、独特的一种表现。

虚荣(37)：

紫色 24%
粉红色 22%
金色 20%
黄色 14%
橙色 11%
蓝色 9%

虚荣是教会布道时一个重大题目，只顾个人享乐而忽略上帝的欢悦，就是邪恶和有罪的。

虔诚 (55):

白色 37%
黑色 21%
紫色 10%
灰色 9%
蓝色 9%
银色 7%
褐色 7%

紫色是神学的传统色彩,因而紫色是代表虔诚和信仰的色彩。

魔力 (115):

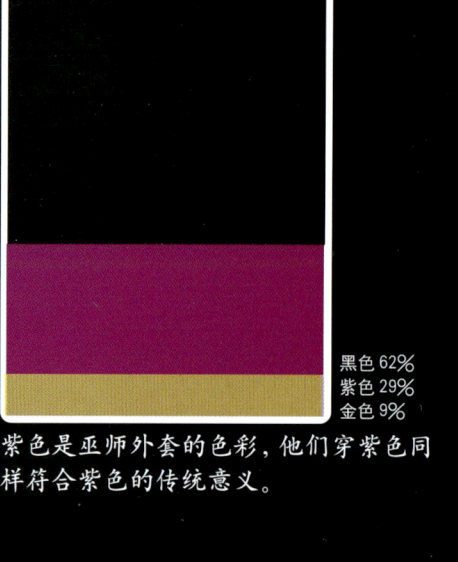

黑色 62%
紫色 29%
金色 9%

紫色是巫师外套的色彩,他们穿紫色同样符合紫色的传统意义。

人造 (96):

紫色 27%
银色 21%
粉红色 17%
金色 17%
橙色 12%
白色 6%

紫色是象征人造、风格化的色彩。紫色曾经是西方青春艺术风格备受推崇的色彩。

不客观 (172):

粉红色 23%
紫色 23%
橙色 16%
褐色 13%
金色 11%
红色 8%
灰色 6%

所有的混合色彩均让人感觉暧昧、不客观、不自信,其中最不客观与暧昧的色彩是紫色。

《荡秋千》
法国 皮耶尔·奥古斯特·雷诺阿 1876年
阳光、空气、大自然、娇媚的女子、鲜花和儿童，这就是一生贫困的雷诺阿用丰富华美的色彩所弹奏的主题。

象征效果

6．有魔力的紫色

在紫色中，其对立面是相互融合的，如果让我们想象紫色的形状，我们可以感觉它的典型形式为椭圆，它是矩形与圆形相结合后的产物，具有独立的形式。

紫色结合了感性与智慧、情感与理智、热爱与放弃。在印度，紫色象征着轮回。

紫色是代表魔力的色彩。（在调查问卷中，人们常常将黑色列举为魔力的色彩——"黑色魔力"这个概念主导了人们对色彩的联想。）紫色是巫师外套的色彩，他们穿紫色同样符合紫色的传统意义。当摩西宣布教士应穿普紫色的长袍时，教士和巫师为同一级别的介于阴阳两界的中间人。

约翰纳斯·伊藤曾写道："紫色是代表愚昧的虔诚的色彩，并且在蒙蔽与混沌时期成为阴暗的迷信的色彩。"[10] 紫色象征幻想阴森可怕的一面，以及将不可能变为可能的欲望。

紫　色

传统效果

7. 颓废与人造

紫色是象征人造、风格化的色彩。紫色曾经是青春艺术风格①备受推崇的色彩，此艺术风格将一切自然的东西视为无艺术技巧而加以唾弃。在青春艺术风格典型的花朵与植物的装饰花纹里，自然被矫饰加工，以满足当时的美学需要。青春艺术风格是唯一赞赏将紫色作为空间色彩的时期。设有紫色软垫坐椅的紫色沙龙在当时被视为达到了美学的巅峰，这种出现在20世纪初的室内装饰大多为紫色与黑色两种色调，它们如今陈列在博物馆里，在自然的光线下显得阴森可怕，如果将它们放在煤油灯的光线里看，则充满了神秘感。

图60：青春艺术风格所喜爱的色彩及美女形象。

阿尔方斯·慕查（Alfons Mucha）为Job牌香烟卷烟纸所制作的著名广告画展示了那个时代女性的偶像：矫揉造作的美女（参见图60）。这是与紫色相称的背景。古斯塔夫·克里姆特（Gustav Klimt）创作的女魔鬼形象也经常穿紫色衣服，总与银色和金色搭配着出现。紫、银、金色，这种色彩组合是青春艺术风格的典型色彩，它是组成人造与非自然的色彩。

---

① 西方在1900年前后的一种艺术创作方向。——译者注

心理效果和象征效果
8. 不客观与暧昧

所有的混合色彩均让人感觉暧昧、不客观、不自信。其中最不客观与暧昧的色彩是紫色。紫色到底是红色多一些还是蓝色多一些，这个问题从未得到过确定的答案，因为人们对这种颜色的印象总随光线的变化而变化，所以紫色是代表迷惑和不忠实的色彩。红、蓝、白色以同等的份额相互混合而成淡紫色，使得这种颜色具有极大的矛盾性。

紫色

象征效果

9．紫色和金色的组合：腐败的享受

紫色与金色组合在一起表现了舒适生活腐败的一面，金色象征享受和骄傲积极的一面，紫色则为事情不利的一面：无节制与自负。

《贝里公爵的富贵》法国 林堡兄弟
画面中很多人都穿紫色搭配金色的衣服，既显示了他们的贵族身份，也带些许的腐败的味道。

249

《无名女郎》俄国 克拉姆斯柯依

画中女郎那微现红晕的双颊和那柔软的天鹅绒外套、毛茸茸的毛皮镶边、帽子上微微飘动的白色鸵鸟羽毛特别是脖子上蓝紫色的领结都极为精到。

心理效果

10. 介于两性之间的色彩

  马克斯·吕舍在他于1948年发明的色彩测试中注意到，紫色经常被孕妇列为喜爱的色彩(参见"灰色"第6节)。吕舍把此归为荷尔蒙的作用。[11]——面对这个推测首先应该分析一下，受测试的妇女做此选择时在想些什么。因为对孕妇来说有一点是明确的：把蓝色列为喜爱的颜色意味着希望生男孩，选红色则希望生女孩(吕舍的测试没有提供粉红色作为选择)。每个即将做母亲的人都知道，事先确定所希望的孩子的性别，很容易导致失望。还不如这样想：孩子健康是第一位的，由此便会选择介于两种性别之间的混合色——紫色。作为两性之间的混合色，紫色成为20世纪70年代女权运动的色彩。除女权运动外，紫色还成为了象征女性的新的色彩，相对于甜蜜而无助的粉红色，它让人感觉超出了拙劣的模仿而更有个性。

  紫色也是代表多愁善感及妩媚等积极、典型的女性特征的色彩。

紫色

象征效果

11. 紫色与红色的组合：性之罪

爱情的色彩一旦加入紫色便成为古老的七宗罪之一——肉欲的色彩。与红色组合在一起的黑色与紫色的成分越多，则不道德的特征越明显。

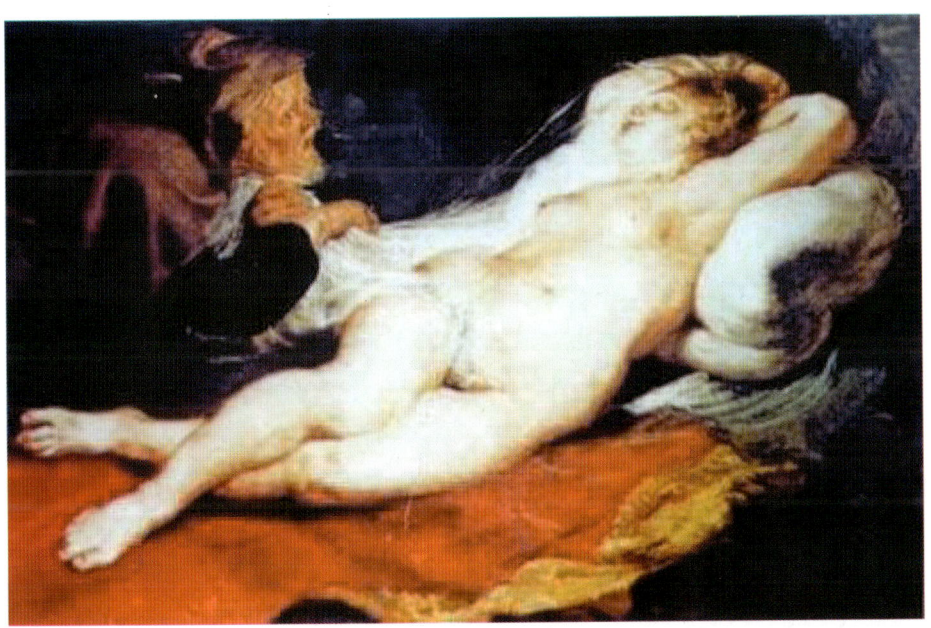

《安杰莉卡和隐士》
画中的隐士身披紫色斗篷，而安杰莉卡则卧在一床红色的毯子之上，正是这两种颜色组合成了肉欲的色彩。

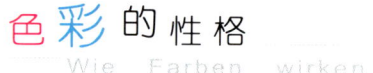

色彩的性格
Wie Farben wirken

象征效果

12. 淡紫色——最后的尝试

"淡紫色——最后的尝试"是一句古老的成语，它指最后的性欲望。

淡紫色是经白色淡化的紫色，被视为老处女的色彩。它在从前代表未结婚的女性，这些女性相对于稚嫩的粉红色过于年老，但她们还愿意穿年轻女孩子的粉嫩色彩。淡紫色标志着：我虽已老大不小，但尚待字闺中。

人们由此产生了对淡紫色的不良印象。歌德认为，淡紫色为"并无快乐的某种热闹"。[12] 在歌德的时代，时尚中的男性和女性的服装色彩第一次有了区别，只有女性穿淡紫色，所以它代表对性欲的消极评价；对于男性而言没有性许可的年龄界限，则没有代表"最后尝试"的色彩。

典型的紫色的气息也具有老处女的特征：熏衣草、紫罗兰、迷迭香。这些气息给人的感觉是带有甜味而无性爱可言。

紫色与黯淡的色彩如灰色、褐色并与黑色组合在一起时，为代表年老和过时的色调。它是象征衰退、内向及最终腐烂的色彩。

《跳舞的珍妮·阿弗莉》 法国 劳特累克

珍妮·阿弗莉是红磨坊的红舞星，此刻她身穿淡紫色的衣衫随着音乐的韵律即兴而轻快地舞蹈着。

紫色

13．创造性的紫色

紫色的特点造就了一种人造美丽的感觉。如果把紫色作为时尚的色彩，那么这种色彩只能用于一季。这一点决定了人们使用紫色的典型领域：对于使用寿命短暂的廉价产品、对于与时尚相关的联想，设计者们很愿意采用这种色彩。但同一群设计者不会愿意将确定为长期使用的产品想象成紫色。他们更反感将紫色用于技术设备。紫色看上去是不严肃的色彩——这对立于技术性。

但女性中也有足够的紫色爱好者，为此可生产供长期使用的紫色产品以满足她

紫色的纱蔓设计让整个居室显得飘忽而暧昧

们的需求。一个紫色的皮沙发看起来比标准的黑色更精致一些。另外没有女权野心的女性也喜欢漆成深紫色的汽车。

一切具有人人皆知的功能的技术仪器可以染成紫色来出售。比如一台打字机装备紫色的外壳，与常规的灰色一样不错。有些用淡蓝色的塑料制成的收音机，看上去廉价并且确实便宜。一台以阳极氧化金属为外壳的收音机会显得优雅和贵重。

一方面紫色受到设计者的拒绝，另一方面紫色是广告常用的色彩，因为它醒目，常常令人印象深刻。但如果在广告中看见一把紫色的公园长椅——这可

色彩 的 性格
Wie Farben wirken

以是人们喜爱的产品的广告：从时尚用品到养老用品，——它的效果却只是常规性的。因为这里的色彩并非意味着真正的色彩，而只是广告中典型的引人注目的手段。一把真正的公园长椅如果是紫色就会令人吃惊，因为几乎没有一个设计者会选择紫色作为公园长椅的色彩。

常规上，人们将紫色用于化妆品的包装，推荐给那些"成熟的女性"使用。此处包装的设计者们遵从了紫色作为老处女色彩的常规——最后的尝试。问题在于，这种联想是否让那些目标顾客感觉舒服。通过化妆品使人年轻的想法恐怕应该用绿色的包装才有积极的效果。

根据不可能色彩的原理人们曾设计了一个著名的广告动物：淡紫色的巧克力牛（参见图62）。紫色的铃兰可用做生产奇特时装的公司的标志。

作为有魔力的色彩，紫色的效果可以让有魔力的动物充满神秘感：一只紫色的猫，一只紫色的蝙蝠。在Gauguin所作的南太平洋绘画的有魔力的色调中，马也被表现为紫色（参见图61）。

图61：艺术作品中紫色的马。

图62：广告中一头淡紫色的奶牛。

紫 色

注 释

[1] 在德语里,淡紫色有时被理解为紫色,它包含着等份的红色和蓝色。这个解释在其他国家并不常见。

[2] 福格特:《色彩及其历史》,36页。

[3] 化学家因此称普紫色为"二溴磷靛蓝",它的确切结构描述为"六—六—二溴磷靛蓝"。弗利德兰德尔的实验确认,古代的普紫色是一种有蓝色光泽的紫色。通过染色前的加工这种色调可变红一些。

[4] 参见泽费尔德的《靛蓝》,71页及下页。

[5] 《第二摩西》26,31。

[6] 丹尼尔(Daniel)5,7。

[7] 哈根与哈根(Hagen & Hagen):《欧洲绘画杰作是其时代的档案。为何女神戴着雇工的帽子?》,16页。

[8] 歌德在他的《色彩规则》中将胭脂红描述为"普紫红",他就此写道:"由于这种色彩享有极高的尊严,我们有时称其为普紫色,尽管我们也许知道,古代的普紫色更多地偏向蓝色一些。"(792节)歌德称胭脂红为"普紫红",是因为在他的时代红衣主教穿的普紫色是用胭脂虫制成的红色染料染成。

[9] 圣灰星期三至濯足节①;在福音新教教会中指耶稣受难日②至耶稣受难节。

[10] 伊滕:《色彩的艺术》,136页。

[11] 《吕舍测试》,1971年出版,29页。

[12] 歌德:《色彩规则》,789节。

---

① 复活节前的星期四。——译者注
② 复活节前的第二个星期日。——译者注

昂贵的幸福
远多于一种色彩的意义

旧金色·古金色·青铜色·杜卡特纯金·金黄发色·金褐色·金黄色·金色的金属色·古典的金色·黄铜色·淡金黄色·红金·富丽的金色·黄晶的金色·白金·小麦的金色

色彩的性格
Wie Farben wirken

金色——远多于一种色彩的意义

想到"金"的人首先会想到黄金这种贵重金属,金色是这种金属的代用品和象征。

只有1%的女性和2%的男性将金色列为他们喜爱的色彩。3%的女性和4%的男性不喜欢金色。

就色彩而言,金色与黄色相近,但在象征意义上金色不能同其他任何一种色彩划等号。金色代表金钱,意味着权力。其社会意义及其金属的特征奠定了此色彩的象征意义。

历史背景
1. 通往黄金之路

《台》 法国 安德烈·夏尔·布尔 1708年

黄金稀少,但是在世界上到处都可以找到黄金。古埃及人在七千年前已开有金矿,"Nub"在他们的语言中是金子的意思,"Nubien"为古埃及人的黄金之国。

金 色

西班牙语"dorado"的意思是"镀金"。曾经在南非的某个地方,西班牙占领者中相传某印地安部落有把他们的酋长包在金粉里的风俗。传说中称此被包以金粉的人为"Eldorado"。人们猜测有这种风俗的地方必定会有许多黄金。西班牙人找到了印加人[①]的黄金后,开始寻找"Eldorado"——遍地都是黄金与宝石的神奇之地。但人们至今未能发现"Eldorado"的所在。

在中欧人们也找到了黄金。从12世纪至15世纪,捷克的波希米亚地区是欧洲黄金最丰富的地方,后来人们先在伽斯台茵和萨尔茨堡,继而在西里西亚、图林根和莱茵河地区的片岩山发现了大金矿,到处都有人从河沙中淘洗金子。金矿最丰富的地区是莱茵河,传说中的"莱茵河的黄金"[②]并

被称为"黄金女孩"的女性木乃伊箱,这个保存完好的木乃伊箱由金箔覆盖,上面绘制的女孩相貌传神,装饰华丽。于2005年6月7日在埃及博物馆亮相。

不是凭空创造的故事。1900年曾有一位浪漫的美国人从莱茵河的沙中为他的结婚戒指淘金,而当时在莱茵河畔寻找黄金早已无利可图。

寻找黄金的三条途径:

1. 岩金。此为最原始的金矿。在这些矿山中可以找到很大的金块,即所谓的天然金块。它们有多种形态:有质地较软的圆团形金块;有些金块多孔像一块海绵;有些看起来像带刺的木头疖子。最终获取的金子为薄鳞状或小片指甲状。矿山里的每吨岩石中可找到1克~25克黄金。

---

① 古秘鲁的印地安人。——译者注
② 里夏德·瓦格纳(R. Wagner)的同名歌剧中所说的莱茵财宝。——译者注

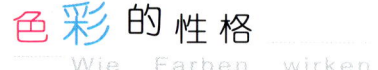
色彩的性格
Wie Farben wirken

2．淘金或皂金。此为河床里的金子，系剥落后被河卵石和河沙磨碎的岩金。淘金如沙子和尘土般呈颗粒状。

岩金和淘金被称为"真正的黄金"，但它们并非纯金，而总是含有银的成分，并大多含有微量的铜、铂金、水银、铁、钯、镍等金属。

3．离析金。今天大约10%的黄金是用化学方式提取的，即从含金的矿石中析出看不见的金粒。首先从900米～3000米深的地下将矿石取出，打碎后用许多水磨成泥状，然后用氰化液进行分解。这种由氢氰盐构成的溶液将细碎的金子溶化。为了重新获取被溶解的金子，人们需要过滤并给含有金子的氰化溶液加入一种非贵重金属，大多为铅粉或锌粉，它们排斥金子的成分，使它从化学溶液中析出。即使通过这种方法得到的黄金也含有其他金属，所以还要经过多次的熔化，继续添加酸类物质，才能把那些非贵重金属离析出来。

人们称这种提取于所有其他元素的黄金为"提纯黄金"。要得到1克的提纯黄金必须磨碎100公斤～150公斤的岩石，因此炼金厂总被巨大的瓦砾堆所包围。

每个黄金矿藏均为一次采尽，但是黄金的产量并未因此削减。新技术使原来不可能或不经济的开采成为可能。19世纪末采用的氰化液浸析矿石的方法使黄金的生产达到了兴盛的顶峰。

全世界的黄金年产量如下：

1500年左右	6吨
1700年左右	11吨
1830年	25吨
1900年	390吨
1965年	1450吨
1978年	1300吨
1985年	1250吨

最大的黄金矿藏位于深海中，据推测有7000万吨。但是还没人能找到一个将黄金从海水中取出的可行的途径。

金色

<small>心理效果和象征效果</small>

2. 财富的色彩

在金色的含义中隐藏着一个祸患，即对权力的贪欲。在代表财富的色彩中包括黑色——象征邪恶的色彩。在代表权力的色彩中包括金色。

古代传说中最著名的宝藏是"金羊皮"，它是公羊的毛皮，为希腊的阿耳戈英雄从科尔其斯（Krösus）抢掠所得。此传说的背景为：位于黑海东南岸的国家科尔其斯以其河流中的沙子含金而著称，科尔其斯人将羊皮铺在河中，沙子被冲刷到羊皮上，然后再被冲走，只留下分量重的金粒挂在毛皮蓬乱的毛上。科尔其斯人确实拥有金羊皮。

吕底亚王国位于小亚细亚的西部，在这里也曾发现过大量的黄金。克略苏斯（Krösus）（公元前595—公元前546），吕底亚的国王，是第一位让人铸造硬币的君主，他的王国尽人皆知。

金钱和黄金为同一概念。基尔德①原本用黄金制造，古代用于"金色（golden）"的词语为"gülden"。"克朗（Krone）"为许多国家的货币单位，它证实了王冠（Krone）中含有黄金。过

---

① Gulden，为荷兰货币单位。——译者注

《热那亚贵妇》 佛兰德斯 安东尼·凡·代克

人物带有一种典雅娇弱和华丽的气质，凡·代克的肖像画风格统治英国达一百余年。

色彩 的 性格
Wie Farben wirken

由现代人演绎的曙光女神奥罗拉

去黄金并不做成条状或块状，而是浇铸成长竿状，所以人们会说"花了一大竿（笔）钱"。

与金钱有关的一切事物也享有黄金的光辉。成功的歌唱家有一副"金嗓子"，成功的足球手"膝内有黄金"。有一只"小金手"的人可以赚取"金鼻子"。"掘金人"指拥有兴旺发达的企业的人。不过"女掘金人"却是指那些只对富人感兴趣的女性。

值得一提的是，所有的文化都把早起与财富联系在一起："一日之计在于晨"是一句全世界通用的格言。罗马人曾说"奥罗拉（Aurora）喜爱缪斯（指艺术）"，奥罗拉是司曙光的女神，她被称为"金色之神"。拉丁语中的黄金为"aurum"，所以化学中的Au为元素金的简称。

人们称石油为"黑色黄金"；"白色黄金"现在指象牙，过去为瓷器的别名；现代滑雪旅游业的广告中甚至把雪也称为"白色黄金"；昂贵的咖啡被称为"褐色黄金"。所有的东西，只要价格昂贵，均可以与黄金齐名。

《大法官塞古埃骑马像》 法国 夏尔·勒布伦

1660年，路易十四与西班牙女王玛丽完婚，派大法官塞古埃去承办此事。画上描写的就是大法官塞古埃办完联姻事宜后进入巴黎时趾高气扬的景象。画中的大法官塞古埃身穿金色的斗篷。

象征效果
3. 傲慢的色彩

正如金色象征着最高的价值，傲慢将自身的价值凌驾于其他人之上。傲慢与虚荣相近，紫色证明了对两者特性的负面评价。自私这个概念中也包括金色。

奢侈／过度（112）：

金色 45%
黄色 14%
紫色 13%
银色 10%
黑色 10%
红色 8%

在代表奢侈的色彩中，除了金色还有黄色，黄色意味着仿造的金色。

享受（64）：

金色 20%
紫色 17%
橙色 15%
粉红色 13%
绿色 13%
蓝色 8%
褐色 8%
红色 6%

在代表享受的色彩组合中，除金色和紫色外，其余为代表生命欢乐的色彩。

昂贵（159）：

金色 66%
银色 16%
黑色 11%
蓝色 7%

纯金从来不用于制作饰品，因为它几乎和铅一样软，一件由金条制成的饰品会很快弯曲并破损。

华丽（131）：

金色 58%
红色 18%
紫色 12%
银色 12%

在贵族掌握政权的时代，金色面料毫无疑问是贵族的特权。

圣经故事中象征蒙蔽、伪信仰的"金牛犊"。

象征效果
4．蒙蔽与奢侈的色彩

"金牛犊"是圣经故事中蒙蔽、伪信仰的象征。此牛犊扮成邪神巴力，后被摩西毁灭。摩西甚至还毁掉了浇铸它所用的黄金："拿走他们做成的牛犊，将它放在火中熔化，再磨碎为粉末，撒入水中，拿给以色列人饮用。"[1]

关在"金笼子"里的囚徒指安逸及奢侈的牺牲品。贫苦人民中的智者这样说："如果有人拥有一个金绞刑架而且必须把自己吊在上面，谁又能帮他呢。"人们同样信服的是：财富和奢侈能够腐蚀人性，正所谓"火可以炼金，金可以炼人"。

在代表奢侈的色彩中除了金色还有黄色，黄色意味着仿造的金色。紫色则再次象征着不道德的成分。在代表享受的色彩组合中，除金色和紫色外，其余为代表生命欢乐的色彩。

265

心理效果和象征效果

5. 黄金、红金、白金、绿金

在黄金饰品和金条上有关于黄金纯度的印记。黄金含量的数值精确到以千分率表示,完全纯净的黄金应该标有 1000 的印记,但是我们最多只看到过 999 或 999.9 的印记,这是因为甚至提纯的黄金也从未达到过 100% 的纯净。

纯金从来不用于制作饰品,因为它几乎和铅一样软。一件由金条制成的饰品会很快弯曲并破损,所以为制作饰品需要将黄金进行合成,也就是说与其他金属混合。与银和铜合成后,黄金的硬度将会加大,但仍保留其伸展性。此外黄金还经常与钯、锌和镍合成,它可以包容所有的金属。

金 色

　　在许多国家黄金含量以克拉(K值)表示(度量单位克拉通常在我们这里只用于衡量宝石的重量：1克拉等于200毫克)。黄金合金的质量表示为纯金24克拉。1克拉相当于4.1667%的黄金成分，约等于42‰。

　　19世纪中叶以前，德国一直使用克拉作为印记的单位。不过这些印记的单位并不统一，每个地方都存在关于合金的不同规定。许多饰品压根就没有印记，因为一旦标有印记则需要缴纳奢侈税及其他费用。今天在德国通用的有关合金的黄金成分印记如下：

　　　　印记 333 ＝ 8 克拉
　　　　印记 585 ＝ 14 克拉
　　　　印记 750 ＝ 18 克拉

　　黄金合金有各种可能的克拉数值。在饰品制造业中，含金量最高的合金为22克拉，最低值为6克拉。

　　在美国，10克拉、14克拉和18克拉的合金很常见。英国最便宜的合金为9克拉，最贵的为22克拉。印度的黄金饰品一般为22克拉。在瑞士、比利时、荷兰、卢森堡、挪威和丹麦，黄金饰品至少应达到14克拉，也就是黄金成分为585；在法国和瑞典最低的单位甚至为18克拉。

　　牙金中的黄金含量极不确定：它包含50%～92%的黄金，4%～25%的银，2%～15%的钯、锌、镍、铜；它还可以包含铂金。

　　人们这样检测一个合金的黄金含量：先用一块黑色的片岩石轻轻磨擦待检测的黄金多次，再将磨擦在岩石上的黄金痕色与黄金含量已知的测试金针相比较。通过使用浓缩度不同的盐酸及硝酸组成的混合物来湿润黄金的痕色，最后确定测试品的黄金含量。黄金含量越高，所需要的溶解黄金痕色的酸的浓缩度越大。

　　与黄金混合在一起的其他金属决定了黄金色彩的细微差别。黄金，即所谓"标准"的金子，是用银和铜合成的。

　　红金是混合了铜的合金。黄金333包含有667铜的成分，比黄金750红一些，它只包含有250铜的成分。不过黄金的色彩终究依赖于合金中黄金成分的多少：浅红色金子也可能由铜和银合成。古代的饰品大多出自红金，因为直到20世纪初红金仍被视为最美丽的金子。古罗马人就最喜欢用铜合成黄金，所以

色彩的性格
Wie Farben wirken

他们赋予红色曙光女神的名字为"金色女神"。

白金是用钯和镍熔成的最硬的合金。过去人们不喜欢白金,所谓"苍白的金子——不好的金子",人们担心白金用水银稀释过。

绿金为银和镉合成。这种色调只用于和黄金含量不等的饰品作为对比色彩。人们甚至可以通过铁的合成让黄金变蓝。

不论黄金的色调为哪一种,黄金都是最有价值的物品。红宝石、绿宝石、蓝宝石、钻石和真珍珠都只镶嵌在黄金或铂金上。而价值低一些的次等宝石和养殖珍珠则与银搭配。

具有精神价值的宝物——爱人的一绺头发,孩子的一张画像,一个护身符——都用金制的圆形小盒来保存。在转义中,一位被爱的人会"镶入金子中"。围绕黄金的一切事物都是宝贵的。

《蟹肉早餐》
荷兰 克拉斯·黑达
"荷兰小画派"的画风有着对静物中的银盘、酒杯、食物、餐布的偏爱。

象征效果

6. 神灵的识别色彩

金色为太阳的色彩。古人猜测黄金产生于太阳的光芒,它是天国里的火落在地上生成的。太阳是古人用于化学元素金的符号。

早期的宗教将行星尊为神权的象征,太阳是最高神灵的化身。因为法老是太阳神瑞(Rê)的儿子,法老的黄金宝物表明他们来自于天国。法老是不会死的,他们在尘世的生命结束后将回归太阳。图特-因特-阿木恩(Tut-ench-Amun)法老的金面具出自22克拉的黄金,装殓他回归太阳的豪华棺材也是用黄金打造的——共用了225公斤的黄金。

阿兹特克人视黄金为太阳神的排泄物,黄金在他们的语言中为"teocuitatl",意思是"神之粪便"[2]。

在基督教的象征意义中,金色并不具有崇高的意义,但它是识别神灵的标志。神灵头上闪耀的光环是金色的,被称为"金(aurum)"。

使用次等元素进行提纯得到的黄金为提炼黄金。需要进行"提炼"的还有有罪之人。黄金通过火而提炼,罪人则通过炼狱之火。

棺内的埃及图坦卡门法老王

色彩的性格
Wie Farben wirken

历史背景

7. 绘画中超凡之光的色彩

金色在中世纪的绘画中是对白色的光的一种提升，金色为超凡之光。

从公元4世纪至中世纪末期，金色普遍为基督教绘画作品中的底色。直到1500年左右，由于透视画法的发明，人们不再使用没有空间感的平面基底的画法。只有俄罗斯仍旧以金色作为圣像绘画的底色。

为了制作绘画用的金箔要先将黄金轧成纸一样薄，然后裁成小正方形。在正方形的黄金中夹以羊皮纸后再进行锤打再加工。变得越来越大、越来越薄的金片还要分成多个四方形。最后再将这些金片放在金锻膜之间锤打；金锻膜取自公牛的盲肠，它比羊皮纸更薄，更结实。在贸易中常见的金箔规格为10厘米×10厘米，其厚度为万分之一毫米，比一张纸薄一千倍。1克的黄金可锻造出3000平方厘米的金箔。宗教诗歌集中的切口烫金需要使用八千分之一毫米的金箔；用于古式油画的金箔要厚许多，大约为千分之一毫米。

最古老与最佳的包金方法是泼利门特包金法。首先用胶块土（一种黏土）进行多层打底。胶块土柔韧并含有油脂，其湿气可以吸住金箔，使它在油脂上粘住。胶块土的颜色有近于白色的黄色，

《天使拥戴的圣母子》 意大利 菲利普·利比

画中的圣母和天使的头上都有金色的光环，左侧天使手中握着的卷轴，上书："来吧，你们都需要我，用我的果实充饥吧。"

金色

还有黑色和红色。人们最喜欢使用红色的胶块土，因为这种底色会透过极薄的金箔闪烁并决定着金子的色调。中世纪木版画上的金色底色所用全为泼利门特包金法。

为了达到没有瑕疵的光洁度，底色要抹得像镜子一般平整，因此古老的油画画在木版上，而画布因过于有弹性则不适合这种包金方法。金色的底面经常以雕刻花纹作为装饰，它们在包金之前就已刻在胶块土底上。然后用一把宽而平的刷子将金箔敷上。包金工人将刷子与头发相摩擦，令刷子带有静电负荷，用它吸住金箔再铺在底面上。在敷上的金箔开始干燥以后，再用磨平的次等宝石将它擦亮。

泼利门特包金法由于其底面怕水所以不适用于外部包金，人们会代之以油包金法。油包金法是将金箔敷在一种黏性的、难以擦干的混合物上，以前这种被称为媒染剂的混合物用亚麻油和溶解的橡胶制成。为了使底面呈金黄色，再将番红花加入媒染剂中。油包金比泼利门特包金软；它不能进行擦光处理，其光泽度也不很强。

人们可在绘画中组合使用油包金法和泼利门特包金法：泼利门特包金法用于底面积较大的面积；油包金法适用于需要敷在已完成的绘画上的编织图案。对于细致的金线部分则用带有细尖的刷子抹上媒染剂，将一片金箔敷上后，再用一根羽毛擦去多余的部分。擦下的金箔自然还会用于再加工。正如昂贵的天青石染料，画家的账单也会特别注明金箔的花费。

这幅圣母子像的背景采用了包金的方法。

色彩的性格
Wie Farben wirken

心理效果和象征效果
8. 持久的色彩

"如金子般忠诚"——翻译成没有诗文色彩的化学语言则为：如金般惰性。因为金与其他元素几乎不发生反应。金子可抵制酸溶液和碱溶液的腐蚀，不氧化，不生锈。只有一种物质能溶解金子：浓缩的盐酸混合上浓缩的硝酸。这两种酸的混合物比金子更厉害，被成为"王水"。

永不磨灭的金子拥有持久的价值——直到1967年，在这之前金价受国际黄金总库的调控。自此以后供求决定着价格，黄金成为投机商品。

黄金这种金属的持久性使它转义为代表持久的色彩，它是重大的周年纪念的色彩：结婚五十年被称为金婚庆祝。

金子代表那些能经受时间考验的默默无闻的品德：忠诚与友谊，真理与乐于助人。但是金色从不是这些品德中占主要地位的色彩，因为金子过于明显地与物质报酬有关。

《三圣贤的朝拜》
意大利 法布里亚诺

人物与环境描绘精细入微，缤纷绚丽，画面既富有空间感又颇有装饰趣味。

金 色

象征效果

9．幸运与理想

　　金色等于金钱，红色象征爱情，绿色代表生命：金钱、爱情与健康——这就是幸运。

　　金色是理想的属性。"生活的黄金规则"在《圣经》里是这样表达的："己所欲，施于人！"[3] 人们更熟悉的是对黄金规则的反向表达："己所不欲，勿施于人。"

　　与黄金规则对立的是"金色的中庸之道"的生活准则所表达的随意态度："既不过多，也不过少。"它是一切情形中的理想状态。

　　"黄金时期"是指乌托邦的未来或者理想的过去——但从不是现在。醉心于"黄金时代"的第一位诗人是赫西奥德①。公元前700年他描写了一个充满幸福的以往时代："那里的人们过着没有工作和痛苦、无忧无虑的生活，像神仙一样，没有年老的疾苦，总在饮宴作乐，他们死去时，就像睡着了一样；那里的田地无须人照管，总是果实累累。"[4]

　　金色是美丽的属性。"金色的"在德语口头用语里的意思为漂亮、俊俏、迷人。"黄金分割"是艺术中最著名的划分原则，它明确了宽度与高度之间的理想比例关系。建筑物的比例、门窗的规格、油画中的尺寸、人物的理想比例均可以如此计算：宽度与高度之比等同于高度与宽度加高度之比。按照黄金分割所产生的高度与宽度的比例约为5∶8，这是最佳的黄金比例。

　　金色是美好事物的属性。金玛利和倒霉玛利是童话人物中好与坏的化身。自然金玛利象征好的形象，自然金玛利是金发，金发属于黄金理想化的一部分。古希腊人甚至想象他们的天神长着金发。——在中世纪的绘画作品中却几乎没有金发的神明：金色的底色及圆盘般的光环会在视觉上湮没金发。只有当神明之光需要表现为柔和的光线和光环时，人们才把天神们画为金发。在中世纪的图画中许多神明为一头红发，红铜色的头发在当时被视为金子的色彩，因为古代的黄金为红金（参见图72）。

　　在完美、理想和好的代表色彩中白色所占比重最大，通过白色和蓝色，物质的金色获得了非物质的光辉。

金色

> 心理效果
>
> ## 10. 华丽与欢庆

织锦面料、卢勒克斯织物、金线织物、金色的毛皮一直是女性及节日中人们的时尚装束。

从前男性也穿金色的服装，而且并没有时间地点的分别。勃艮第①的赫尔佐克·卡尔于1476年征战瑞士人时，携带了上百件绣有金线的外衣。

法国国王弗朗斯一世（1494—1547）是他那个时代最优雅的男士。他让人制做了13600个金纽扣，只为了缝在唯一的一件天鹅绒外套上。这笔钱他居然取自军事款项。弗朗斯一世还颁布了法律，规定地位卑于王子的人不允许穿金色的面料。[5]

在贵族掌握政权的时代，金色面料毫无疑问是贵族的特权。除他们以外，也没人能够支付得起这项花费，因为金线也出自真正的黄金。贵族对富裕的资产阶级的依赖越大，这些城市贵族②被允许穿的金色面料越多。可以说，他们的社会地位是按照身上所穿金色织锦的多少来衡量的。15世纪末，富裕的慕尼黑人获取了一项许可：他们的服装可以包括3/4埃勒③的金色或银色织物，并可以额外用3/4盎司的黄金装饰披纱和衬衫。[6] 一盎司黄金大约为30克重。由此人们为追求华丽而极尽铺张，因为黄金是伸展性最强的金属：一克的黄金能够牵拉出3公里长的金线。

金色的女帽在1500年左右非常时髦并且这种时尚延续了几个世纪之久。这种金色的帽子是用金线细密编织的礼帽或便帽。在节日里每个女性都愿意戴一顶金色的便帽，但在相当长的一段时期，并非每个女性都享有这个许可。18世纪中叶，慕尼黑当局监控每个佩戴金色帽子的人是否有这项权利。1749年发生了一场很大的骚动，起因是警察在监视参加完新年礼拜仪式的妇女时夺走了许多妇女头上的金色帽子。当时与身份不相称的奢侈装束将被没收。[7]

直到18世纪末，所有的女性，也包括女佣，才允许在节日里戴金色的帽子。

---

① 法国地名。——译者注
② 指资产阶级。——译者注
③ 德国旧长度单位，1埃勒相当于60厘米—80厘米。——译者注

色彩的性格
Wie Farben wirken

男性们则穿绣有大量金线的服装。

金色刺绣使用的线为蚕丝与薄如金箔的细线缠绕而成，此金线并非如普通的绣花线那样穿透面料，它过于细脆，而只能缝在面料的表面。古代的金线制作方法如下：人们将羊肠套在棍子上并将金箔粘贴在羊肠上，然后人们一边转动棍子一边把羊肠按螺旋走向裁剪成条状。

自从普通百姓也可以穿金线刺绣的服装以后，对仿金制品的需求逐渐增长。60%～90%的仿金制品主要由铜制成，铜与锌或锡熔合后可变为金黄色。铜含量的每一微小变化都可以给色彩带来极大的改变。一个合金中的铜含量越高，其色彩越深，其颗粒结构越细腻。锌的含量越高，则合金的颜色越浅，硬度越大。

黄铜和青铜是最重要的仿金合金。黄铜是铜锌合金；青铜为铜锡合金，此外还含有锌和铅。青铜的密度大于黄铜，所以可对它进行强度较大的抛光。

图71：玛丽莲·梦露穿着不大优雅的金色长裙

用于制作时尚饰品的合金曾经以多种名称出售："西米勒（含金黄铜）"，"金色铜"，"曼海姆黄金"，"伪金（硫化锡）"，"顿巴黄铜"。"顿巴黄铜"在过去流传很广，它由85%的铜和15%的锌构成。"Talmi"在今天为仿制品的统称，其名称源于巴黎的发明者塔尔洛伊斯（Tallois），他的仿金制品"Tallois-demior"缩写为Talmi。这种铜锌合金甚至可以包含1%的黄金成分。

只有"Doublé"不完全是仿制品，它是将一块黄金薄片轧入钢中，所以Doublé也被称为轧金。

现代的黄金饰品只在很小的程度上为富裕的标志，没人会再去猜测织锦面料、卢勒克斯织物、金线织物的纯金含量。如今卢勒克斯线由染色的铝制成，金色的面料虽然越来越贵，但不再是不寻常的物品，并且它有些过于刺眼，因而显得不太优雅（参见图71）。

幸运（70）：

金色 21%
红色 21%
绿色 15%
黄色 11%
粉红色 10%
蓝色 10%
白色 7%
橙色 5%

金色等于金钱，红色象征爱情，绿色代表生命：金钱、爱情与健康——这就是幸运。

欢庆（51）：

金色 30%
白色 27%
银色 17%
黑色 17%
蓝色 9%

直到18世纪末，所有女性才允许在节日里戴金色的帽子。

吹牛（8）：

金色 37%
橙色 21%
黄色 12%
紫色 11%
红色 11%
褐色 8%

广告中的金色并不标志着任何实际的价值，金色与代表广告的典型色彩相组合，便成了象征吹牛的色彩。

傲慢（156）：

金色 24%
蓝色 14%
紫色 14%
白色 13%
红色 11%
银色 10%
黑色 8%
褐色 6%

正如金色象征着最高的价值，傲慢将自身的价值凌驾于其他人之上。

色彩的性格
Wie Farben wirken

心理效果和象征效果

11. 荣誉的色彩

黄金是代表荣誉的色彩，胜利者会获得金质奖章。德国对于做出特别贡献者的最高表彰为金质联邦功勋十字勋章。苏联的"金星"授予"苏联英雄"。

所有的领域均设有金奖：电影界德国有"金熊奖"与"金班比"奖，中国有"金鸡奖"；早先美国爆米花生产商曾授予一些导演"金玉米棒奖"，因为在这些导演所导的影片中有许多吃爆米花的镜头。在法国时装界，有成就的时装设计师可获得"金顶针奖"。——这些奖项只有很小的物质价值，它们只不过裹了一层金箔而已。

不过教皇每年出借的"金玫瑰"是由实实在在的黄金制成，上面镶有钻石，涂有麝香精及香膏。在大斋期的第四个星期日，也就是玫瑰星期日，教皇将一朵金玫瑰授予一位卓有贡献的天主教人士。

电影界"金熊奖"奖杯

电影界"奥斯卡金像奖"奖杯

金 色

> 象征效果

12. 政治中的黄金

从前重要的文件均需要密封，只有皇帝才有资格用金漆代替封蜡。不过也只有特别重要的文件才享有皇家金漆的荣幸。"黄金诏书"就是这样的一个文件——"诏书"是用于密封文件的一个古老的词语。神圣罗马帝国最重要的黄金诏书是1356年皇帝卡尔四世签署的，它规定了皇帝的选择方法并授予贵族动用武力的权力。

每个徽章均含有金或银的成分，但不能同时包含这两种金属，因为色彩通常需涂抹在一个金属底面上。只有红色、蓝色、绿色和黑色才是徽章的色彩，黄色并不是徽章色彩，因

图73：梵蒂冈的黄白两色旗用徽章学的意义解释应为金银色的旗帜。它们象征佩特鲁的金色和银色钥匙。

为在非金属的底面上黄色是金色的替代品（参见"黄色"第3节）。适合金色作为徽章金属色的人以及必须满足于银色为金属色的人，可以根据徽章学及出身进行调整。自从允许随意创造私人徽章以来，金色受到人们的推崇。国徽使用的金属色也以金色为主。

按照徽章学的法则，每个徽章只能拥有两种金属色中的一种色彩，但在历史上却有一个例外：中世纪十字军东征的目标——耶路撒冷王国的徽章。此徽章展示了银色底面上的金色十字。以此金银徽章为依据产生了黄白两色的教皇旗（参见图73）和天主教会的旗子。

心理效果和象征效果
13. 装饰的色彩

只有在宗教的绘画中金色才被作为背景底色使用；只有在宫殿里才能看见金色作为空间表面的色彩。大片的金色看起来很出众，但它也会使人产生距离感，因为金色不仅仅是一种色彩，它更代表着权利。

黄金是自然的产物，但它并没有灵魂，它是没有生命的物质。大多的人所认识的黄金是加工后的状态，由金工或银行锻造，黄金由此总会被赋予一些人造及非自然的意义。

就形式而言，人们大多将金色联想为圆形。在视觉上，黄金由于其光泽而显得似乎分量较轻，但此效果止于黄金为最重的金属这个常识。一个棱长为10厘米的色子相当于一升的容积，如果它为黄金打制，则会重达19公斤。黄金的象征效果与它在人们经验中的效果相矛盾。在象征效果中，它是伟大而强有力的；但在人们经验的效果中，它是小巧的。即使人们知道一种金色并非为真金制造，但人们仍会节约使用它。曾经有人让受测试者用所有的色彩给大小不一的正方形组成的抽象图案着色，结果发现，大多数人选择金色给最小的正方形着色。因为在日常生活中，黄金只作为装饰的色彩出现，它是代表细节的一种色彩。

圣礼教堂 巴黎 13世纪

> 传统效果

14. 炼金术的人造黄金

    黄金产生于石头——炼金术士对此深信不疑。因为山里的岩石中长出金块，河里的沙中产生金粒。其中的联系似乎显而易见：哪里有黄金，哪里便会有石头。

    一切的金属，包括银、铜、水银，都来自石头。那么应该存在一种石头，它能够制造所有生成金属的物质。水银——唯一的液体金属，被视为所有金属的起源。炼金术士将液体转化为固体、非贵重金属转化为黄金的充满神秘的过程称做"变形"。据说可以将一切物质先变为金属，然后变为黄金的石头被他们称为"智石"。

    人们设想的"变形"如下：将智石放在一块非贵重金属上，加入另外的物

色彩的性格
Wie Farben wirken

质——可惜不清楚为何等物质——将一切熔化再冷却成为黄金。黄金在熔化的状态下会变为绿色这一发现，使"变形"这个想法受到了鼓舞。迷信智石的人中绝不仅仅包括投机商和胡思乱想的人，所有民族中最聪明的人、学者及神职人员都在寻找它。——也只有学者能够想到将此带来财富的石头称为"智石"。

伴随着造金者的渐渐失望，他们又产生了新的想法：智石很快被赋予了可以治疗一切疾病、使人永生的功能。黄金则被赋予了神奇的疗效。富人们吞下磨成粉末的黄金，以治愈像黄疸这样的"黄色疾病"。炼金术士还制造"金葡萄酒"，据说它可以治愈麻疯病和梅毒。直到今天市场上仍然出售含有液化金的酒精溶液，用以治疗各种病痛，类似痛风或忧郁症。不过它的疗效尚未找到科学的解释与验证，但跟炼金术士的黄金饮料所不同的一点是，今天的这类溶液中的黄金成分是可以查证的。

根据"同类相聚"的原则，炼金术士还曾尝试从所有的黄金物质中制造黄金。1450年一位名叫贝恩哈德·冯·特立尔的术士试验了一个包括三种黄色原料的配方：2万个蛋黄，加上等重的橄榄油和等重的硫酸。他将这些原料放在小火上煮了两个星期之久，最后这位炼金术士不得不将所得到的令人失望的混合物喂给猪吃，它们却因此中毒死去。[8] 早在五千年以前，人们便已开始人造黄金的试验，但这只带来了两个发现：1669年炼金术士布兰特发现了元素磷，他从"金色"的原料——小便中获取了这种元素；1710年药剂师伯特尔制造"白金"获得成功，他破解了瓷器的秘密。

人们从来就没有放弃过人造黄金的希望。正因为如此，曾让炼金术士梦寐以求的"变形"已在今天成为可能：利用核反应堆可以通过元素的转换从水银中造出黄金。但这种黄金的价值几乎无法估算，金色仍然是象征魔力的色彩。

西方炼金术

金色

心理效果和象征效果

15. 广告中的"仿金制品"

图74：一辆小型轿车涂为银色便成为赛车。　　图75：涂为金色便成为豪华轿车。

　　诗人眼中的金色，在现实主义者看来只是普通的黄色：金穗、金色葡萄酒、金色的秋天。不过诗歌中的这种风格已经过时。广告宣传文字中所说的金色，也只是消费者眼中的淡黄色：金面条、金奶油。这种语言在广告中被视为具有时尚感。

　　广告对于金色的癖好特别表现在包装设计上。一件物品越是没有价值，人们就越要用金色的外表来提高它的身价。廉价的典型包装为金色塑料袋。

　　民间格言中有"发光的并非都是金子"这样的警句。对不恰当使用金色还有更直截了当的表达方式，特别是针对服饰上的招摇和铺张："金色绶带——中看不中用。"

　　人人都知道黄金是昂贵的，但人人也都知道金色的纸、壳和塑料袋都不是黄金。广告中的金色并不标志着任何实际的价值，它只具有广告宣传的价值。金色与代表广告的典型色彩相组合，便成为象征吹牛的色彩。

　　人们通过广告获得的经验使金色产生了负面效果。包装中虚假的金色、商标名称中虚假的金色，"金"奶油、"金"橡胶带、"金面条"，——广告已经把金色变成了极其一般的东西，它在此只能代表一种非客观、庸俗甚至是廉价的色彩。

色彩的性格
Wie Farben wirken

16. 创造性的金色

图76：色彩游戏：使用交通标志的现代装饰图案。

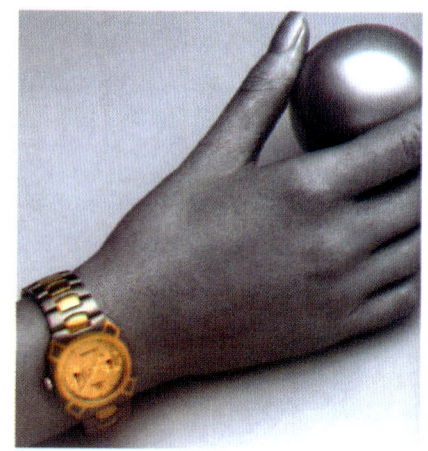

图77：广告中创造性的着色：皮肤的颜色和手表很相配。

怎样塑造一件奢侈品？最简单的原则是：通常出自廉价原料的任何一件日常用品，用黄金加工为成品。

按照这一原则，任何一个打火机、任何一个钟表都可随意塑造成奢侈品，像圆珠笔、粉盒、牙签、指甲锉、梳子这样的小物件也可以成为地位的象征。一个金色的外壳能够使一台普通的收音机变为豪华物品；而提供给那些讲究人士的文具有金拆信刀、金打孔器、金计算器、金剪刀、金卷笔刀、金尺子。本身为非金属、不能直接转化为黄金的物品，都可以套一层金色的外壳。这样一来甚至连橡皮都可以镀金。

图76中的剪辑画面展示了交通标志，它们的色彩一旦换为金色和银色，则看起来更像现代的装饰设计。

艺术家弗利登莱希·洪德特瓦瑟（Friedensreich Hundertwasser）于1980年请人参加一个黄金华宴，餐具自然是金制的，人们用金高脚杯饮酒；烤肉也

金 色

用金箔包裹；蔬菜亦裹以金箔。宾客们可以吃一切的物品——金箔作为食物的装饰品也可以吃掉；在但泽利口酒内放有金箔细末；夹心巧克力的正方形金片也是用真正的金箔制成。

  豪华及豪华的设计到何种程度便会失去其优雅？完全失去优雅的炫耀又从何时开始产生？对此并没有普遍适用的答案。没人会去指责一位戴结婚戒指的男性炫耀。那么何种程度才算炫耀呢？除结婚戒指外再戴一枚印章戒指？还是袖口钉金纽扣，再加上一枚金质领带别针？戴有金表带的金表，用金打火机？再添一个金质钱夹、一个金钥匙环、一个金牙签、一把金折刀？如果他还使用金质的香槟酒搅棍呢？开一辆镀金的罗尔斯·罗伊斯？

注 释

[1]《第二摩西》32，20。
[2] 鲁克尔编著的《古埃及神与象征词典》，234页。
[3] 库雅斯（Kujas） 6，31，相应的还有：玛特豪斯（Matthǝus） 7，12。
[4] 比希曼（Büchmann）：《飘动的言语》，265页。
[5] 比泽尔：《大师绘画时尚》，25页。
[6] 尼克斯多夫／米勒：《白色马甲—红色长袍——从中世纪的色彩规定到个人的色彩喜好》，26页。
[7] 同上。
[8] 格林（Green）：《金子的世界》，19页。

褐色

隐秘的情人，纳粹与愚蠢

旧黄色·旧金色·巴哈马米色·韧皮色·米色·琥珀色·海狸褐·俾斯麦褐色·深褐色·褐灰色·褐绿色·褐红色·青铜色·深褐发色·牛奶咖啡般的浅褐色·卡拉哈里米色·卡普特红·烧成深红色·可那克酒色·咖喱粉色·污秽的颜色·深金黄色·橡树褐色·英国红·泥土色·金褐色·石榴石褐色·灰褐色·烧过的绿土·哈瓦那褐色·秋天的金色·木色·蜂蜜色·兽角的颜色·印度红·屎褐色·咖啡褐色·可可褐色·驼绒毛色·桂皮褐色·焦糖褐色·卡塞尔褐色·栗褐色·黄卡其褐色·椰子褐色·软木褐色·铜色·喇嘛头发的褐色·肝脏褐色·毛皮褐色·黏土褐色·马得拉酒的褐色·桃花心木褐色·栗子褐色·中度褐色·肉豆蔻褐色·自然毛皮色·黑人褐色·貂皮褐色·尼古丁褐色·牛轧糖的褐色·坚果褐色·河狸鼠褐色·赭色·橄榄褐色·橙褐色·牛皮纸褐色·胡椒褐色·浅褐色·花梨木色·锈褐色·红褐色·撒哈拉米色·檀香木褐色·沙土色·砂岩色·脏褐色·巧克力褐色·黑褐色·芥末色·乌贼墨褐色·深褐色着色·烧成红褐色·天然红褐色·日晒的褐色·烟草褐色·柚木褐色·硬陶土色·深黄色·陶土色·烧成的棕土·天然的棕土·翁布里亚褐色·凡杜克褐色·威士忌褐色·香柏木褐色·转褐色·肉桂褐色·紫貂褐色·洋葱褐色

色彩的性格

不讨人喜欢的颜色

在所有的色彩中褐色是人们最反感的色彩。对于29%的女性和24%的男性而言,褐色是他们"最不喜欢的色彩"。只有很少一部分人把褐色列为最喜爱的色彩:2%的女性和1%的男性。没有任何一种色彩像褐色这样,不喜欢它的人远远多于喜欢它的人。

看到这一结果令人吃惊,因为褐色是女式时装中常见的色彩,许多年来,这种泥土色变幻着各种色调,一直是人们极其喜爱的色彩。

在用于住宅的色彩中,褐色也属于最受欢迎的色彩。屋顶及墙壁的木质包皮,还有与其配套的褐色地毯都是许多漂亮家居的典型布置。

但是作为"色彩本身",褐色却受到了歧视。

褐色玉雕璧插屏

褐 色

心理效果和象征效果
1．懒惰与非色情

看见褐色人们会自然而然地联想到粪便、污物。在关于身体的负面联想中，褐色占第一位。它是代表非色情的色彩。

它还是象征两宗大罪的色彩：贪食——或者以现代一些的语言来形容：无节制——以及懒惰。此两宗大罪又是自私的一种反映：不节制即是自私，总想为自己多获取一些；懒惰是自私，不想为他人做任何事情。七宗罪之一的懒惰在从前也被称为"心灵的迟钝"。

褐色在道德方面的名声比灰色还坏。灰色至少还包含了代表品德的白色。褐色是最暗的混合色彩，它象征了邪恶、坏、过失。

《嘲弄基督》德国 格吕内瓦尔德
画中的挥拳者穿着褐色的衣服。此画人物众多，极富动感，基督形象并不像以往同类题材的作品那样突出。

不讨人喜欢（175）：

褐色 31%
紫色 14%
橙色 13%
黄色 13%
绿色 8%
灰色 8%
黑色 8%
粉红色 5%

褐色是女式时装中常见的色彩，建筑外观也常用褐色，但作为"色彩本身"，褐色却受到了歧视。

懒惰（49）：

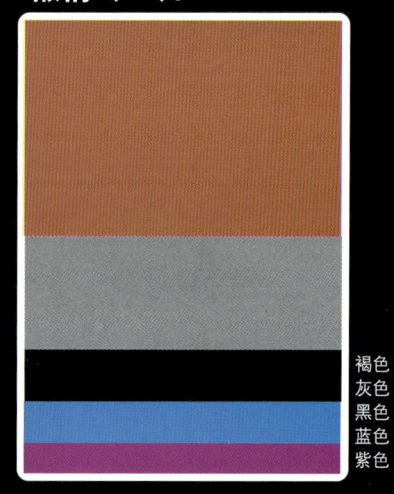

褐色 48%
灰色 25%
黑色 11%
蓝色 9%
紫色 7%

褐色象征七宗罪之一的懒惰，懒惰是自私，不想为他人做任何事情。

贪食／无节制（184）：

褐色 26%
橙色 16%
紫色 15%
粉红色 14%
绿色 12%
蓝色 9%
黄色 8%

褐色代表贪食、无节制，不节制即是自私，总想为自己多获得一些。

愚蠢（28）：

褐色 30%
灰色 24%
黑色 17%
黄色 11%
紫色 9%
绿色 9%

褐色的这个象征意义是它作为最丑陋的色彩无法掩饰的特征所赋予的。

褐 色

心理效果
2. 舒适与安全

　　作为空间的色彩，褐色被视为具有积极的作用，它是淳朴物质的颜色，如木头、毛皮、本色的羊毛。放有褐色家具、褐色地毯的房间虽然看起来比较窄，但这种局限性带来了安全感。褐色的房屋显得舒适，因为褐色代表理想的室内温度——它是温暖的色彩，却不会显得过热。

《教堂里的三个妇女》德国　莱伯尔
画面描绘了三个手持《圣经》默默祷告的农家妇女。画面细节精致，色彩效果既沉着又无比清澈。

《鳐鱼》法国 夏尔丹

画中描绘的静物不是有钱人家里豪华的明亮的金银器皿，而是普通人生活中常见的生活用具，他以真诚和朴素的心情来对待这些当时被大人物们认为是"低级的东西"。画中的死鱼是褐色的。

心理和象征效果

3．松脆、芳香与腐烂

　　褐色是让人感觉有强烈香味的色彩。煎鱼是褐色的，烘烤过的面包是褐色的。咖啡、啤酒和巧克力都是褐色的。褐色是烹调好的食物及精美食品的色彩，其口味的特征为既涩且苦，但并不过分到让人不舒服的地步。

　　褐色是象征营养丰富的色彩，如果让浅褐色的食品如白面包和面条的颜色变深，人们会感觉它们的卡路里含量也有所增加。在需要控制卡路里摄入的人看来，一个深色的蛋糕比浅色的更具危险性。外壳为褐色的鸡蛋，似乎也比白色的鸡蛋更有滋味一些。

　　不过褐色口味的效果依赖于与它组合在一起的色彩。褐色也是代表腐烂的色彩，因为腐烂的东西会变为褐色。代表不可食用与代表苦味的色彩非常相似，因为某些物品是有苦味还是不可食用，并不是色彩的问题，而是经验的问题。

舒适 (62):

褐色 44%
粉红色 11%
绿色 11%
黄色 9%
蓝色 9%
橙色 8%
红色 8%

褐色的房屋显得舒适,因为褐色代表理想的室内温度,却不会显得过热。

芳香 (11):

褐色 36%
橙色 26%
绿色 21%
红色 17%

褐色是让人感觉有强烈香味的色彩,咖啡、啤酒和巧克力都是褐色的。

平庸 (22):

褐色 39%
灰色 37%
白色 10%
银色 8%
蓝色 6%

红色、黄色、蓝色混合后产生褐色,在褐色里这些基本色彩的个性都不见了。

过时 (6):

褐色 45%
灰色 24%
紫色 11%
黑色 11%
金色 9%

二战后,晒黑的皮肤成为度假的证明,过时的颜色成了休闲社会的时尚色彩

色彩的性格
Wie Farben wirken

心理效果
4. 庸俗与平庸

红色、黄色、蓝色混合后产生褐色，此外大多的褐色色调还包含黑色，常常还有白色。但褐色并不是对这些供混合的色彩的提升，而是将它们平均化，它吸收了每个包含在褐色中色彩的特性，在褐色里这些基本色彩的个性都不见了。褐色是庸俗和平庸的色彩。

时尚杂志喜欢用的词语有"高贵的红色"、"高贵的黑色"甚至"高贵的灰色"，但没人会说"高贵的褐色"，人们认为它们之间的差别是显而易见的。

褐色是除灰色外代表中等、合适、无所谓以及无聊的色彩。"I'm browned off（brown 意思是"褐色"）"是一句美国俚语，意为极度无聊。

《暮色中赶羊归来的牧羊人》 法国 让－弗朗索瓦·米勒 约1857—1860 年
米勒是法国近代绘画史上最受人民爱戴的画家，他那纯朴亲切的艺术语言，尤其为广大法国农民喜爱。

传统效果

5. 穷人的褐色

褐色在中世纪时就已被视为最丑陋的色彩，贫困农民、雇工、佣人、乞丐的服装都是褐色的，因为褐色的衣服是未经染色的服装。印染后的衣服会漂亮一些，并且人们相信，色彩的力量能通过染色传到人身上，所以几乎所有的植物性和动物性的染料都被人们拿来当做药物服用。人们还相信，能带来表面力量的事物也能够加强内在的力量。未印染的衣服出自羊毛的下脚料，同时还有山羊、狍、兔子的毛纺成的线；此外还有本色的亚麻，为黄褐色，以及灰褐色的大麻。在色彩与权力密切相关的时代，未经印染的衣服显而易见是弱势群体的色彩。

最早的基督教修道士穿不染色的僧衣。当修士会统一僧衣的色彩时，褐色和灰色便成为这个立誓做"最贫者"的教团的色彩（参见"灰色"第10节）。弗朗西斯化募修道士就被人们称为"褐色修道士"，其教团创建者、托钵僧弗朗茨·冯·阿西西（Franz von Assisi）穿的仍是不染色的僧衣（参见图65）。自愿放弃色彩的力量使褐色成为基督教谦恭的象征色。

褐色作为丧服的颜色有几百年的历史，不过它只是个临时替代品。因为黑色比褐色面料贵，那些负担不起黑色服装的穷人在葬礼上穿深褐色。在一首民歌中参加葬礼的雇工这样说：

啊上帝，离别使人多么痛苦，
你应该知道，
我只是个穷雇工，
褐色是我将穿的衣裳。[1]

图65：中世纪褐色是穷人的色彩。因此褐色成为生活极其贫困的弗朗西斯派修道士教团的色彩。

传统效果
6. 文化人的蚤褐色

　　以纯色为美学典范的时期，也是纯色印染昂贵的时期。到了18世纪，有光泽色彩的印染已能让大多数人负担得起。此时对色彩价值的评判发生了改变，纯色被视为简单的色彩，色彩混合及明暗变化成为色彩的艺术。

　　洛可可风格喜好粉画的混合色，甚至褐色亦成为时尚的色彩。它自然不是仅仅两三种色彩调和在一起而形成的褐色；对此需要许多道工序，以造出闪光的色调（参见"粉红色"第10节）。

　　路易十四喜爱"深褐色（couleurs de puce）"——跳蚤的颜色。当时穿蚤褐色的人无疑是宫廷受欢迎的人，会受到人们的私下议论。让国王喜欢的东西，也会让所有的人喜欢——1779年的一本历书中描写了一位太太在给其他太太们展示一只死跳蚤时的心醉神迷："请看，各位太太，这只跳蚤的颜色！它是一种不是黑色的黑色，一种比褐色更丰富的褐色，但千真万确是一种珍贵的颜色……"[2] 蚤褐色有多种细微的差别，国王使用行家的知识——给这些色彩确定了名称："老跳蚤"、"小跳蚤"、"跳蚤背"、"跳蚤头"、"跳蚤腿"、"跳蚤腹部"、

褐 色

"跳蚤产卵口前的腹部"。[3]

继洛可可之后的古典主义时期把白色的古典艺术品视为美学的典范,但18世纪和19世纪所推崇的白色古典艺术是一个误解(参见"白色"第11节)。古希腊人和古罗马人所穿的服装原本为尽可能地鲜艳多彩;有光泽的红色服装在中世纪也同样被人们喜爱,只有那些受到歧视的人才穿褐色;罗马人称流氓无产者为"褐衣人(pullati)";未掌握色彩艺术的民族被视为野蛮人。古典的希腊罗马艺术品本来是彩色的——但1800年左右的人们并不了解这一点。

当时的情形正好相反,一切色彩均被视为野蛮。歌德曾刻画了他所处时代人们的色彩口味:"有文化的人们对色彩有一些反感。"[4] 他解释了这种反感的原因:那些被他称为"完全色彩"的鲜艳而纯净的色彩很难搭配在整体的服装中,"人们在使用这些'完全色彩'时确实非常受限制;相反那些所谓的不干净、毁人的时尚色彩则具有明暗、层次不一的无穷变化,其中大多数并非没有美感"[5]。

他列举的另外一个缺点是:妇女衣着鲜艳的色彩时必须化妆。"值得注意的还有,女人们在穿完全色彩时会面临一个危险,那就是使原本不十分红润的肤色更加黯淡;一旦她们需要与引人注目的周围环境保持平衡,她们就必须通过化妆来提升自己的肤色"[6]。

《畸形脚的乞丐》西班牙 里贝拉

画中描绘了一个残废儿童,手里拿的纸上写着:"看在上帝面上,给我施舍吧!"孩子的脸上是一种苦笑的表情,身上穿着褐色的衣服,更显可怜和无助。

297

色彩的性格
Wie Farben wirken

歌德式的对色彩鲜艳的服装的反感直至今天仍流行于德国（参见"灰色"第17节）。至20世纪初，当人们努力将德国控制其他民族的权欲从文化上加以证明时，这些"不干净、毁人"的色彩又被赋予了新的魅力。好斗的日耳曼人成为世界的榜样——甚至在时尚方面。日耳曼服装受到人们的模仿，经常有新的发明。淳朴的原料、淳朴的风格、淳朴的色彩，古朴、纯粹，这就是"真正的德国式"。中世纪色彩鲜艳的服装在此刻看上去像已失去权力的贵族：女里女气、娇弱、颓废。

古老的日耳曼名字也成为时尚：布鲁诺(Bruno)，即"褐色(der Braune)"，女孩子的名字多为布隆希尔德(Brunhilde)。

褐色在此时变成了美丽的色彩，不久以后褐色更成为纳粹的颜色。

《求爱》法国 特鲁瓦

在富丽堂皇的宫殿前，一位衣着华贵的绅士正向一位小姐求爱。画面用色丰富，并极为注重细部的描绘，处处传达着画中人物的尊贵身份。

这幅描写二战时期德国纳粹军队的油画，画中德国纳粹军队的服装是褐色的。

政治效果

7. 德国纳粹主义的色彩

当褐色被选为纳粹党的色彩时，希特勒并未参与——不过他后来表示了赞成。阿诺德·拉博（Arnold Rabbow）对此色彩选择的经过进行了调查研究："希特勒被关押在堡垒监狱期间，1924年，伦姆在与戈林及志愿军头目葛哈特·罗斯巴赫的萨尔茨堡会谈中提出了关于冲锋队制服的问题。罗斯巴赫指给他们看自己身上穿的黄褐色衬衫，伦姆当即表示：'这看上去很好！'戈林也点头赞许。在1925年2月27日这一天——德国纳粹党和冲锋队公开成立的日子，褐色正式成为两党的统一色彩。"[7]

拉博（Rabbow）提出的问题是，在此不寻常的制服颜色背后是否隐藏着对纳粹党打手队精神特质的潜意识的自我表现。他写道："冲锋队是否的确没有意识到，比如他们的冲锋之歌'我们是元首褐色的群众'会直接引起何种粗鲁有力的联想？"[8]

不过，除了这些心理学意义以外，不该忘记的是，褐色是当时男式服装普遍的颜色，褐色西服是日常服装，褐色普通，适应任何场合。选择这种颜色的心理效应在于，纳粹党的同情者很容易从视觉上适应此政党的统一制服。他们不需要添置不常见色彩的西服，日常西服再加上一件褐色衬衫就足够了。褐色衬衫同样是普通的服装，纳粹党的元首在确立制服颜色之前穿的就是它。

当1931年德国的布吕宁政府严禁各政治团体戴统一标志，穿统一制服时，这项禁令对于"褐色军营"来说却容易对付。因为当局总不能禁止人们穿褐色的日常西服，再说褐色的衬衫在适当的时候也容易遮盖。为此可以保证纳粹党员掩藏在人群中不被发现。正如拉博所描述的那样，有些纳粹党的成员参加集会时"像莽汉般慷慨激昂地裸露着胸脯，让观者追忆起那里应该是褐色衬衫的位置"[9]。

褐色是纳粹主义所有理想的化身。它是保守、男性、权力及残忍的色彩。

> 象征效果
> ## 8. 愚蠢的色彩

　　褐色是代表愚蠢的色彩,可以理解,它的这个象征意义是作为最丑陋色彩无法掩饰的特征所赋予的。

> 心理效果和象征效果
> ## 9. 暂时的铜锈

　　在自然界褐色是枯萎死去的色彩,褐色是秋天的色彩。

　　在代表年老和年龄的很容易区分的色彩中,我们可以看出人们联想的细微差别。对于年龄和年老的概念人们会想到人的年龄,所以灰色占主要比例。对于年老这个概念人们更多地联想到事物衰老的过程:面料和纸张发黄褪色,最终变为褐色。木头和毛皮的褐色色调越来越深。

　　灰色是所有死亡事物的灰烬。褐色则是暂时的铜锈。

褐色

传统效果

10. 隐秘的情人

深褐色是榛子的色彩
深褐色也是我的色彩,
深褐色也是我的姑娘的色彩
正好,正好与我一样。

……一位深褐色的女孩,一位年轻的男孩,
他们如此小心地聚在一起,
如同人们把狼放进了羊圈。[10]

"褐色的小姑娘"是古老的民歌和诗歌里吟唱的人物。她有时是"深褐色",有时是"坚果的褐色"。虽然褐色是我们头发最常见的颜色,但歌里所说的并非是褐发姑娘,而是指让阳光晒成褐色的农村女孩。"褐色姑娘"是需要干活的姑娘,而这在过去显然表示她是个穷人,高贵的小姐会保护她苍白的肤色,特别需要保护的是白晰的双手,不让它们受到任何劳动的玷污。太阳伞、帽子、面纱都是保护肤色的手段,太太们则会一直戴着手套。

阳光晒成的褐色是穷困的一个标志,这一点同样适用于男性。在一首诗中,一位姑娘被问道她是否只期待富有的男性,而忘了爱慕她的贫穷的

《吻》米兰 海耶兹 1859 年
画中描绘了一对恋人热吻的情景,画中的男青年穿着褐色的衣服。

色彩的性格
Wie Farben wirken

小伙子——渔夫的儿子：

"你如此期盼贵族的儿子
而忘记渔夫的儿子？"
"但他确实又穷又黑（褐色）。"[11]

在古老的象征意义里褐色是女性的色彩，它是大地母亲的颜色，代表肥沃的色彩。在古德语中阴性的"褐色"寓意着女性的阴部及阴道，它的意思还包括褐色果实，比如无花果和李子。（虽然李子是紫色的，但在从前暗紫色也被描述为褐色。所以在古老的抒情诗中有"褐色的夜晚"和"褐色的紫罗兰"这样的字眼。）过去被称为褐莓的黑莓，在德国的民歌中起着和玫瑰花蕾同样的作用。如果说一个男性"采摘了一个黑莓"，就意味着他夺去了一个姑娘的童贞。人们也会称之为"折下一朵玫瑰"。[12]

在情诗的色彩象征意义中，褐色意味着"爱情中的束缚"。但它不是以红色为象征色的正大光明的爱情；褐色适用于与身份不符的、缄默的爱情。一首具有耐人寻味名字的歌曲《一位伯爵与一个女仆的游戏》中唱道：

别哭，褐色姑娘，
对于你的贞操我会付酬。
我将赐给你我的马夫，
还有三百塔勒①。[13]

直到今天褐色仍常常被列为不忠实的色彩，民歌中深褐色的姑娘指喜欢私通的轻佻的女性。在关于深褐色姑娘的民歌中很少涉及道德，更多涉及的是社会地位。穷人——褐色人——在过去不能结婚，因为允许结婚的前提是必须证明自己有养家糊口的能力。对于农民和佣人而言，体面的家庭生活是遥不可及的田园牧歌。他们没有自己的房子，结婚是富人的事情。穷人不需要继承人，可他们仍然会有孩子。

① 德国旧银币。——译者注

褐色

如果我们读到那时的男性送给他的隐秘情人一枚褐色石头的戒指,这不仅说明了褐色作为缄默色彩的象征意义,主要还说明了金钱上的关系:红褐色是石榴石,一种次等宝石的色彩,它在从前非常廉价,人们从不用金子镶嵌它。古老的石榴石装饰品——典型的农妇的装饰品,只用银或黄铜镶嵌。更便宜的是黄褐色至暗褐色的琥珀。褐色姑娘不可能指望从自己的情人那里得到贵重的新娘礼物。

褐色姑娘脱下你的衣衫,
躺到我的身边来,
我将告诉你我能够做什么。[14]

《拾穗者》法国 米勒
画面的背景是堆成小山似的麦垛和骑着马监督农民干活的主人,丰收的背景与前景中三个辛劳的农妇形成鲜明的对比。

文化效果

11．过时的颜色成为休闲社会的时尚色彩

直到第二次世界大战之后，晒成褐色的皮肤才成为所有北方工业国家的美丽的标准。当时的大多数人口在工厂和办公室里工作，晒黑的肤色便成为有在南方国家度假的能力的证明。当人们普遍负担得起度假旅游时，它又成为一种地位的象征，意味着不仅仅只在夏季能让肤色变黑，人们以这种肤色来显示自己能够在欧洲以外的国家旅行。后来远地旅行的价格变得很便宜，并且太阳椅上照出的人造褐色使得晒出的褐色最终失去了象征地位的特性。褐色皮肤的时尚持续了几年后情况开始发生变化，主要由于失业率的增长而休闲的价值随之降低，肤色没有变为褐色，在此时意味着有工作可做。人们又推出了美丽的新标准：20世纪70年代的太阳油广告把深褐色誉为理想的肤色，现在广告里宣传的是柔和的褐色及防晒用品。

日晒的褐色是美丽的标志解释了为什么褐色作为服装的颜色如此招人喜爱，虽然它被人们列为不讨人喜欢的色彩，甚至是过时的色彩：晒成褐色并穿褐色

褐 色

衣服的人，看起来皮肤的褐色更深。衣服的颜色决定着人们对皮肤颜色的印象。皮肤的颜色是包括所有色彩的混合色：白色、红色、黄色、蓝色和黑色。几乎没有一种色彩像皮肤特有的颜色那么难混合，它取决于最细微的差别。每一种色彩的效果都与它周围的色彩息息相关，所占面积最大的色彩对其效果起决定作用。一件毛衣、一件上衣、一件衬衫的色彩所占的面积大于面部。服装的主色彩将强调肤色中相应的色彩（参见图63及图64）。

一件红色毛衣使发红的面色显得更红；一件蓝色毛衣则可以减弱对红皮肤的印象。

面色苍白又穿白色衣服的人，看起来会更苍白。白色虽然给晒黑的皮肤提供了强烈的色彩对比，但会让肤色浅一些。相反一件黑色的衣服会加深晒黑的肤色。所以在晒黑是人们的理想的年代，黑色成为了夏季的颜色。

在选择合适的色彩时，调整肤色比调谐发色重要得多。红发的人应该穿绿色的著名建议产生于红发被视为丑陋的年代，绿色的服装能让红头发显得褐色一些。现代因为许多女性把头发染成了红色，便没有理由让红发的效果通过服装的色彩再予以减弱。对于红发、肤色为浅褐色的人，红色比绿色更合适，因为穿绿色衣服会使浅褐色的肤色显得不健康。[15]

人们不喜欢用黄色作为服装的色彩，因为黄皮肤看起来不美，不管怎样，欧洲人是这么想的。粉红色是最接近肤色的颜色，色调发红的粉红色让皮肤显得比较红润，相反，发蓝的粉红色却使面色过于发红。这种古典的女性色彩是用于未晒成褐色的皮肤的最佳色彩。

在此意义上，正如晒黑的皮肤不再流行，深色的服装色彩也将不再流行。对苍白皮肤的效果起调谐作用的色彩将再度成为时尚。

图63与图64：褐色的服装强调了晒成棕色的皮肤。穿浅色衣服的人面色显得较为苍白。

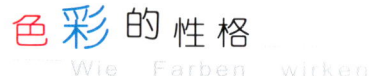

心理效果和象征效果
12. 创造性的褐色

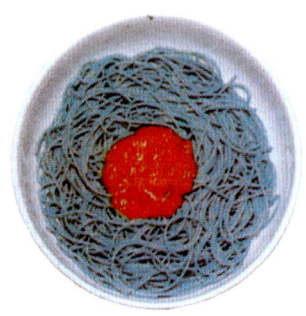 

图67与图68：创造性的着色在食品中很难让人接受。没人喜欢蓝色的意大利细面条或者红绿色的花纹蛋糕。

褐色塑料花盆的外观像陶土盆，褐色的塑料鞋跟像皮质鞋跟，印有条纹的褐色塑料小箱子像木制的首饰盒；所有木制品中的塑料薄膜用以提高薄木板的身价；香烟上褐色的过滤嘴让人产生软木塞的错觉；仿效各种毛皮的各种色调的人造革。——在人们需要将廉价物品表现得充满价值的地方，此类伪装的褐色触目皆是。

但是到了今天，将塑料伪装成天然材料却不能蒙蔽任何人，伪天然的物品不再给人以美丽的感觉。因此，对于塑料制品不应掩饰，而应使之统一的美感，才是有意义的。比如用白色、黄色、蓝色等与花的颜色相衬的色彩代替褐色的假陶盆，将会更漂亮一些；不用假的皮鞋跟，让塑料鞋跟使用与鞋同一的色彩，将会显得精巧一些；不刻意模仿木制材料，而是充分体现塑料的色彩自由度，将会有妙趣横生的效果。仿柚木的壁柜看起来笨重结实——如果印上云彩它便有轻盈而独特的效果。

只有很少的艺术构思会把较为贵重的材料照木头改制，让它的外观接近木制：在洛可可时代，曾出过一个特别的笑话，瓷器贵如黄金，而某人将杯子把手和盖碗的外形和颜色制成木头的样子，瓷盘的涂色像简朴的木头，为了逼真还画有木材的节孔。如果将书桌的大理石板的着色也照此处理，对于今天附庸风雅的人也许有特别的吸引力？

褐 色

许多食品是褐色的；对食品中不常见色彩的厌恶早已得到了证明，没人愿意吃做成绿色和红色的花纹蛋糕（参见图68）。

图69展示了新的着色所带来的令人惊异的效果：10马克纸币做成褐色便被人们自然而然地当成50马克的纸币。

许多褐色动物有着个性的外观，它们一旦被施以独特的着色便可成为让人印象深刻的商标和公司图章：绿色的兔子、绿色的鹿、绿色的骆驼、绿色的松鼠。

还有一些不是褐色但可设计为褐色的事物：医用绷带的色彩包括"自然"的肤色——粉红、米白。但是没有褐色的绷带——皮肤颜色深的人的自然肤色。

注 释

[1] 玛斯尼（Massny）:《古老德国民歌中的惯用语"褐色的少女"》，56页。

[2] 艾德蒙德和尤勒斯·德·刚括特（Edmond & Jules de Goncourt），505页。

[3] 同上，338页。

[4] 歌德:《色彩规则》，841节。

[5] 同上，845节。

[6] 同上，846节。

[7][8][9] 拉博:《政治象征词典》，词目"褐色（Braun）"。

[10] 玛斯尼，61页。

[11] 格里姆编著的《德语词典》，词目"褐色（Braun）"，324栏。

[12] 玛斯尼:《古老德国民歌中的惯用语"褐色的少女"》，57页。

[13][14] 同上，59页。

[15] 杰克森（Jackson）关于最佳服装色彩的体系是选择与肤色相配的服装色彩，而不是像通常那样与头发的颜色相配。参见杰克森编著的《色彩使我美丽》。

灰色

中等、无聊与理论

玛瑙灰·铅灰色·无烟煤的灰色·灰烬的灰色·沥青灰·牡蛎灰·玄武岩灰·米灰色·混凝土灰色·蓝灰色·铅灰色·褐灰色·朦胧的灰色·深灰色·铁灰色·大象的灰色·灰白色·军灰色·法兰绒灰·黄灰色·雷雨的灰色·石墨灰色·灰绿色·浅灰色·冷灰色·黄卡其灰色·砾石灰·封泥的灰色·焦炭的灰色·像死人般苍白·淡灰色·罗登绒呢灰·鼹鼠的灰色·鼠灰色·金属灰·中度灰色·雾灰色·中性的灰色·橄榄灰·粉画灰色·佩恩灰色·珍珠灰·铂灰色·水晶灰·烟灰色·沙灰色·砖灰色·脏灰色·深褐灰色·银灰色·钢灰色·灰土的灰色·石灰色·灰褐色·深灰色·灰赭色·灰紫色·暖灰色·白灰色·狼的灰色·柔灰色·水泥灰色

没有**个性**的色彩

3%的男性称灰色是他们喜欢的色彩，10%的男性列它为不喜欢的色彩。女性中有7%根本不喜欢灰色，女性中没人将灰色列为喜欢的色彩。

灰色是没有个性的色彩，在灰色中完美的白色受到了玷污，黑色的力量被破坏。灰色并非金色的中庸之道，而只是代表中等。

每种与白色或者与黑色混合的色彩都会变得混沌。白色与黑色混合后得到的是最混沌的色彩。世界上有蓝灰色、绿灰色、紫色调及黄色调的灰色——但从来没有发光、闪亮的灰色。

灰色被抽象为代表一切混沌情感的色彩：从忧虑直至无聊。灰色是顺从的颜色——无论它看起来是浅色还是深色，它依赖于周围的色彩多于信赖本为混合色的灰色自身。灰色的典型特点是它的不自信。图82展示了处于中心位置的相同的灰色调，其色彩印象随着周围色彩的不同而发生强烈的变化。

在进行色彩感觉的调查中，被调查者面对色彩模板所产生的困惑也清楚地反映了灰色的善变性。例如在询问混沌的情感应为何种色彩，而色彩模板上只有一种简单的

灰 色

灰色时，许多被调查者没有选择原本认定的灰色而选择了黑色或深蓝色。

如果在一项问卷调查中需要出示色彩模板，则必须就每种色彩提供不同的色差——从理论上来说，进行两百个概念的调查时，有必要就每种色彩提供两百个色差。在与被调查者的讨论中也发现，他们每个人在面对"年龄"、"中等"、"无聊"这些概念时都会联想到不同的灰色色调。不过就一个概念所联想到的色彩而言，灰色的色差在效果上造成的差别小于其他色彩所产生的影响。灰色与黄色的组合（如代表"不自信"的色彩）相对于灰色与褐色的组合（如代表"无聊"的色彩）或者灰色与蓝色的组合（如代表"深思熟虑"的色彩）有着完全不同的效果。

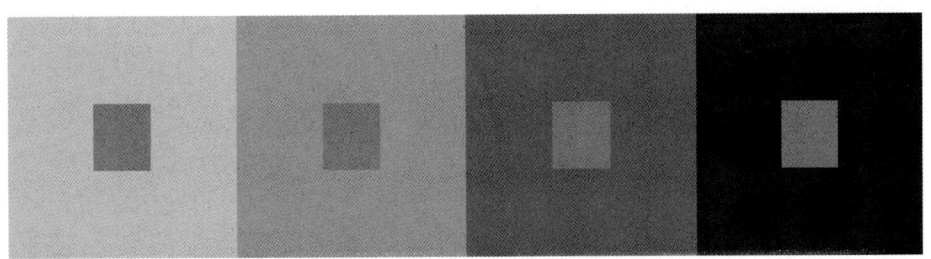

图82：矛盾的灰色。处于中心位置的相同的灰色调随着周围的色彩的不同而变化。

色彩的性格
Wie Farben wirken

象征效果
1. 所有混沌的情感

《逐出乐园》意大利 马萨乔
画面上,因偷食禁果而被上帝放逐的亚当和夏娃正含羞掩面迈出天堂的门槛。

在歌德的悲剧中,四个"灰色女人"去拜访经历一切却仍不愿死去的老浮士德,这四个"灰色女人"要把他驱向死亡——她们是:"忧虑"、"缺陷"、"过失"、"困苦"。

灰色是代表毁掉生命欢乐的一切不幸的色彩。忧虑的人,脸色是惨淡的,有时甚至一夜便灰白了头发。俗语"别让你长出灰头发"的意思就是"你别担心",这句话和所有关于无休无止的思虑的常用语一样具有世界性。

美国人所说的"Gray areas(灰色地区)"指失业率特别高的地区。

灰色是一种微弱的色彩,象征默默的痛苦。现代的葬礼上只有死者最亲近的家庭成员穿黑色;与死者关系不那么亲近的人,参加悼念时穿灰色。

灰色叶子的植物被视为悲哀的象征,迷迭香组成的花束和花环在过去是典型的坟墓装饰品。在中世纪的花语中,迷迭香意味着"被欺骗的爱情",柳木因其灰色的树叶也有这种意义。[1]

无聊（98）：

灰色 53%
褐色 28%
黑色 11%
粉红色 8%

孤独（36）：

灰色 38%
黑色 23%
白色 19%
紫色 7%
蓝色 7%
褐色 6%

不友好（167）：

灰色 34%
黑色 25%
褐色 20%
黄色 9%
绿色 7%
橙色 5%

拒绝（1）：

黑色 23%
灰色 21%
褐色 17%
紫色 9%
橙色 9%
银色 8%
绿色 7%
黄色 6%

不自信（174）：

灰色 26%
黄色 17%
粉红色 14%
紫色 14%
褐色 13%
白色 9%
橙色 7%

内向（86）：

黑色 21%
灰色 19%
紫色 18%
褐色 13%
白色 8%
蓝色 8%
黄色 7%
粉红色 6%

不显眼、不自信、沉默寡言是灰色的特性，它象征一种无情感的精神状态，至少是难以接近的感觉。

色彩 的 性格
Wie Farben wirken

> **心理效果和象征效果**
> ## 2. 不友好的色彩

雨、雾、十一月份无雪的寒冷都与灰色有关。心情依赖于天气的人容易在雨天被灰色雨衣、灰色雨伞加重其不良情绪,在灰色的日子里他们穿灰色衣服外出。现在,虽然人们愿意在冬天穿白色衣服,夏天穿黑色衣服,但灰色仍是坏天气时的一种色彩。如果一件夏季的衣服用灰色则显得矛盾。

"灰色时期"的转义在今天仍然被人们使用着;"灰色的工作日"即使在阳光灿烂的日子也显得混沌和无聊。

不友好天气的颜色被普遍化为不友好的色彩,给人以拒绝、有棱角及冷的感觉。

就象征意义而言,与灰色最为对立的是代表生命欢乐的橙色:灰色、橙色如果组合在一起,会让人感觉不恰当;没有任何概念能表现出这种色调。

《大洪水》
意大利 米开朗基罗

尽管是神话,画家只着意于一个与人们的现实易于联系的主题思想,即自然灾祸中的人际关系。

象征效果

3. 不被喜爱的品德，理论的色彩

准时是一种不被喜爱的品德，它的象征色泄露了这一点。灰色在此处通过与科学性的蓝色相组合而提高了其价值，功能性和客观性正是这样的优点，它们虽然值得尊敬，但并不可爱。灰色是代表中性的第二种色彩，灰色也是最常让人联想到"官僚政治"的色彩。

深思熟虑的色彩即理论的色彩，在灰色的大脑物质中盘踞着理智。阿加莎·克里斯蒂笔下的何丘·波洛从不相信那些经过精心策划的表面现象，而是依靠他的"灰色小细胞"。理论大多是不被人喜爱的教义，所以恶魔梅菲斯托对天真的大学生瓦格纳所说的话才经常被人引用：

> 灰色，昂贵的朋友，是一切的理论
> 生命的绿色是金色的树

不过灰色代表"理论"与"深思熟虑"是这种色彩唯一的正面意义。自然在此和灰色一起出现的还有白色和蓝色这两种积极的色彩，它与白色所代表的正面意义还有客观性、功能性和中性。

如果白色空缺，灰色与深颜色组合，则色彩的效果又将转向其对立面。与不讨人喜欢的褐色组合，灰色表现为其最负面的意义：代表愚蠢和懒惰。

《圣伊拉斯谟与莫里斯的会晤》德国 格吕内瓦尔德
画家把两位对宗教改革持不同态度的人安排在一起，人物表情、动作夸张，色彩浓艳，画幅里透出幽默感。

> 象征效果

4. 可怕、恐怖和残忍

从语言上的相近我们可以发现：灰色（Grau）即恐惧（Grauen）、残暴（Grausen）；古语中"令人憎恶的人（greulicher）"指"恐怖的人（gräuβlicher）"或"可怕的人（gräβlicher）"；人们"害怕（grault）""令人恐惧的事物（Grauenhaften）"。

《格尔尼卡》 西班牙 毕加索

毕加索采用分解立体构成法。仅用黑、白、灰三色来画成这幅大作。全画调子阴郁,情景恐怖,充满着悲剧气氛。

这些形象都来自阴曹地府——"恐惧(Grauen)"的具体意义,它们唤起对恐惧的感受。

正如其他色彩一样,人们的感受因灰色的出现而遭破坏;所以"灰色(Grau)"是"残忍的(grausam)"。

色彩 的 性格
Wie Farben wirken

心理效果

5. 感情贫乏或者内向——或者色盲？

《苦艾酒》 法国 德加 1875—1876年

画中人物在咖啡馆的露台上喝酒，两个人都沉默无语。这幅画被保守主义画家瓦尔特·柯兰恩批评是提倡腐化堕落的行为。

不显眼、不自信、沉默寡言是灰色的特性，它象征一种无情感的精神状态，至少是难以接近的感觉。

3%的男性把灰色列为喜爱的色彩，这说明了什么？当然可以说选择灰色作为喜爱色彩的人个性灰暗、内向甚至"残忍"。不过在分析一个人的性格之前，应该先分析他所处的情形。

某人可以因为哀伤而选择灰色。在哀悼的日子里人们不会选彩色为喜爱的色彩。此时灰色是哀伤而非性格的表达。

同样有可能的是，选择灰色为喜爱的色彩意味着被调查者是色盲。大约5%的人口是色盲，完全色盲和只能分清色彩的明暗层次的人非常少，最常见的是红绿色盲。受遗传制约，此种类型的色彩视觉缺失症只出现在男性身上。红绿色盲可以很好地区分黄色与蓝色，但是绿色和红色在他们的视觉里是同类的褐、灰色调。

尽管如此，色盲仍然可以通过对色彩的语言学习掌握红色与绿色事物的区

灰 色

别，他们所学的知识对应用起决定作用：红绿色盲会认识到一滴血肯定是红色的而草是绿色的。一片红色的人造草坪却不会让色盲的人感到惊讶，因为他不可能注意到。看交通指示灯时色盲也不会感到困难：红灯比绿灯颜色浅，并且红灯总在绿灯上方。对他们来说困难的是，当某些东西可能是红色也可能是绿色而又没有额外的信息提供给他们的时候。许多红绿色盲讲述，在他们还不知道自己患有色彩视觉缺失症的时候，会因为在采草莓时将未成熟的绿草莓也摘下来而遭到嘲笑和责骂。

将灰色列为喜爱的色彩，自然还可能存在心理上的原因。一次有关精神分析的色彩测试能够揭示这些真正的原因吗？

《筛麦女子》法国 库尔贝
年轻姑娘的劳作引人同情，但其优美的姿势则显示了生命自然的美丽。

心理效果

6. 人们如何看待有关精神分析的色彩测试？

现在人们发明了一些色彩测试，可以通过个人对色彩的喜好来分析人的个性。

最著名的色彩测试为吕舍测试。瑞士心理学家马可斯·吕舍首次于1948年公布了这一测试。此测试由蓝、红、绿、黄、紫、灰、褐、黑等不同颜色的八张小卡片组成，要求人们按照个人喜好给这八张色彩卡片排列顺序，即告完成。吕舍写道："此测试对人们很有吸引力，所需时间不长，而且被测试人没有意识到'为什么他们对色彩的选择会让自己有所暴露'。也许当他们知道此测试如何具有揭示性时，他们就会修正自己的看法。"[2]

灰色

吕舍承诺说，使用此测试可以揭示被测试者个性中隐藏的结构并发现其职业方面的才能，当然也包括犯罪倾向；医生可以利用它及早确诊从心脏病到胃痛的各种病情；此外，此测试还能够对婚姻专家和教育家的咨询工作，自然还包括对人事经理正确选拔人员均有所帮助。[3] 这种如此简单而又如此具有揭露性的测试到底有何神奇之处呢？吕舍提供的八种色彩中的每一种各象征着一个情感范畴，情感与色彩之间的互相归属符合传统的色彩象征意义：

红色：象征活力、动力、激情。
蓝色：和谐、满意。
绿色：执行能力、坚持。
黄色：乐观、追求向上。
紫色：关心自我、虚荣。
褐色：肉体的需求、感官性及舒适。
灰色：中性。
黑色：负面、反抗。

八种色彩按喜欢到不喜欢的顺序排列，然后划分到四个意义类别里，色彩排列的象征意义如下：

第一位和第二位的色彩象征被测试人的生活目标；
第三位和第四位的色彩象征当时的生活状况；
第五位和第六位的色彩象征潜在的、当前被压抑的倾向；
第七位和第八位的色彩象征完全被否定的感受。

相对于这些意义的类别，每种色彩的解释会发生变化：蓝色处于第一或第二位时象征对和谐的追求；蓝色在第三或第四位时象征已经达到满意与和谐的状态；蓝色在第五或第六位时象征向往和谐的愿望，这种愿望被认为在目前的状况下尚不可能实现；蓝色在第七或第八位时象征着向往和谐的愿望完全受到抑制。

红色处于第一或第二位时象征追求活力的愿望；红色在第三或第四位时象

色彩的性格
Wie Farben wirken

征有活力的生命阶段；红色在第五或第六位时象征活力受到压制及呆滞的状态；红色在第七或第八位时意味着每一丝活力均遭到否定，这可以解释为过度兴奋或懒惰。

绿色处于第一或第二位时象征追求自我主张的愿望；绿色在第三或第四位时象征自我主张的愿望已实现；绿色在第五或第六位时象征使自己顺应他人的必要性；绿色在第七或第八位时象征着自我主张的反面，即不如愿的依赖性。

黄色的意义同样依次变化：从乐观的生活感受直至对失望的恐惧。

红色、蓝色、绿色、黄色是具有积极的基本意义的色彩。具有消极基本意义的色彩为黑色、灰色、褐色还有紫色，对于它们的评估以相反的方向变化。

黑色处于第一或第二位时象征对所有价值的否定及进攻性；黑色在第三或第四位时象征自私的态度；当黑色处在第五或第六位时，给予它的评价是正面的，因为其负面受到了被测试人的否定，黑色在此意味着准备顺应；黑色排列在第七或第八位时，意味着对所有进攻性的拒绝及约束。

至于紫色——虚荣的色彩，从正面到负面的评价同样依次变化：在第一或第二位时它象征强烈的自我中心意识，在第三或第四位时为敏感性。在第五或第六位时紫色是正面的：个人范围内的感觉能力。当紫色被列为最后一种色彩时，象征着未实现的完美想象。

褐色作为喜爱的色彩时：满足肉体需求的愿望。褐色作为最不喜欢的色彩时：拒绝一切肉欲。褐色在第五和第六位时是正面的，此处象征着正确处理肉体的需求。

灰色作为喜爱的色彩象征针对他人的明确的自我保护。排在第五和第六位时，也就意味着被测试人否定灰色，其评价为正面：此处灰色象征与他人建立联系的意图。

吕舍测试就是按照这种格式建构的，它在20世纪50—70年代非常流行。但是科学的心理学从一开始就对这类色彩测试持怀疑态度，今天它们更是受到了完全的否定。

否定的理由：针对吕舍测试可以提出特别批评的是，其色彩需要成对地评估。虽然喜爱的色彩能够表达有关个性的许多内容，但是按照上述格式，把红

《克罗莱园》荷兰 梵高

这幅作品再次显示了色彩的和谐——前景呈赭石和橘黄色,中景穿插着几簇绿色矮树丛和一片金黄色的田野,远处露出青山蓝天。黄色田野中,蓝色的手推车和红色的铧犁格外醒目。

色列为喜爱的色彩、紫色列在第二位的人,与喜爱色彩为紫色、红色列在第二位的人必须有相同的性格。因为色彩是成对被解释的,吕舍测试在此并没有提供区别。

  人们还可以挑剔说:依据吕舍测试理论,只存在很少不同的性格、生活目标和生活状态,因为绝大多数接受测试的人都会选择蓝色、红色、绿色作为最喜爱的色彩,选黑色、褐色、和灰色为最不喜欢的色彩。对于千变万化的个体而言,供回旋的空间实在太小。

《自画像》德国 丢勒

画面上丢勒扮成一个举止潇洒、受人爱慕的青年骑士模样,这是德国当时最时髦的青年装束。

灰色

科学心理学也对吕舍测试提出了批评：其结论性解释如此含糊其辞，让人在模棱两可的解释面前无法做出判断。

例如蓝色——它象征和谐、满意。人人皆愿意享有和谐，没人希望自己的生活充满烦恼和忧虑。但是每个人在某一个时期会对某一个范围感到满意——在个人生活上更和谐或者在职业领域内更和谐或者对自己更满意。所谓的结论"此被测试人追求更多的和谐"符合每个人的情况。那些不喜欢蓝色的少数人被注解为"具有对依赖性的恐惧"——这也是一个适用于任何人的解释。此类含义不明确的解释为科学性测试所不允许，因为不存在证明其对立面的可能性。

红色意味着活力，红色是一种受人欢迎的色彩。每个人都同意这样一个测试结果，那就是人们希望过有活力的生活，因为生命本身意味着活力。但被测试人究竟在哪个范围将会有活力，此色彩选择却没能明示。

吕舍测试的结果只能通过被测试者的解释才能让人理解，试图单独阐述此项测试的人，肯定会遇到重重困难。自愿和一个同伴进行此项测试的人很快会注意到一个问题：其模棱两可的说明不知如何具体化。大多时候的结果是：两个人虽然都追求和谐，但对如何实现和谐有不同的设想。

而且，如果人们不愿意做此项测试呢？假定某人在应聘面试时必须参加色彩测试，他会持何种态度呢？自然他可以拒绝接受测试，但这在求职的情况下是没有成功希望的策略。其实对此类测试的恐惧同样不必要，只要了解了其测评理论，就不会做出错误的选择。

比专注于色彩更为重要的首先是选择时所采取的态度：有些人需要很久的时间才能选出一种排列顺序，然后他们又多次翻来覆去考虑自己的选择，最终还是不能肯定是否做出了正确的决定。显而易见，持此态度的人不适合需要快速做出决定的职位。"忧心忡忡、犹疑不决"将是对这类人的评价——它同样适合于那些即使最终选择了某种排列顺序的人。

如果测试人员询问被测试者是否还能设想另外一个顺序排列，被测试者应该在短暂的思索后将两张挨在一起的卡片进行互相调换。这说明了有合作精神，而且不会对测试结果产生任何不利影响，因为起决定作用的还是对色彩选择的

色彩的性格
Wie Farben wirken

评论。

　　大多数人会主动评论自己所选择的色彩，没有这么做的人也会被问到他对这些所选的色彩有何感受。选择的色彩顺序为蓝—红—绿—黄—黑的人大概会这么评论："看到蓝色我会想到蓝色的远方、假期……看到红色会想到爱情……看见绿色我会想到打高尔夫球和散步……看见黄色会想到太阳、沙滩……看见黑色会想到睡觉。"——这些联想显示了他的意识里没有太多对工作的想法。在求职时选择同样的色彩顺序的人如果这么评论将会获得更多的机会："看见蓝色我想到信任、专心致志……红色会让我想到活力、能量……看见黄色我会想到乐观，它使人们有完成任务的信心……绿色让我想到工作后的放松……看见黑色我会想到黑色数字[①]。"

　　对于每种色彩的选择都有正面和负面的评说根据，黄色可以被赞美为乐观的色彩，但也可以因为它刺眼而加以否定，人们还可以因为黄色象征嫉妒而不喜欢它。不过被测试者不应列举过多的负面的性格特征——它们很容易使人联想到一个人自身。人们在看到黄色时会联想到胆囊疾病，这经常给人留下不好的印象。被测试者可以将黄色与金钱联系在一起，这有时能给人以好印象。

　　吕舍认为每种色彩均可得到其正面意义的最佳顺序为：蓝—红—绿—黄—紫—灰—褐—黑。

　　但其实选择哪种色彩顺序并不重要，关键在于对它的解释。掌握色彩象征意义的人总能找到最佳的解释。此项测试与色彩究竟有多大关系，吕舍令人吃惊的说明透露了其中的端倪：此项测试甚至适用于色盲。[4]

　　关于选择颜色的色彩测试还有很多。1961年发布的"弗里林测试"试图用23种色彩的小卡片揭示人的性格和命运。此测试需要人们将选出的色彩富有感情地组合在一起，一次在浅色底面上，一次在深色底面上。被测试者不必用到每种色彩并可以多次选择同一种色彩。可以自由选择色彩的此类测试吕舍也设

---
① 指赢利。——译者注

《柯里乌尔的山》法国 德朗
德朗创造性地运用了新印象主义的经验，他用画笔尽情抒发了天空、海水、阳光带给他的喜悦之情。

计过，即"临床吕舍测试"（1948年），它提供了25种色彩用于不同的组合，针对每一次选择，被测试者需做43种组合。

所有的色彩测试都按照同样的标准进行解释：被测试者在做选择时态度如何？犹豫不决？泰然处之？做完一个选择后再反复考虑？在有多种色彩的测试中，人们所关心的并非色彩的排列顺序，而是关于选择的阐述：被测试者为什么不使用蓝色？为什么使用许多灰色？等等。被测试者的解释又成为判断的基本根据。

《弄蛇的女郎》 法国 亨利·卢梭

这片有线条的森林，加上水面激起的涟漪曲线，织成一片幽雅的旋律。照在树林及水面的月光效果，在整个构图和气氛上，都造成了如梦一般的感觉。

对每个色彩测试均适用下列方法：在对有关性格的色彩选择（及其评论）做出某个结论之前，必须先分析测试的情形，因为对许多人——主要是将灰色列为喜爱色彩的人来说，测试情形比任何性格特征对色彩选择的影响都大。

分析测试情形，也就是要明白：所做测试有何种结果？它决定着人们是自愿还是非自愿参加一项测试。更重要的问题是：谁来阐述测试结果？还有

灰色

最重要的问题：为何做此项测试？它是可以在私人圈子里和朋友探讨的特别的见解，还是一个给自己罩上精神分析学家圣环的陌生人的狭义理解？他的分析阐述对职业前途起决定作用吗？每个参加测试的人都会期待测试给自己所下的结论——对"精神分析学家"抱有敬畏的人，也许在知道了下述情况后心情会安宁一些：任何人都可以随意套用"心理学家"这个头衔，它不需要任何学院的结业证书，甚至不需要经过任何学习。从高等院校毕业的心理学学士几十年来一直做着徒劳的努力，试图阻止那些自封的心理学家使用其让人误解的职业称呼。

测试情形将有哪些影响，我们在本书的调查结果与吕舍测试结果的对比中可以看到。在本书进行的自愿及匿名调查中，有3%的人将灰色列为喜爱的色彩——在吕舍的测试中却有15%的人将灰色排在第一位或第二位上！[5] 这是因为灰色象征着被测试者对测试情形感到不安。大多数人在参加非自愿的测试时倾向于掩饰自己的感受，但并非所有的感受——人们主要掩饰的是自己对测试的反感。这种反感在那些不相信色彩测试的人身上表现得尤其强烈。

对于每个被测试者最棘手的情形是对测试人员的厌恶，但出于礼貌和聪明不允许将这种感受表现出来。几乎没有一个测试人员具有如此的自我批评的态度，能够坦率接受自己被人讨厌的事实——他们更乐意去猜测被测试者在性格上的缺陷。

但即使有人不相信色彩测试并想破坏一项测试的效果，也不应该将灰色列为最喜爱的色彩。因为这样做的结果是会被直接追问："您为什么要有意隐瞒您的感受呢？"——正是这种强加于人的想法诱发了这种感受。然后被责问者会因辩解而提出询问，测试人员则据此发布诊断——此破坏性的意图将额外被作为负面性格记录在案，而且表现出不相信色彩测试的人将永远得不到正面的评价，因为主持色彩测试的人员相信它。

在一项色彩测试中隐讳自己的感受是没有必要的，因为通过一项色彩测试来暴露人们的恐惧本身就是不必要的。一项色彩测试所表现的只应该是：接受测试的人对色彩的象征意义了解多少。每个人都可以按照自己的兴趣来利用其知识。

色彩的性格
Wie Farben wirken

心理效果和象征效果
7. 年龄与年老

年老会让人联想到灰色,世界各地都是如此。其根据显而易见:不管金发还是黑发,上了年纪后都会变成灰发。

"享有名誉的灰白头发"在从前意味着一生品行端正。今天这句俗语指那些不愿将灰白头发染色的人。至少灰色的两鬓还具有吸引力,不过它只对男性有效。"灰白头发总比没头发强",中年人常用这句话安慰自己。

摩西曾发布命令:"在一个灰白的脑袋面前你应起立并向这位老人致敬。"灰色与经验、威望、智慧同义。随着青年日益对文化起着决定作用,这种联想逐渐消失了。"灰豹"是一个世界性的老年人利益组织的自称——其徽章动物几乎让人看不出与经验产生的智慧有联系,而是让人想到青春永驻。

作为年老的色彩,灰色也是代表过时的色彩。

象征效果
8. 遗忘的过去

灰色代表人们并不向往的不确定的远方。与绿色不同,灰色给人以时间、空间上的距离感更强烈,其远方为遥远的过去。相对于理想化的"金色往日","灰色的远古时代"指蒙昧时代。"灰色习俗"指野蛮的习俗。

尘土、灰烬是灰色的,尘土是遗忘的象征,灰烬是毁坏的象征。

《灰色和黑色改编曲——画家的母亲》美国 惠斯勒

画家的母亲黑色的衣裙占据了全画的中心位置,她神情恬淡,脸容慈祥,这是一幅出色的肖像画。

无情 (60):

灰色 29%
黑色 20%
蓝色 12%
黄色 12%
褐色 8%
银色 7%
紫色 6%
白色 6%

人们的感受因灰色的出现而遭破坏,所以灰色是无情的。

年老 (4):

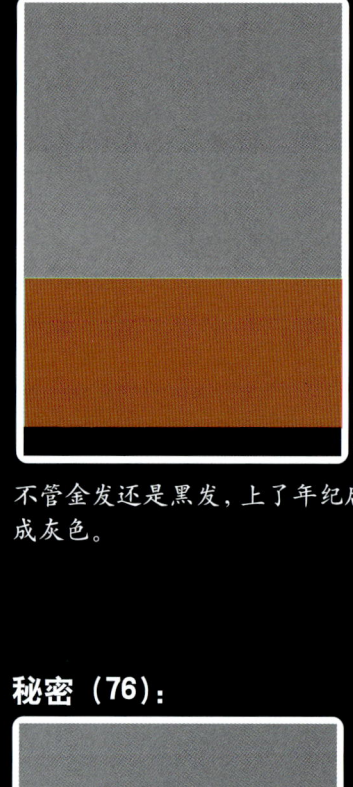

灰色 61%
褐色 33%
黑色 6%

不管金发还是黑发,上了年纪后都会变成灰色。

谦虚 (21):

灰色 26%
白色 20%
粉红色 16%
褐色 12%
绿色 12%
银色 8%
黑色 6%

耶稣的衣袍是灰色的,朝圣者穿灰色,多石的道路也是灰色的。

秘密 (76):

灰色 34%
黑色 22%
紫色 16%
褐色 10%
黄色 10%
白色 8%

在法律的意义上,"灰色区域"指介于许可与惩戒之间的不明确的领域。

《愚人船》尼德兰 博斯

画面上最引人注目的人物便是一位修士、一位修女,他们都生活在"愚昧之中"。

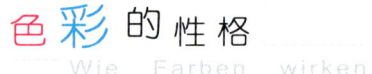的性格

Wie Farben wirken

文化背景

9. 灰色画法——死亡色彩的绘画

① 属意大利。——译者注

灰色画法为一种绘画技法,其色彩缩减为灰色调,人们称这种"灰中有灰"的绘画为"死亡色彩的绘画"。

最早不允许教堂有任何色彩的是穿灰衣的西妥教团修道士。1134年,这个教团禁止教堂用彩色装饰窗户,原因是彩色的光线会偏离虔诚。窗户的玻璃被涂以"灰中有灰"的颜色,大多带有辫状或片状的装饰花纹。灰色画里的这些装饰花纹被雕琢得像石制一般。

1303—1310年之间,吉奥托以"灰中有灰"的技法在帕多瓦①的圆形祈祷室中画了七件恶习:"绝望"、"忌妒"、"无信仰"、"不公正"、"恼怒"、"变化无常"、"愚蠢"。——灰色是适合所有坏事情的色彩(参见图78)。

图78:灰色画:古奥托用"灰中有灰"的画法所画的关于嫉妒的寓言。

《三等车厢》 法国 杜米埃

这里描绘的是三等车厢前排座位上一组贫苦人物：满脸风霜的老太婆，怀抱幼儿的农村妇女，显得疲惫不堪在打盹的小男孩，他们在颠簸的旅途中相依为命。

象征效果

10．贫穷与谦虚的色彩

灰色的衣服和褐色的衣服一样，原先只是未经印染的衣服。在古高地德语中，灰色（grisens）的意思是低微、无足轻重——它是穷人的色彩。显赫人物只穿重要的色彩。卡尔大帝的编年史中记载着这样的命令：农民的服装必须用灰色也就是未染过的布料制成。一则古代谚语中说："大话和灰色手帕都能很便宜地得到。"[6]

色彩的性格
Wie Farben wirken

　　修道士及修女出家时所立的三个誓约为顺从、贞洁以及清贫。不同的教团对清贫有不同的解释，分为"高度清贫"、"较高度清贫"、"最高度清贫"。高度清贫允许教团拥有维持生活所必需的财产；较高度清贫虽然不允许拥有任何固定资产，但可以拥有动产；最高度清贫则禁止拥有任何形式的财产。誓守最高度清贫的教团包括方济各会及西妥教团，他们早先穿灰色的僧衣。在自愿选择的贫困中，灰色成为象征谦卑的色彩。

　　耶稣的衣袍——圣衣是灰色的；朝圣者穿灰色；多石的道路——贫苦的象征，是灰色的。

　　"格里瑟迪丝（Griseldis）"或"格里瑟达（Griselda）"是传说中的人物，其命运被许多诗人描述过：她是一个暴虐的伯爵的夫人，他欺骗她，驱逐了她的孩子，还要和另一个人结婚——格里瑟迪丝只是在沉默中忍受并顺从着。她的名字，法语为"gris（灰色）"，反映了她的性格：在痛苦生活中表现出的谦虚和恭顺。

灰 色

心理效果和象征效果

11. 劣等的色彩

灰色的食品虽然显得纯粹，但也有质次的效果。灰色面包出自最廉价的面粉，不含小麦。灰色也是代表不可食用的色彩，它是霉菌的颜色，所以灰色会引发气味不佳的联想。[7] 它还会让人联想到垃圾及其他乱七八糟的残留物品。

人人都知道应该是白色的产品，换成灰色便显得价值有所降低：比如灰色的环保纸张，灰色的牙膏，灰色瓷器。这种贬值的效果甚至对贵重材料也会发生作用：灰色的大理石看起来比白色的大理石便宜，灰色貂皮显得比白色貂皮廉价。

《织女》 意大利 乔凡尼·塞冈提尼 1888年
塞冈提尼被称为"农民画家"，他的画充满生活气息和人道精神，表现手法严谨而写实。

色彩的性格
Wie Farben wirken

心理效果和象征效果
12. 格里瑟滕(Grisetten)及囚犯的灰色服装

灰色有经脏的效果,肮脏与贫穷属同类。生活在公办孤儿院的孤儿的服装是灰色的;住在贫民院和监狱里的人穿灰色。灰色服装标志着形形色色的贫苦。

法语中的"格里瑟滕"原意为朴素的灰色衣服,在19世纪它成为劳动妇女的标志。人们称缝纫女工、制帽女工为"格里瑟滕",她们是来自最贫困家庭的女孩和妇女,为了一点可怜的收入而工作。这些"格里瑟滕"没钱置办衣服,没有时间整理清洁衣服;她们衣着灰色,这种面料最便宜,而且不容易显出肮脏。因为在传统观念里一个妇女以工作为生是不可思议的事情,所以工作的象征——灰色服装,很快便转而解释为不合伦理的女性的标志。"格里瑟滕"——职业阶层的名称后来成为最廉价的娼妓的同义词。

谚语中的"灰鼠"指不引人注目的人。女式时装中的灰色多年来被宣传为优雅的色彩,但是灰色的效果究竟为贫穷还是高贵并不是灰色色差的问题,而是面料在起着唯一的决定作用。灰色的工作外套一般像所有廉价面料制成的服装一样,特别不讨人喜欢,因为它很容易让人想起凄惨的囚犯服装。每种材料——布料、毛皮甚至塑料——灰色总比白色或黑色显得廉价。效果比它更廉价的只有橙色这种塑料色。

《皮格马利翁和加拉泰亚》 法国 弗朗索瓦·布歇

象征效果

13. 秘密与非法

"到了晚上猫都会变成灰色"——这句俗语的原始意义是：只要没人知道，不允许的事情也可以做。

在法律的意义上，"灰色区域"指介于许可与惩戒之间的不明确的领域。

"灰色市场"阻碍中间贸易，提供不合法的折扣，规避价格约定；"灰色进口"归根结底也是不合法的，它只是利用了法律上的空白而不被有效制约。

并非不合法但难以推广的"灰色文化"指由委托人自己付账的出版物。属于"灰色文化"的还有协会自办的出版物及论文印刷品，这些出版物只陈列在"灰色的图书目录"里。

秘密总与坏事有摆脱不了的关系，灰色是谎言、坏、吝啬及不忠实的色彩——它们是一切不可告人的谋求。

灰 色

> 传统效果和象征效果

14．灰色的红衣主教和其他可怕的形象

"灰色的红衣主教"指有秘密权力的人，其身边笼罩着一种阴森恐怖的气氛。这种人表面上没有公开的权力，但却是幕后做决定的人。"幕后操纵者"是其不尽优雅的现代称呼。

这个政治概念有其真实的起源：历史上的第一个灰色的红衣主教是巴龙·弗朗西斯·勒·克勒克·杜·特雷姆布勒（Baron François le Clerc du Tremblay）(1577—1638)，他在自己22岁时违背家庭的意愿进了修道院，成为方济各会的修道士佩雷·约瑟夫（Père Joseph）。约瑟夫后来成了一名政治人物，先是做了里歇硫斯（Richelieus）的忏悔神父，继而成为他最亲信的顾问。这位穿灰衣的修道士最后被视为法国的秘密统治者。

在鬼神世界里诅咒的等级也按色彩分类：灵魂尚能救赎的鬼魂穿白色的衣服显现；地狱的魔鬼穿黑色；穿灰色衣服、皮肤呈惨淡灰色的是过渡国、地狱前庭的鬼魂。他们所遭受的诅咒不是被罚以永久的痛苦，而是永久的工作。家神和地精都是在灰蒙蒙的黄昏中到来，然后工作直到灰蒙蒙的黎明。非基督教的鬼神——小精灵、地妖以及北欧神话里的妖魔，也都被称为"小灰人"。

> 心理效果和象征效果

15．合适的中等：男式时装的标准

19世纪英国开始了它的世界统治，其领域包括海洋、殖民地、工业以及男式时装。

给服装类别定调子的不再是宫廷文化，而是工场主在起主宰作用，他们的服装就像他们的经营一样平实。于是男式服装丢弃了闪光的面料、摺裥、色彩。

色彩的性格
Wie Farben wirken

这种兴盛时代的男式服装保留至今，几乎没有改变，它就是典型的西服。面料黯淡，剪裁依照身体的自然轮廓，色彩不引人注目。夏季穿的西服典范色为温和的浅灰色，冬季为温和的深灰色。

哲学家弗里德里希·特欧多·威舍尔(Friedrich Theodor Vischer)于1861年对当时的时尚男装发表了抨击："新机遇降临到了灰色身上，我们非常确实地感觉到了这一点；剪裁中全然的黯淡无光及松弛无力与孤儿们的灰色制服相结合；整个的苍白平淡，甚至黑色对它也过于明显，灰色，灰色，正如内在的灵魂一样，只能做工作衫。"[8]

第一次世界大战中的士兵制服为灰色——军灰色。大众的男式服装没有任何反差，仍由灰色统治着色彩。1930年，汉斯·阿道夫·布勒(Hans Adolf Bühler)写道："灰色的内里和外表，当今读着报纸的人看上去就是如此。"[9]

《孟德斯鸠－斐仁沙克伯爵》 法国 波迪尼
画中的伯爵身穿灰色西服。

合适（10）：

中等（117）：

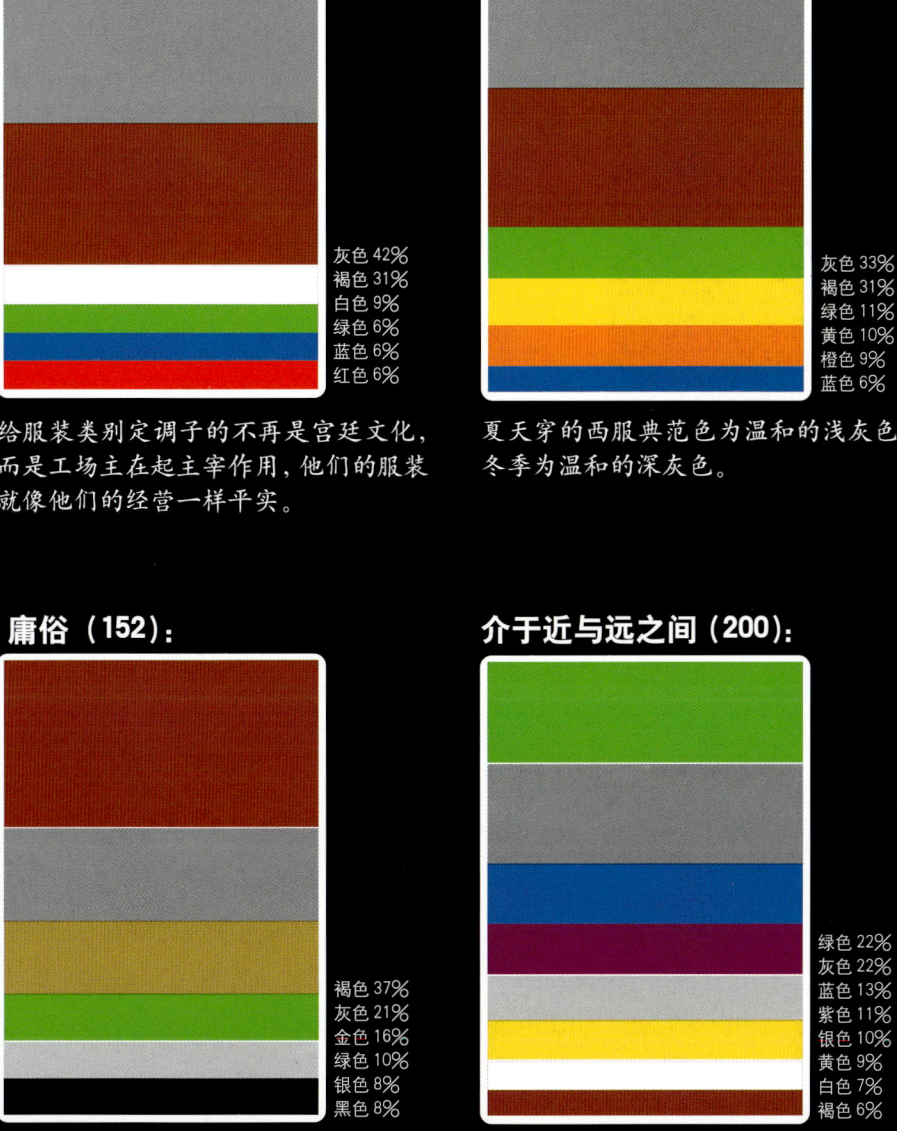

灰色 42%
褐色 31%
白色 9%
绿色 6%
蓝色 6%
红色 6%

灰色 33%
褐色 31%
绿色 11%
黄色 10%
橙色 9%
蓝色 6%

给服装类别定调子的不再是宫廷文化，而是工场主在起主宰作用，他们的服装就像他们的经营一样平实。

夏天穿的西服典范色为温和的浅灰色，冬季为温和的深灰色。

庸俗（152）：

介于近与远之间（200）：

褐色 37%
灰色 21%
金色 16%
绿色 10%
银色 8%
黑色 8%

绿色 22%
灰色 22%
蓝色 13%
紫色 11%
银色 10%
黄色 9%
白色 7%
褐色 6%

"灰色，灰色，正如内在的灵魂一样，只能做工作衫。"

灰色代表人们并不向往的不确定的远方

色彩的性格
Wie Farben wirken

历史背景

16. 歌德理论对抗牛顿理论

歌德像

歌德认为所有的色彩均出自灰色——出自"浑浊"。歌德这样解释他的理论：阳光本来是无色的，但如果天空中有云或者通过一块浑浊的玻璃片观察太阳，阳光便呈现为黄色。阳光越浑浊，其色彩越强烈：在黄昏和黎明时太阳是深红色的。

按照歌德的观点，色彩也产生于黑色在浑浊状态下的昏暗：如果通过一块被烛光照亮、稍微有些浑浊的玻璃片观察黑色的夜空，会发现天空呈紫色。玻璃的浑浊度越大，天空越显得浅而蓝。——歌德解释：如此从浑浊中产生了黄色、红色和蓝色，即绘画的基本色彩。[10]

歌德于1810年发表了《色彩规则》，以挑战被称为所有时代最天才的科学家艾萨克·牛顿。歌德的《色彩规则》由三个部分组成："教导部分"、"论战部分"和"色彩规则的历史资料"。最重要的部分是论战部分，副标题为其纲领："牛顿理论之揭露"。

牛顿（1643—1727）在歌德（1749—1832）之前一个世纪已经向世人展示了阳光包含所有色彩的现象：他让光线折射在玻璃三棱镜的一面，光线被棱镜分散，投射在棱镜的另一面上，呈现出赤—橙—黄—绿—蓝—蓝紫—红紫构成的虹。牛顿据此得出结论，白色光为所有光的色彩的总和。

牛顿通过实验无可争辩地证明了无色的光可以分解为各种色彩。——但是他反推各种色彩可综合为白色的实验却不大令人信服。牛顿为此设计了一个色彩回转仪，一块玻璃，划分为七节；每节的大小符合每种色彩在光谱中的比例。当人们很快转动玻璃时，每个单一的色彩混合而成总的色彩，按照牛顿的理论，应该产生白色。但是在色彩回转仪上产生的是灰色。

错误在于此方法的技术性：非物质的光线叠加为白色，光的色彩混合是"加

灰 色

法色彩混合"，因为此混合是将光的色彩加起来（参见图51）。牛顿不能够让他的色彩回转仪使用光的色彩，而只能利用绘画色彩。绘画色彩和色彩回转仪的底色吞掉了如此多的光线，以至于在最好的情况下也只产生了灰色。所有物质色彩——绘画色彩的混合，是"减法色彩混合"，因为每一种色彩都要减去一次光线，使得混合后的色彩变得暗了一些。

歌德转动了牛顿的色彩回转仪，总是只能看见灰色。他写道："认为所有的色彩共同混合后能生成白色的说法，是一个荒谬的理论。和其他的种种荒谬一样，一百年来人们再三地违背自己的亲眼所见而习惯于对此深信不疑。"[11]

下列争执也让歌德大为光火：对他而言，黄色、红色、蓝色是三原色，因为它们可以混合而成其他色彩。并且黄色、红色、蓝色不能由其他色彩混合而成。但是在光的色彩混合中，物理学家认为，还有一些其他有效定律。此处绿色、橙色、紫色是三原色！因为：

绿色光 ＋ 紫色光 ＝ 蓝色光
橙色光 ＋ 绿色光 ＝ 黄色光
紫色光 ＋ 橙色光 ＝ 红色光
绿色光 ＋ 橙色光 ＋ 紫色光 ＝ 白色光！

对于牛顿所说明的色彩混合原理歌德极为不屑：

黄红色和绿色制成黄色，绿色和紫蓝色合成蓝色。

如此说来黄瓜色拉的确可以制造醋了！[12]

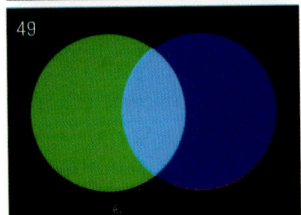
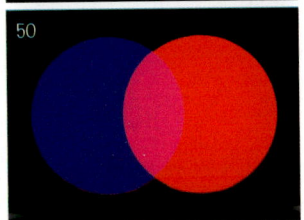
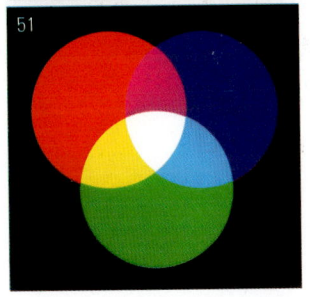

灯光的色彩如何混合：
图48：红色和绿色灯光产生黄色灯光。
图49：绿色和紫色灯光产生蓝色灯光。
图50：紫色和红色产生品红——纯正的红色。
图51：红色、紫色和绿色的探照灯光混合而产生无色、白色的灯光。

色彩的性格
Wie Farben wirken

歌德不能相信,除了他的水彩画箱里的颜色,光的色彩也可以按照其他定律相混合(绿色探照灯与紫色探照灯的光线可混合成蓝色的光圈,在今天的观众看来它也有着魔术般的效果)。

自然这里涉及的不仅仅是所有色彩的总和是灰色还是白色的问题,在歌德的时代人们视自然科学为过于秩序化的规则。在自然科学的类别里人们还想理解美学,用自然科学去归纳色彩并确定其效果。歌德绝不是当时唯一的在此领

《死去的基督》意大利 曼坦那

基督的尸体画成青灰色,他身下的石板为灰暗、污浊的粉红色,房间的背景整个被涂成褐色,旁边的三个人物同样也只呈现出粉红、青灰和褐色的色调。这种单调的色彩是曼坦那的艺术作品所特有的。

灰色

域里的研究者，从牛顿开始，色彩规则成为一个时尚的题目，每个沙龙都会谈论色彩规则。歌德在他的"色彩规则的历史资料"中讨论了他同时代人的十二个色彩规则。

歌德将这部《色彩规则》视为他毕生最重要的著作："我丝毫不因我作为诗人所取得的成就而自负。与我同行者中不乏优秀的诗人，在我之前还有更优秀的，而且在我之后还会有。但在本世纪中重要的色彩规则的科学领域，我是唯一掌握正确认识的人，为此我做了些有益的事，并因此享有超过许多人的优越感。"[13]

歌德在他的《色彩规则》里指责自然科学家只注意某些细节却没有触及"色彩的本质"。与此相反，歌德要求有完整的观察方式，他要以揭示"原始现象"的真相来代替"自然科学的人造自然"。

对于物理学家而言，每个光谱颜色都是等值的。歌德却视色彩为一个按等级排列的系统，分为高等与低等色彩。对立的高等与低等色彩能够相互促进，相互提高。"对立"和"提升"是歌德的《色彩规则》的两个基本原理，他想建立一种涵盖全部科学的自然哲学，以此自然哲学战胜自然科学。[14]

歌德的哲学没能给科学带来巨大变革——而他攻击牛顿的激烈性却引起了令人尴尬的轰动。歌德称牛顿的实验过于复杂，它只能起到蒙蔽的作用，使人们盲目相信牛顿规则。歌德视自然科学的实验为"骗术"，视牛顿为捏造了根本不存在的表面现象的骗子。"只有那些了解自欺欺人的威力以及知道他离不诚实只有一步之遥的人，才能解释牛顿的方法及其学说"[15]。歌德宣称要揭示牛顿"弄假成真，弄真成假的行为"[16]。

但是，尽管歌德享有作为诗人的巨大荣誉，他的《色彩规则》仍然遭到了人们冷冰冰的拒绝。人们对歌德的指责与他对牛顿的指责如出一辙：他只观察到了可以证明其理论的那些现象。此外，因为他否定自然科学的测量方法，所以他的阐述根本无法得到检验。而根本原因在于：歌德关于色彩产生于混浊的理论是个错误。

歌德的理论始于灰色。根据他的对立原理，那些与灰色相互补充的色彩互补色会建立一个自然的单位。它们是成对的色彩：红色—绿色，黄色—紫色，蓝

色彩的性格
Wie Farben wirken

色—橙色以及黑色—白色两极。

"提升"的原理同样涉及灰色，因为"提升"即为"浑浊"。在歌德的色彩圆环里（参见图79），红色居于上方，它作为最有活力的色彩享有最高的提升。红色是黄色的提升，因为黄色的阳光在黄昏中混浊为红色。红色也是蓝色的提升，因为朝霞脱生于浊蓝色的夜空。

如果将红色、黄色、蓝色三原色混合，产生的也是灰色。所以灰色居于歌德的色彩圆环的中央。[17]

因为"根据自然规律"一切色彩相加必为灰色，所以歌德认为：光学余象出现于每个视觉印象之后为不可避免且合乎自然。他举下例以做证明："当我在夜晚进入一家客栈，一位脸色雪白、头发乌黑、穿绯红色紧身胸衣的美丽女孩面向我朝屋子走来，我在半明半暗中紧盯着站在离我不远处的她。当她走

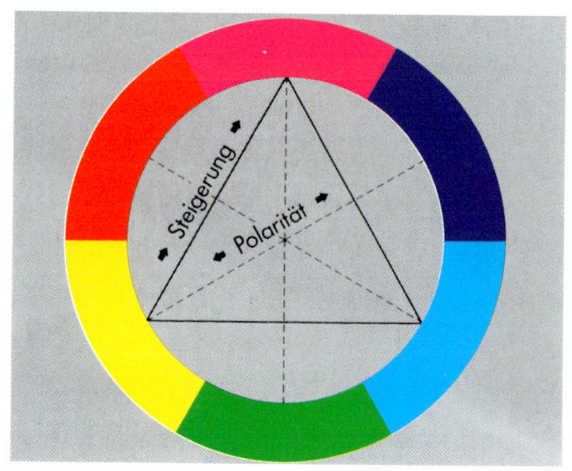

图79：歌德的色彩圆环：所有的色彩产生于灰色。上面的红色是地位最高的色彩，是黄色和蓝色的提升。互为对立的颜色均以灰色为补充色。（图中的Steigerung为"提升"，Polarität为"对立"。）

图81：歌德的一幅画。按照他的理论，如果人们长时间地观看这幅画，眼中便会出现正确色彩的影像：浅绿色的背景前黑头发的姑娘。

348

灰 色

出我的视线后,我眼前的白墙上浮现出一张黑色的脸,周围绕着浅浅的光亮,这个非常清晰的人形的其余装束看起来就像一片美丽的海绿色。"[18] 歌德为证明这个现象还画了一张图（参见图81）。

歌德写道:"留心的人"会到处看见这种现象。——这里显示了此类实验的困难性,其先决条件由于缺乏自然科学的准确性而无法确定。——有一些反面的余象,但它们的出现并不可靠。如果人们长时间紧盯着一张单色的平面然后再看一个白色的平面,最开始可以达到这个效果,但随后也不总能看到一个补充性的余象。直至今天也没人能解释怎样才能实现此效果并且它为什么大多在几秒钟后才出现。实验心理学的观点引起了人们的注意,它认为此效果实现的前提条件是对互补性反差的认识。如此加深了一种怀疑,即认为余象事先存在于意识里才会被人看见。歌德所描写的多种色彩图像的翻转现象只能经过反复练习后才会出现。

眼睛和大脑相互之间完全依赖,如果由于事故造成位于大脑的视觉中心受到损伤,受伤者将会失明——即使其眼睛完全健康。随着越来越多的研究发现,人们的行为极大地依赖于人们潜意识中的期待,人们因此越来越对这类的幻象持批评态度。它们只存在于人们相信它们的时候吗？歌德也承认,人们对此思考得越多,此现象出现得越频繁。他写道:弗里德里希·席勒经常咒骂余象理论,因为他突然可以到处看见这种互补性的余象,而在他认识此理论之前却从未看见过这些图像。[19]

还有一个原因可以说明此类现象具备心理上的前提条件:对互补性余象的探讨主要局限于德国语言文化,也就是受歌德影响的文化。

在自然科学极具魅力的19世纪,余象及其互补色一类的现象受到了人们的热烈讨论。但是歌德关于色彩产生于浑浊的原始现象的规则并不被人接受,歌德对此深为不满的程度甚于人们对其诗歌作品的批评。所以他在《色彩规则》的结尾部分呼吁后世对他最心爱的作品做出判断。

歌德1832年逝世。在1885年出版的《歌德全集》第10卷的前言里写着"后世"的评价:"如果没有歌德这个名字在其他成就里所获得的实质性内容,这本著作早就被人遗忘了。科学将把它作为一次误入歧途载入记忆……"[20]

《歌德在乡间》 德国 帝施拜因

把诗人放在布满古典遗迹的意大利郊野中，以情景交融的效果体现了新古典主义理想。

文化效果

17. 歌德对德国时尚的影响

  歌德在其《色彩规则》的"教导部分"提出了关于色彩"感性—道德"效果的论述，它在大众中日益普及。所谓感性—道德效果指心理—象征效果，歌德从其时代的美学观点出发，在教导部分设立了适用于绘画及良好时尚品味的各项准则。歌德的《色彩规则》在时尚领域内取得了最持久的效果。

灰色

按照他的对立和谐原理,那些在色彩圆环中处于比邻位置的色彩不相配。处于比邻位置的色彩叠加后不能成为灰色,所以色彩的总印象将给人以刺眼的效果。因此歌德认为不和谐的色彩组合为:红色—橙色,紫色—红色,蓝色—绿色。这些色彩组合在今天的传统时尚中仍然被视为没有品位——进步的时尚却视其为具有特别的吸引力。

在歌德的时代,闪光的色彩从不应在服装中占据主要地位。白色被视为女式时装最美丽的色彩,优雅的男士穿黑色。情侣服装的理想色彩应互补为灰色(参见"白色"第11节)。

为了达到和谐的色彩效果,色彩必须是平和的并分级排列。分级产生和谐——这意味着互为补充的色彩不能等值并列,只有一种色彩应表现为纯净色,与其组合的互补色应为混浊色,而且混浊、柔和的色彩面积应占绝对优势。如此尽管使用了鲜艳的色彩,但灰暗为总效果。纯净色控制着质量,柔和色彩控制着数量。

在歌德看来,效果特别美丽的色彩组合是:

红色与灰绿色或淡绿色
绿色与深红色或粉红色
蓝色与褐色
黄色与黑紫色
紫色与浅黄色

歌德就何种人应穿何种色彩还提供了一个建议:"年轻女性偏重粉红色和海绿色,老年人偏重紫色和深绿色。金发女子倾向于紫色和浅黄色,肤色浅黑的女子倾向于蓝色和黄红色,它们全部合理。"[21]

直至今天,没有任何地方像德国一样如此深刻地倾向于灰暗的服装色彩。灰暗=精致=富有品位——这是德国的时尚公式。许多德国人看不惯服装五颜六色的美国人;意大利人和法国人的时装设计与德国相对立,他们多彩的服装被德国人视为不体面、不严肃。

文化效果

18. 画家对理论的反感

长期努力想成为一名画家的歌德,写"教导部分"主要是为了给画家提供参考。他希望借助他的《色彩规则》去除他们对任何理论的反感。"人们发现画家至今怀有一种畏惧,那就是明显反感所有关于色彩的理论性观点,比如色彩的种类、色彩的意义等。这是因为迄今为止所谓的理论既无根据,且摇摆不定……"[22]

尽管如此,歌德的论述对绘画艺术家几乎没能产生任何影响。歌德的好朋友安格利卡·考夫曼(Angelika Kauffmann),当时最著名的女画家,按照他的意愿作了一幅灰中有灰的绘画,并最终用彩色的透明颜色涂盖了这幅画。歌德认为其效果"十分可喜";不过他也注意到,人们在他的指导下所作的画"与按照普通方式所绘的图画没有区别"[23]。

歌德的其他论述对于艺术家来说也因不够具体而不能成为指南性的理论。两极相互补充的原理也是亚洲绘画艺术的基本原则,但其用色完全不同于歌德时代的欧洲绘画艺术。歌德自己得出了结论,即:不可能列出普遍有效的规则,画家必须就每个具体情况选出与歌德理论相应的规则。——艺术家们普遍反过来理解:此理论并非他们创作的基础,而只是用于解释的托词。

歌德的准则对后辈的画家们所起的作用似乎更为有限:对于歌德不能想象的抽象绘画里没有"合乎自然的"色彩,没有"自然的"和谐。

歌德的色彩和谐理论的最根本问题在于:不存在永恒的美学观点,没有与经验无关的感受。每个时代的艺术作品一般由另一个时代来做评判,审美的标准也将随着经验的改变而变迁。只有很少时期的绘画像歌德时代那么追求和谐并需要平衡对立面。灰色是顺应的色彩,将它评价为基础色彩也许是善于倒退的古典主义时代的特有产物。灰色在今天肯定不是所有色彩的开始——宁可为结束。

《歌德在罗马参观圆形剧场》

心理效果和象征效果

19. 创造性的灰色

在对灰色的传统联想中，内容不一定总是灰色。如果做一个将灰色变为它的对立面粉红色的游戏，则有如下例子：

粉红色的工作日	粉红色的监狱
粉红色的工作服	粉红色的鬼神和幽灵
粉红色的灰烬	粉红色的恐怖事物
粉红色的沥青	粉红色的鲨鱼
粉红色的高速公路	粉红色的工业区
粉红色的汽车轮胎	粉红色的粗呢雨衣
粉红色的混凝土	粉红色的垃圾集装箱
粉红色金属片	粉红色的十一月的日子
粉红色的办公家具	粉红色的铺路石块
粉红色的埃菲尔铁塔	粉红色的水洼
粉红色的铁路和铁轨	粉红色的长卷毛狗
粉红色的大象	粉红色的雨
粉红色的驴	粉红色的石板瓦屋顶
粉红色的岩石	粉红色的螺栓和钉子
有粉红色针脚的法兰绒西服	粉红色的燕子
粉红色的士兵制服	粉红色的理论
粉红色的忧虑	粉红色的哀伤
粉红色的蜘蛛网	粉红色的鲸
粉红色的尘土	粉红色的狼
粉红色的鸽子	粉红色的水泥

注　释

[1] 瓦克纳哥（Wackernagel）：《中世纪的色彩及花的语言》，237页。

[2] 吕舍（Lüscher）：《吕舍测试——通过色彩选择的个性判断》，21页。

[3] 同上，12页及后页。

[4] 同上，11页。

[5] 此说明据161页的表格算出。吕舍对行文部分中评论的百分比说明只涉及20~30岁的男性大学生。此说明并不具有代表性！参见47页。

[6] 参见法伍热（Favre）、诺文伯（November）编著的《色彩及交流》，30页。

[7] 格里姆编著的《德语词典》，词目"灰色（Grau）"，2085栏。

[8] 威舍尔（Vischer）：《关于当代时尚的理性思考》，1861年版。

[9] 布勒（Bühler）：《色彩的内在法则》（1930年版）。

[10] 歌德：《色彩规则》，150—156节。

[11] 同上，558节。

[12] 歌德：《格言》，870页。

[13] 约翰·比特·艾克曼（Johann Peter Eckermann）：《与歌德在其生命的最后几年的谈话；1836年和1848年。1829年2月19日的谈话》。

[14] 歌德：《色彩规则》，716—721节。

[15] 参见歌德：《色彩规则》的论战部分，45节。

[16] 同上，558节。

[17] 歌德：《色彩规则》，517节，556节，557节。

[18] 同上，52节。

[19] 歌德：《色彩规则》的附录，608页。

[20] 《全集》，第10卷，卡尔·歌德克（Karl Goedeke）所作的前言，XVI页。

[21] 歌德：《色彩规则》，840节。

[22] 同上，90节。

[23] 歌德：《色彩规则的历史材料》，586页。

银色

有魅力，但永远为第二等

铝的光泽·旧银色·古银色·铬的光泽·金属光泽·新银色·镍的光泽·铂灰色·铂白色·淡金黄色·银灰色·银白色·标准银色·银黑色·钛的光泽·白金的光泽·锌的光泽

色彩的性格
Wie Farben wirken

与金色永恒的比较

在所有的色彩中，银色属于人们很少想到的色彩。将银色列为喜爱色彩的只有1%的男性，而女性则根本没有。否定它的人较多：2%的女性和男性视银色为他们最不喜欢的色彩。

像金色一样，银色首先让人联想到贵重金属。但是对于银的有关金属的想法并未继续引向银的色彩——大多数人对"银"的自然联想是"金"。

我们总说"金银"——从未说过"银金"，银只是附带的，从不是根本的。一句谚语说："能挖到金子的地方，人们不会去找银子。"

银色只在与金色组合为昂贵的色彩时才被提到，并且银色的价值自然会小许多。胜利者获得金牌，留给第二名的是作为安慰的银牌。

划归给银色的特征常常不是银色的特征，而只是与金色的对照。1升水重1公斤，同样数量的银重10.5公斤。银很重，但它却被划分为"轻的色彩"——因为金的重量是它的两倍。虽然银制的物体大多比金制的物体大，但银色经常被称为小物品的色彩。它的效果并不依赖于实际的尺寸比例，在伟大的金色旁边，它显得渺小和谦恭。

因为银色居于一个如此下属的地位，所以人们列举它的百分比很小。有趣的是被调查者竟然还能想到银色。

如果银色不附带与金色的永恒关系而出现，也就是如果人们就某个概念只列举了银色，是特别值得注意的情况。

阿根廷总统府——玫瑰宫

尽管人们从未在阿根廷找到过大批的金或银，但"阿根廷"却从银子的法语"阿根特（argent）"而来。

文化背景

1. 巨人的名字

古代神话中的巨人阿耳戈斯（Argus 或 Argos）的名字得自银色（拉丁文为"argentums"；希腊语为"argyros"）。阿耳戈斯是个能看到万物的守护神，他有一千只眼睛，它们睡觉时从不会同时闭上。人们可以在夜晚的星空中观察到阿耳戈斯银光闪烁的眼睛。

一个南美洲国家也采用了银的名字——1516年西班牙人在南美洲海岸发现了一条大河的河口。为了寻找金子和银子，他们进入了这个国家并称这条将他们带向财富的河为"里欧德拉普拉塔（Río de la Plata）"，即"银河"。后来这个国家处在西班牙的控制下达三百年之久，被称为"里欧德拉普拉塔王国"。当南美人在法国人的帮助下获得了独立后，为替代西班牙语的"普拉塔（plata）"，他们采用了银子的法语名字"阿根特（argent）"：阿根廷（Argentinien）——虽然人们从未在阿根廷找到过大批数量的金或银。

直到18世纪中期才被发现的化学元素——另外一种银色的金属，它的命名依据的是银子的西班牙语单词"普拉塔（plata）"，即铂（Platin）。

历史背景和文化背景
2．实用的贵重金属

中世纪艺术银盘

元素银的常见性是金和铂的20倍，在人们开采的贵重金属矿里银矿占大多数。

世界上各处都有银矿。中世纪早期在德国就已经有了银的开采，最重要的矿山在拉梅尔斯贝尔格附近的哈尔茨山脉、弗莱贝尔格附近的萨克森以及萨克森波希米亚的埃尔茨山脉。世界上藏量最丰富的银矿在玻利维亚的泼托西（Potosí），它是1545年被西班牙人偶然发现的：一次风暴将一棵树连根拔起，在它的树根之间人们看见了有银子在闪光。直到今天在南美洲还有许多开采的银矿，除此之外储量大的银矿位于墨西哥、内华达和加拿大境内。

出自矿山的银本身不纯，其中混合有镍或者锌、锡、铅、铜等金属，有时还含有金和铂。天然的银中并不总含有金，但天然的金里总含有银。大约20%的银是作为金矿开采的副产品获取的。

银也可以和非金属的元素化合：方铅矿是一种矿物的硫铅化合物，含有低于1%的银，但一半的银是通过方铅矿的冶炼获取的。

银能够被轧薄至0.00027毫米的厚度，它可以被牵拉到极细的程度，一根

银 色

长达一公里的银丝重量只有0.5克。

银是最常使用的贵重金属，但是只有15%的银被加工用于装饰及银器；30%用于光化学工业：胶卷和相纸的感光层出自溴化银；20%用于电子工业：没有任何其他金属具有比银更佳的导电性和导热性。银加工后有多方面的用途：保温容器用银涂层；还有镜子——银的反光性优于其他任何材料；银具有杀菌的效用，它可用于饮用水的净化；治疗肠胃疾病和喉头感染的药物含有作为高效物质的银；银被许可作为食色——银色的糖果为真正的银包裹。过去的大部分银用于加工硬币，不过这种用途正逐渐减少。

世界上每年开采的银有1.2万吨~1.5万吨，但这距年需求量还差约5000吨。所以到处都在尝试银的回收，例如从照相馆的定影液中及旧电池中回收。不过最主要还是将流通中的银币回收并进行熔化。

过去一枚硬币的价值符合其含有金属的价格：如果五克银价值一马克，则一马克硬币包含五克银。联邦德国最后一次发行的银币是1974年发行的五马克硬币。现在只有纪念币含银，但其银的含量低于其价格，含量最高时为93%，大多的硬币只含有40%的银。普通的银色硬币是铜与镍的合金——不含一丝一毫的银。

《女仆》 英国 特鲁伊贝尔
女仆裸露上身，手捧银盘银壶，眼神中流露忧郁的神情。

《有馅饼的早餐桌》荷兰 黑达 1631年
画家画的银器能让我们感觉到沉甸甸的质感。

心理效果和象征效果

3. 可怜及可鄙的钱财的色彩

  一个鸡蛋价值多少黄金？——鸡蛋的价格在上涨而黄金价格则起伏不定——在过去的十年里，一个鸡蛋的价值在1/30克～1/300克黄金之间浮动。无论如何这点黄金太少，还不够铸造一枚硬币。为了方便每日生活中的细小花费，人们需要使用价值较低的材料制成的硬币。

  让人铸造了第一批金币的克略苏斯国王使得银币流通：8克重的球形硬币，小如火柴头。

  直至几年前银还是制造硬币最重要的材料。"银"和"钱"在许多语言中意义一致——在我们的口头用语里"镀银"是售卖的意思。

银 色

　　"银色眼神"的含义为斜视，起初人们用它来比喻另一层意义上的斜视：背地里贪财的目光、对银子的垂涎欲滴。对于父母富有的孩子，英国人会说："这孩子是含着银勺出生的。"

　　相对于黄金，金钱更多地与贪婪、吝啬及一切的坏事联系在一起，金钱比黄金更不道德。犹大·伊沙里奥特为30银币向犹太教大祭司出卖了耶稣。30银币曾是一个工人的月收入——这个总数也可以用金币支付，但是人们不付给出卖者黄金。犹大为背叛而反悔，将钱归还，自缢而死。大祭司不想在寺庙里保留这些沾满血污的钱币，用这30银币买了一处偏僻的不毛之地，在那里埋葬罪犯和陌生人。

　　虽然银子比金子平常许多，人们却更多地感觉银色为人造和非自然的色彩。

历史背景和文化背景

4．合金与伪造

　　银比金硬，但如果用纯银进行加工，它的硬度仍然不够，银要和铜、镍及锌组成合金。在德国银的纯度用千分之几表示，银饰品最多含80%的银，标有800的印记。

　　在其他国家银的含量通过符号表示。英国的纯银制品用一只行走的狮子作为标志，它表示925单位的银含量。不列颠标准银用不列颠作为印记，含有958‰的银。

　　法国的银用法兰西雄鸡作为标记，雄鸡旁边的数字1表示950单位的银含量，数字2指800单位的银含量。在许多欧洲之外的国家，银以一轮娥眉月作为标记，附加的数字说明其纯度。

色彩的性格
Wie Farben wirken

德国的银使用千分之几的纯度标记并非沿袭古代的传统，因为直至19世纪末银含量仍用"罗特"表示。千分率为1000的银相当于16罗特。常见的合金为12罗特，即750单位的银。也有价值更高的合金为13罗特、14罗特或15罗特。

在欧洲还不拥有瓷器的时期，有能力的人使用银盘用餐，用银制高脚杯饮酒。不十分富裕的人使用银含量为8罗特（500单位）或6罗特（375单位）的银制餐具。古银器上的罗特标志旁有城市的戳记，每个城市的金银匠铺都有城市的印戳，因此古代的银具本身便可确定其出处。

一种极其特殊、自然形成的合金被称为"电子"，它是含有20%以上黄金成分的银。"电子"制成的硬币、装饰品、人造物品都非常古老而且非常稀少：几乎所有的"电子"制品都被熔化，以获取黄金。

银含量不能依靠颜色来辨认，它必须像黄金那样用试金石确定（参见"金色"第5节）。而且银含量也几乎不能通过重量予以确认，因为银和金几乎等重——这是伪币制造的理想前提。

历史上的硬币中的银含量一直有着非常大的起伏。所有时代、所有国家的统治者都曾利用一个简单的花招以攫取更多的钱财：他们宣布废除旧银币并将其熔化，而后铸造银含量减少的新硬币。这样便可从旧硬币中获得更多的金钱。许多执政者都被证实为伪币制造者，他们中有些人将银白色的硬币带入流通，但这种硬币实际上为铜与砷制成的合金。

当钱币变得没有价值时，便没有人想用它付账，则银含量被迫再次提高，然后开始新的一轮由于硬币质次而引起的通货膨胀。

人们称一枚硬币的总重量为"施罗特（Schrot）"，称贵重金属的含量为"考恩（Korn）"。当一枚硬币的贵重金属含量符合当时的规定、没有掺假时，它就"具有真正的施罗特与考恩[①]"。

---

① 俗语，意为真实可靠。——译者注

《天鹅公主》 俄国 弗鲁贝尔

天鹅公主在色彩上像一只贝壳，曙光映在她的翅膀上发出淡淡的玫瑰色。银色的水面上泛着紫色的涟漪，宝石般的绿、蓝、深红色和乳白色，在银灰色的头饰和花边头纱上互相呼应，发出幽幽的闪光。

《月夜》 俄国 克拉姆斯柯依

画家用银灰色的调子来渲染恬静的夏夜，迷蒙的月光撒满园林，恍若仙境，使人向往，又使人陶醉。

银色

心理效果和象征效果
5. 月亮的银色

金和银为一对概念，正如日和月，男和女。娥眉月曾是炼金术士用于元素银的符号，他们称它为"月神"。古代的银常常用娥眉月作为标记。

月亮在大多数的语言中代表女性：从未听说过任何地方有月亮中的男性及太阳女士，人们所知道的只有"月亮女神（Lady Luna）"及"太阳先生（Mister Sun）"。代表男性的金与男性的太阳以及男性的色彩红色为同类，代表女性的银则和女性的色彩蓝色为同类。在讽刺画里银被表现为穿蓝色衣服的女性：银女士住在月亮上，她在晚上乘坐鹿拉的雪橇散步。

像月亮一样，银色属于夜晚的力量。神话中只有银制的步枪子弹才能杀死变成人的狼；可以命中任何一个期望目标的随意子弹也用银制造；用银制成的家庭财物具有强大而神奇的防御力量。

象征效果
6. 克制的色彩

"雄辩为银，沉默是金"——这句谚语再次说明了人们对黄金更高的重视。但是它与我们的感觉相矛盾：被视为轻声、寂静的不是金，而是银。沉默寡言属于礼貌的特征，而银色是代表礼貌的色彩。

银色让人联想起脑力劳动的特征。在象征聪明、独立自主、精确、准时的色彩里，它与金色占有同样的比例。作为保障的色彩，银色的比例多于金色。金色的效果为炫耀及大声；银色则具有理性的克制。

早在炼金术士便已认为在银与理智之间存在着关联，他们将银制成粉末，与油混合后将此混合物出售给需要治疗精神疾病的人。

心理效果和象征效果
7. 凉与距离感

银色有凉的效果，它与白色、蓝色和灰色等冷色相近，银色作为凉的颜色在日常生活中随时可见：使用铝箔包装的冷冻食品。在象征意义里，凉的效果可以有不同的尺度：银色属于清凉的月光，属于冷水的特征，属于冰冷的理智。

银色总给人以距离感，它是介于近与远之间的色彩。银色是代表礼貌——好感的最冷淡形式——的第二个色彩。

凉且有距离感的银色被人们感觉为有棱角的外形。

心理效果和象征效果
8. 速度最快的颜色

迅速是让大多数人首先想到银色的唯一概念，银色毫无疑义是代表速度最快的色彩。人们会联想到"银矢"——想到飞机、火箭，想到飞驰的机车。银色在此处具有功能性：这种浅色的光能反射日光，降低热度。

银色作为迅速的色彩不再是代表贵重金属的色彩，不再表示价值，而是现代轻金属的色彩，它是具有功能性的流线风格的标示色。

迅速的银色也是象征动力及运动型的色彩。

迅速（143）：

银色 39%
红色 20%
黄色 13%
白色 12%
黑色 8%
蓝色 8%

银色作为迅速的色彩不再表示价值，而是现代轻金属的色彩，它是具有功能性的流线风格的标志色。

动力（29）：

红色 27%
蓝色 22%
橙色 14%
银色 11%
黄色 10%
黑色 6%
绿色 5%
白色 5%

不只是明亮和清澈让人联想起银色，动力也有这个作用。银色必须处于运动之中，否则便会变成黑色。

运动型（153）：

蓝色 40%
红色 20%
白色 14%
银色 10%
绿色 8%
黄色 8%

代表迅速的银色也是象征动力及运动型的色彩，它是具有功能性的流线风格的标志色。

奇特（129）：

紫色 26%
橙色 20%
银色 13%
金色 9%
黄色 9%
红色 8%
黑色 8%
粉红色 7%

金色是典型、标准的豪华，而银色是非常规与奇特的色彩。

> **象征效果**

9. 明亮及清澈，处于运动之中

"银铃般的声音"、"银铃般的笑声"、"银色的源泉"、"海洋银色的波涛"——这是银的一个独立于金的含义，它具有明亮和清澈的特征。在某些语言中，"银色"和"明亮"为同一个词。

不只是明亮和清澈让人联想起银色，动力也有这个作用。银色必须处于运动之中，否则便会变为黑色。在中世纪的绘画中失去光泽的银色是懒散的象征。

"地平线上的一抹银色"指困境中的一线希望，预示着事情向较好的方向转化。这句成语由古斯塔夫·施特雷瑟曼（Gustav Stresemann）首次创造于1924年，它之所以流传至今，是因为它阐释了银色在象征意义中的固定含义。银色也是代表信念的色彩。

银　色

心理效果和象征效果
10．现代的金属

　　银色是代表功能性的一种色彩，金色则是不客观的一种色彩。
　　金色力图突出自己，利用其标志价格的特征排挤一切其他的价值。在金色的光芒之下其他色彩均扭曲失真。银色的光芒没有排挤的作用，它真实地反映着其他色彩，而自身出现在背景里。
　　银色是现代的色彩，金色则属于过时的色彩。涂以金色的非贵重金属希望有黄金的效果，但其表面的价值多于实际的价值。而闪银光的物质并非都是银，铝、镍、铬均具有其独立的价值：它们是现代设计中的现代材料。
　　现代的理念也决定了装潢设计使用银色的贵重金属——白金和铂。

极具视觉冲击力和现代感的银色保时捷

色彩的性格
Wie Farben wirken

心理效果和象征效果

11. 比金色更优雅、更非常规及更奇特

一件银色的晚礼服看上去比一件金色的晚礼服优雅。金色和银色的面料在今天都同样昂贵,因为金色和银色的金属色都用铝制成。选择金色服装的人是想最大限度地展示他的财富;选择银色的人则不需如此炫耀。银色的服装符合构成优雅的克制的特征(参见图70与71)。

金色是典型、标准的豪华。像毛皮质地的腰带、鞋和手袋之类的服饰小配件,金色比银色更受人们的欢迎。银色是非常规与奇特的色彩。

图70:戴安娜王妃穿着优雅的银色礼服。

轻声 (105):

白色 32%
粉红色 23%
灰色 21%
银色 12%
绿色 6%
黑色 6%

在我们的感觉里,被视为轻声、寂静的不是金,而是银。

礼貌 (82):

粉红色 19%
银色 17%
白色 16%
灰色 13%
蓝色 11%
绿色 10%
金色 7%
黄色 7%

沉默寡言属于礼貌的特征,而银色是代表礼貌的色彩。

聪明 (91):

白色 29%
蓝色 25%
银色 12%
金色 12%
黄色 9%
灰色 7%
紫色 6%

银色让人联想起脑力劳动的特征,在象征聪明的色彩里,它与金色占有同样的比重。

优雅 (38):

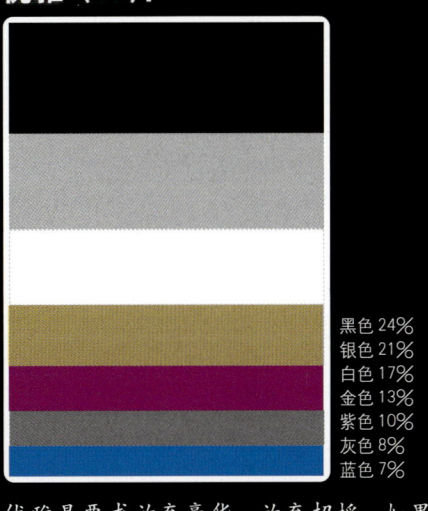

黑色 24%
银色 21%
白色 17%
金色 13%
紫色 10%
灰色 8%
蓝色 7%

优雅是要求放弃豪华,放弃招摇,如果穿黑色服装,放弃的还有色彩。

《嫉妒的偏执病人》 法国 席里柯

这是一个完全不能自理的精神病患者——一个上了年纪的妇女。尽管她戴着帽子，但也难以掩盖她满头的银发。

心理效果
12. 美化的灰色

　　白色或灰色的头发在诗意的语言里被比喻为"银发"；一位有胡须的白发老人被形容为"银髯"；零星的灰白头发则被称为"银丝"。银色是老年人被美化的特征。

　　通常闪光的灰色多被称做银色。制毛皮的工人将灰狐粉饰为银狐；园艺家从灰色的冷杉中种植出银杉；为了促销产品，纺织工业甚至将黯淡的灰色称为银灰色。

银色

政治效果

13. 政治的银色

在徽章的色彩中，银色象征谦恭、正直、纯净、无辜，不包括战争的特征——这是银色为什么更受欢迎的另一个原因。银色大多与蓝色组合在一起。因为银色的金属色在古代的象征意义里为水。当徽章上有水生动物时，徽章的色彩为银色。

此外几乎所有刻有月亮图案的徽章都用银色做金属色。半钩月是伊斯兰教世界最著名的符号，娥眉月既是宗教又是政治的一个象征，它标志着信仰伊斯兰教的国家的统一。土耳其、巴基斯坦、突尼斯、阿尔及利亚、马尔代夫等国家的国徽或国旗上均标有银色的娥眉月。

当徽章色彩应用在旗子上时，银色变为白色，银色与白色的象征意义一致，银色成为代表和平的色彩。

土耳其国旗

巴基斯坦国旗

突尼斯国旗

土耳其、巴基斯坦、突尼斯等国家的国旗上均标有银色的娥眉月

心理效果和象征效果
14．创造性的银色

银色属于功能性的设计，就像金色属于豪华型设计。擅长豪华型设计的设计师镀为金色的一切物品，都可以被擅长高科技型设计的设计师镀上铬（参见"金色"第16节）。

但即使没有设计师的帮助，我们也可以四处看见银色的物体：餐具、食品罐、钉子、螺栓、各种工具、缝纫针、钥匙和锁、镜子、汽车保险杠、钟表、水龙头、铝箔。

许多这一类的物品也可以染成其他色彩。用彩色氧化铝制成的时尚装饰品、烟灰缸、烧酒杯、餐具等在20世纪50年代非常流行。进入80年代，人们将闪烁着彩虹色的金属钛加工为时尚的装饰品。钥匙也可以使用各种金属色，只要符合美学的造型原理，箱子、公文包、手袋上的锁能够与皮革的色彩相配。

也许某个制造商可以冒风险尝试一下，将特别精致的罐头食品装在彩色的氧化罐里推到市场上去。巧克力的银色包装纸也可以更换成另一种色彩，比如深色的巧克力更适合暗褐色的金属包装纸。香烟盒里的金纸或银纸可以替换为其他的颜色，例如薄荷型香烟用绿色的金属纸包装。

现在钉子和螺栓也可以制作成合适的木质颜色，这很实用：如果钉子头保持原来的颜色，它们会在大面积的木色中非常显眼。实用的方法还有将不易辨别直径的缝纫针通过不同色彩来标识其不同的粗细；拉链分许多种颜色——为什么按纽和安全别针不可以如此呢？水龙头不再一定是银色（标准样式）或金色（豪华样式）——现在也有了与厨房和浴室设施相配的各种漆色的水龙头及其配置。

早年汽车上的铬条现在已经看不见了，近些年来甚至连保险杠也被漆上与汽车颜色同样的色彩。自行车的辐条也可以照此上色，辐条上使用发光涂料对于交通安全也会大有裨益。

在流行杂色的20世纪70年代，一些航空公司将飞机漆成了五颜六色。但这种轻快的色彩风格很快便被取消了，因为人们对于飞机的首要考虑是安全，

银 色

而安全感与色彩的使用限度成反比。也就是说,一架飞机看起来越安全,它的外观越符合常规,这是一个普遍适用的规律:越符合常规的事物越显得庄重与安全。

正如我们所知,通过与人们预期相矛盾的着色可以达到最强烈的色彩效果。如果将镜子经过彩色涂层的处理,使它所映照出的一切物体都包在金色或蓝色的光里,将会有令人吃惊的效果。

常规为银色的物品可以换成另一种色彩,根据这一原理,一个钟表公司开发出一种因不寻常而成功的造型:手表的外壳不是银色,根本就不是金属制成,而是由带斑点的花岗石制成。反向的原理则为:将从来不是银色的物品制成银色。根据此反向原理,另一钟表公司策划的广告宣传引人注目:在一男性的手臂上可看见一只银色的手表,与表相互呼应的是涂成了银色的手臂(参见图77)。

广告中的女模特涂成银色的肌肤与金色内衣营造出强烈的科幻氛围,极具时尚感。

廉价的现代风格，醒目，愉快

甜橙色・杏色・浅橙色・血橙红・褐橙色・铬橙色・纯橙色・火烈鸟橙色・胡萝卜色・黄橙色・金赭色・金橙色・螯虾红・印度黄・镉橙色・胡萝卜红・珊瑚红・像熟虾般红・铜橙色・熏鲑鱼色・浅赭色・橘黄色・甜瓜的橙色・铅丹・那浦黄色・赭黄色・赭红色・橙灰色・粉画橙色・波斯橙色・桃橙色・纯橙色・红橙色・番红花黄・番红花红・深橙色・朱砂橙色

色彩的性格
Wie Farben wirken

《科利乌尔海滨》
法国 保罗·西涅克
1887年

无人喜爱的颜色

橙色是继褐色之后——虽然两者差距甚远——最不受欢迎的色彩，14%的女性和9%的男性称橙色为"我最不喜欢的色彩"。

也许只是一种姿态，男性否定象征女性的粉红色和紫色的人数，甚至超过橙色。不过还是有少量的男性把粉红色和紫色列为喜爱的色彩，但没有一个男性选择橙色为喜爱的色彩，女性中也只有微弱的比例对橙色表示倾心。橙色虽然不是最不讨人喜欢的色彩，但它是没人喜爱的色彩。

与绿色和紫色这些我们认为拥有自身象征意义的独立色彩不同，橙色在欧洲文化中总是居于一个从属的地位。针对一个概念我们在想到橙色之前，首先想到的是红色和黄色。但正因如此，在一个概念的象征色彩中即使橙色的比例再小，它也比比例较大的红色和黄色更具有典型性。

醒目 (13)：

橙色 26%
黄色 19%
紫色 15%
粉红色 13%
红色 12%
金色 6%
绿色 6%

歌德称有光泽的橙色为"高度的黄红色"或"猩红"，这种醒目的橙色极不符合歌德时代以柔和色彩为美的观点。

外向 (48)：

橙色 23%
黄色 20%
红色 17%
金色 9%
粉红色 9%
白色 8%
绿色 7%
蓝色 7%

大多数接受调查者首先想到橙色的极少概念里包括醒目和外向。

廉价 (23)：

橙色 20%
褐色 16%
灰色 16%
白色 11%
金色 10%
粉红色 10%
绿色 8%
紫色 8%

不存在任何橙色的天然面料，橙色标志着最廉价的人造特征。

能量 (41)：

红色 44%
橙色 21%
黄色 19%
金色 8%
蓝色 8%

红、橙、黄是能量的色调，橙色排在红色后面是构成火的色彩之一。

色彩的性格
Wie Farben wirken

文化效果和象征效果

1. 橙子的橙色

在橙子存在之前没有橙色。在所有的语言里，色彩的名称与同色的果实名称一致。同样，与橙色相关的口味也完全打上了橙子的烙印。

橙子产自印度，当地称之为"那仍（nareng）"。它从印度传到阿拉伯后，在那里被称为"那郎（narang）"。远征的十字军将它带到欧洲，西班牙人称之为"那郎亚（naranja）"。当橙子最终在法国安家后，法国人将这个单词中的第一个"a"变为"o"——因为"or"即黄金，这个词与橙子很相配。

橘子来自中国，因为它的颜色与被称为"曼德瑞（Mandarine）"的中国大臣的服装色彩一致，葡萄牙人用此官衔命名了橘子。——一个官职和一种果实的称谓相同只因为他们有同一种色彩，从这个背景里我们便可看出橙色对于欧洲人有多么陌生。

在唯纯色为美的时代，人们避免用橙色，只选红色或黄色。被视为美丽的只有一种微微发红的黄色，即金黄。发黄的红色（绯红）不如发蓝的红色（胭脂红）高贵。真正的橙色由等份的红色和黄色混合而成，在欧洲中世纪的绘画中它既不是象征色彩也不是还原的服装颜色。

按照徽章学的规则，橙色不允许作为徽章色，不管怎样没人愿意其徽章的色彩为缺乏美感的混合色。直至近代在徽章上才出现了橙色的装饰元素。橙色在徽章学中代表"胡阿辛特（Hyazinth）"———一种褐色—橙红色宝石的名称。[1]

否定橙色的传统还决定了今天我们对色彩的感觉，我们能注意到的橙色比我们周围实际存在的要少。虽然"橙色的晚霞"更贴切一些，但人们总是说"红色的晚霞"，还有"红色的晨曦"更应该是"橙色的晨曦"。我们说"红色的岩石"，但只要仔细观察一下就会发现它其实是橙色的岩石。

橙色仍是一种拥有异国风情的色彩。

《读书的少女》 法国 弗拉贡纳尔

色彩的性格
Wie Farben wirken

心理效果和象征效果
2. 廉价的现代风格

《埃尔沙肖像》英国 迪科塞尔

画家以在绘画中完美表现优雅时髦的女人肖像而著称，画中的埃尔沙披一件橙色的绣花披肩，时尚感强烈。

橙色的物品看起来廉价，因为它们大多为塑料质地。

褐色和灰色显得廉价，是因为这两种颜色为简单的天然面料的典型色彩。不存在任何橙色的天然面料，橙色标志着最廉价的人造特征。

橙色在传统中的不良形象在前些年里得到了加强，从垃圾桶到柠檬榨汁器——塑料商品常常使用橙色，而非其他色彩；从螺丝刀到打蛋器——其塑料手柄都是橙色。

不了解广告界不善做研究工作这一特点的人，会猜测在此统一的色彩背后是否具有其殚精竭虑的市场战略，事实上却只存在相互模仿的销售战略，每个人都希望其他人出资去考察消费者的愿望。——当市场上只有橙色的工具产品时，则人们只能购买这种颜色的产品。于是制造商和广告人便坚定了自己的观点：人们喜欢橙色。

并非由于许多人喜欢其他色彩而导致了橙色的塑料时代的终结，造成这一结果的只是媒体关于黄色及橙色塑料具有剧毒性的讨论。

除"经典的"广告色红色外，橙色是广告中最重要的色彩。但是那些希望达到引人注目效果的橙色的广告信息，多年来引起的是反面的效果，消费者将此信息识别为广告而不去读它。越来越多的人对广告的反应是：一份报纸中的橙色页面被自然而然地翻过去，信箱中的橙色纸张被直接扔进了垃圾桶。

橙色是时尚多于现代的色彩，它的时尚具有负面的意义：表现出了令人不适的刺眼，受人摆布的口味。

《巴特金娜像》
俄国 V.A.谢洛夫
1899 年

处于1905年革命风暴到来之前的残酷时代,谢洛夫没有从事主题性的巨幅创作,而致力于肖像画创作。

心理效果和象征效果

3. 醒目的颜色

  大多数接受调查者首先想到橙色的极少概念里包括醒目和外向。
  与醒目相近的特征是吹牛,此处也让人不禁想起了橙色。
  醒目的事物有大声和临近的特点。
  与经验相应的橙色是临近的色彩——当距离较远时,由于蓝色大气层的叠加,橙色看上去像褐色。

色彩的性格
Wie Farben wirken

象征效果

4. 愉快、有趣、合群

愉快、有趣、合群的色彩——这是橙色积极的一面，在此效果中它总和黄色与红色共同出现。"每个人都知道，黄色、橙色和红色引发和体现了人们关于喜悦及财富的观念。"画家奥伊根那·德拉克罗伊克斯(Eugène Delacroix)这样写道。[2] 现代画家也将橙色用做象征生命乐趣的色彩（参见图88和图89）。我们可以这样理论性地解释橙色的效果：橙色是蓝色的互补色。蓝色是代表才智、深思熟虑及寂静的色彩，其对极橙色则表示与其相对的特征。

不过一种色彩的效果很少是由其互补色来确定的，更重要的是根据经验针对此色彩所产生的联想。橙色是光与热的组合，所以它令人感觉舒适。它的光度不像黄色那么刺眼，与黄色

图88：橙色在图卢兹－劳垂克（法国南部地区）是代表生命喜悦的色彩。

相反，它从未有肮脏及混沌的效果，只是不鲜亮罢了。橙色的温度不像红色那么闷热，橙色明朗而温暖，它是令精神和身体愉悦的理想的混合体。

"美迪亚那郎亚(Media naranja)"——"橙色的另一半"，西班牙的丈夫们这样称呼他们的"更好的另一半"。

狄厄尼索斯被古罗马人称为"巴克斯"，他是司葡萄酒、醉意、丰收之神，他是尘世的愉悦之神。狄厄尼索斯穿橙色的衣服。在巴克斯祭礼上没有男祭司，只有女祭司，即巴克斯的女信徒。她们穿橙色服装，头上戴着葡萄树叶的装饰，以酩酊大醉来为她们的神庆祝。

愉快（180）：

橙色 22%
红色 18%
黄色 14%
粉红色 12%
紫色 12%
蓝色 10%
绿色 7%
金色 5%

黄色、橙色和红色引发和体现了人们关于喜悦及财富的观念。

有趣（111）：

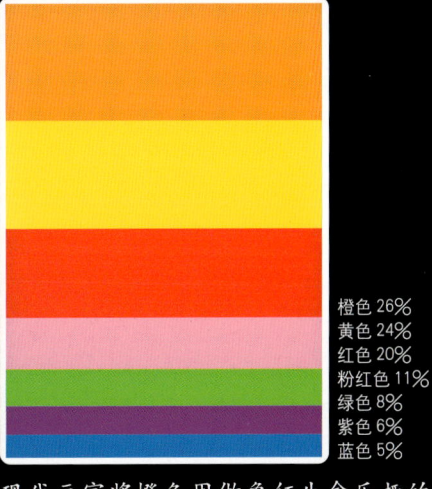

橙色 26%
黄色 24%
红色 20%
粉红色 11%
绿色 8%
紫色 6%
蓝色 5%

现代画家将橙色用做象征生命乐趣的色彩。

合群（65）：

橙色 25%
黄色 20%
红色 15%
绿色 12%
粉红色 10%
蓝色 10%
褐色 8%

橙色是光与热的组合，所以它令人感觉舒适。

温暖（186）：

红色 47%
橙色 26%
褐色 13%
黄色 9%
金色 5%

橙色的温度不像红色那么闷热，橙色明朗而温暖，它是令精神和身体愉悦的理想的混合体。

《炽热的六月》 英国 弗雷德里克·莱顿

虽然橙色是代表能量的第二位颜色，但画中女孩的橙色长裙却足以体现六月的"炽热"。画家独特的视角，加上模特身体优美的弯曲使这幅画与众不同。艳丽的色彩也使这幅作品格外抢眼。

心理效果和象征效果

5. 代表能量的第二位颜色

　　红、橙、黄是能量的色调，橙色排在红色后面是构成火的色彩之一。橙色也是代表兴奋、欲望的色彩。

　　歌德称有光泽的橙色为"高度的黄红色"或"猩红"。自然这种醒目的橙色极不符合歌德时代以柔和色彩为美的观点，歌德因此写道："其积极的一面为最高能量的表示，它特别受到精力旺盛、健康、茹毛饮血的原始人的喜爱，也就不足为奇了。我们发现野蛮民族对此色彩也非常偏好。如果将孩子放任不管，从一开始就让他们接触五颜六色，则他们不会喜欢朱砂和红丹。"[3] 歌德还写道："我认识一些有知识的人，他们认为在平常灰蒙蒙的日子里遇见穿猩红色衣服的人是令人不能忍受的事情。"[4]

橙 色

文化效果
6. 变迁与佛教的色彩

在中国，黄色是象征完美的色彩，黄色代表一切高贵的特征（参见"黄色"第11节）。红色是代表幸运和权利的色彩。橙色不仅是介于完美和幸运之间的色彩，橙色还有自己的含义：它是变迁的色彩。

变迁的思想是儒家学说这一中国国教的基石，它是一种没有庙堂、没有祭司的宗教，其精神的主宰是皇帝。尘世和神灵的统治者是统一的，所以儒家学说同时涉及阴阳两界。它是一种宗教，更是一种生命哲学。

一切存在都可以理解为介于男性、积极的原则"阳"和女性、被动的"阴"之间的相互作用。阴和阳并非一成不变的对立面，它们相互转化，因为任何事物都不可能长久地保持不变。没人可以只生活在一个人的世界里，每个人都需对具有对立利益的其他人做出反应。变迁意味着进步和固定不变之间的相互作用。即使固定不变也是变化的一个阶段，因为只有固定不变才能导向进步。

在一本诞生于三千年前的智慧文献中，中国的哲学家阐述了关于生命的种种问题，孔夫子也为此书题写了建议。这本书名为《易经》，意思是"变迁之书"。

橙色作为变迁的颜色因而是代表中国哲学的色彩。橙色象征变迁的效果与任何其他色彩都有所不同。——混合色绿色是代表大自然的独立色彩；出自红色和蓝色的紫色象征基本对立物的统一。但是黄色和红色相近，像火和光、感性和理性那样属于一个整体。——基督教将感性理解为与理性敌对的力量，而儒家学说并不认同这种敌视身体的禁欲思想。

在孔夫子的时代（公元前551—公元前479），还生活着印度的宗教创始者释迦牟尼（公元前560—公元前480）。他死后印度的僧侣宗教很快便传到了中国。两种宗教均未引发过战争。佛教中橙色是代表彻悟的色彩，这是佛教思想中人类完美的最高境界，因此橙色也是佛教的象征色。

僧人的长袍为橙色，由一整块未经缝补的布片构成，一只袖子空着。橙色的金鱼是佛教的一个重要象征：它象征彻悟。

在印度，人们对橙色的感知与我们这里有着很大的区别。那里的人认识更

色彩的性格
Wie Farben wirken

图84：印度人美丽的橙色，天神皮肤的颜色。

多的橙色色调：特别令印度人吃惊的是，印度典型的橙色色调被我们称为黄色色调。所谓的印度黄是一种橙色，番红花的黄色也是橙色。

印度的国旗为橙、白、绿三色（参见图85），它与爱尔兰国旗的色彩相同（参见图86）。在印度国旗的色彩中，橙色按照其染色植物的名字被称为"番红花"。国旗的颜色橙色/番红花自然与佛教有关，但同时在与宗教无关的政治的象征意义里，橙色意味着"勇气"和"牺牲精神"。我们从这里不难看出橙色在印度具有多么重大的意义。

橙色在印度的艺术中所起的作用类似于欧洲绘画艺术中红蓝色的色彩组合：红蓝色在我们这里具有各种各样的意义并一直是流行的时尚。在亚洲，几乎所有的绘画作品中都可看见穿橙色衣服的神和人，许多画的底色为橙色——橙色因此甚至是天空的色彩。

在印度，橙色在所有的色调中如此被看重的最重要的原因是：它是印度人的肤色。正如白皮肤的人将白色理想化一样，虽然印度人的皮肤绝不是有光泽的黄色，他们仍将自己的肤色美化为番红花的黄色。印度的图画中神灵和统治者的皮肤都被画为发光的橙色（参见图84）。任何地方的人都按照自己的形象来想象神。

图85：印度的国旗上橙色是佛教的颜色，意为"勇气"和"牺牲精神"。

图86：爱尔兰的国旗上橙色是新教的颜色。

橙色

文化效果

7. 从印度黄到散沫花红：印度多种多样的橙色

许多植物都可用于橙色印染，其中最著名的来自印度。被誉为"植物之王"的番红花原先来自东印度，在"黄色"的第9节中我们已经叙述过此植物及其黄色至橙红色染料的提取。在欧洲番红花用于印染衣服非常昂贵，但是印度的达官贵族都穿番红花染色的服装。染工可以让番红花的色谱变化出从明亮的黄色直至深橙红色的多个层次。

因较为便宜而流传更广的染料为红花——"假番红花"。它是一种飞廉属植物，开有橙色花，最早在印度和中国均有种植。从干燥后的花中人们可以获取两种不同的染料：一种黄色的，溶于水，一种红色的，通过添加酒精和碱而溶解。此黄色染料不太耐光并且在水洗后变淡。此红色染料则耐光且耐洗。在欧洲人们将这两种染料分离：水溶性的黄色冲洗出来作为番红花的次等替代品使用。留下的红色染料虽然还含有黄色的痕迹，染出的是橙色，但经过多次洗涤后黄色淡去，便产生了清晰的红色。在亚洲人们不将红花制成的染料分离，人们欣赏橙色以及用红花染色的衣服所具有的典型的色彩变化。如果将此染料分离也会违背亚洲人的观念：因为这种黄色染料只能染出暂时的色彩，而黄色是象征永恒价值的色彩。人们不将红花制成的红色和黄色染料分离及对比，就避免了经验和象征性的价值之间的矛盾。

人们用一种叫做奥里安的灌木的蒴果来印染有光泽的橙色，这种色彩色泽持久，染色方法也很简单：人们将李子大小的蒴果弄碎，然后放在水中发酵，而后得到的红色泥状物质可用于印染布料并用做漆色的基础色。奥里安还可用做食色——爱达姆奶酪的红色外皮就是用它染成的。

散沫花以做头发和皮肤的染色剂而著称，这种红色的染料取自散沫花灌木的根部。在欧洲散沫花已被人们遗忘了几十年，今天人们又重新认可了这种植物染发剂的价值。它是早已为人类所知的染料：考古学家曾发现一具3500年前的木乃伊——一位古埃及公主的头发为散沫花染色。

男性也用它来染胡须。阿拉伯人甚至用散沫花给他们名贵的马染鬃毛。公

色彩的性格
Wie Farben wirken

元17年发生在中国的"赤眉起义"中，起义的农民用散沫花将眉毛染色。这不仅是一种清晰可辨的政治属性的表白，它也是一种不易改换的标志，因为散沫花的染色相当持久。

为了庆祝传统仪式，直至今天印度妇女仍用散沫花涂画指甲、手及脚底上的装饰图案。散沫花也可用于布料的染色，在丝绸和棉布上染出的是一种有光泽的橙色，皮革则为红褐色。

散沫花灌木上开出的黄花散发的香味很好闻，此花像基督教敬神的香一样用于佛教的祭祀仪式，印度人称之为"天堂之花"。

对橙色这种颜色的尊重使得人们为获取特殊的有细微差别的橙色而不惜代价。"印度黄"是一种微微发红的黄色，它是古代画家所用的色彩，今天可以人工合成。这种染料最初是从母牛的尿液中获取的，而这种母牛必须用芒果叶饲养。

印度妇女以天然植物散沫花为染料涂画指甲、手及脚上的装饰图案。

橙 色

政治效果

8. 奥拉宁与新教

橙色是代表荷兰民族的色彩，它是荷兰王族的色彩，奥拉宁王族的色彩。荷兰语"Oranje"即"橙色（orange）"。

奥拉宁王族起初为奥朗热①王族，因为此贵族起源于法国城市奥朗热，这个城市直至18世纪仍为独立的侯爵领地。奥朗热的亲王不仅统治着这块小领地，几百年中他们也是荷兰各省的摄政者（总督）。

奥拉宁最著名的亲王威廉一世，于1568年组织荷兰人进行了反抗西班牙人统治的自由战争。威廉一世被谋杀后，他的家族继续领导了这场爱国战争。1648年荷兰赢得了独立，威廉一世的孙子威廉二世成为人民爱戴的摄政王。信仰天主教的斯图亚特王朝垮台后，威廉二世的儿子威廉三世于1688年成为英格兰和爱尔兰的国王，他被称为"奥朗热威廉"。

奥朗热威廉和所有的奥拉宁王族一样是新教教徒，新教教徒自称为"奥朗

---

① 即橙色。——译者注

色彩的性格
Wie Farben wirken

图83：从橙色向绿色的过渡：绘画作品中耶稣复活时的光辉。

热（橙色）人"，橙色于是成为对抗爱尔兰天主教徒的战争的色彩。天主教徒的色彩为绿色，因为绿色是爱尔兰民族的色彩，它也因此成为爱尔兰传统宗教的色彩（参见"绿色"第15节）。

今天爱尔兰的国旗为绿、白、橙三色旗（参见图86），据称介于天主教的绿色和新教的橙色之间的白色象征着两个宗教之间缔结和平。——但是这道白色更像两个对立党派之间的缓冲带，橙色在爱尔兰比在德国更不受欢迎。

奥朗热的领地不复存在，但自1815年以来奥拉宁王族一直执政于统一的荷兰，其国旗为红、白、蓝三色——起初最上面为橙色，以表示对奥拉宁王族的敬意。后来橙色被红色取代，因为红色在距离远时更容易辨认——这对于一个航海民族非常重要。但荷兰国旗的颜色仍延续被称为"Oranje-blanje-bleue（橙—白—蓝）"[5]。

当有王宫成员庆祝生日时，忠实于国王的臣属们便会升起橙色的三角旗。我们在许多照片上都可看到王后比阿特里可丝（Beatrix）持橙色的玫瑰。在国际性的体育比赛中，荷兰的球迷经常向他们的球队投掷橙色汗衫，荷兰的观战助威者愿意自称为"橙色汗衫"。橙色在荷兰远比在德国受欢迎。

橙色

政治效果

9．安全的色彩

修路工人、街道清洁工、垃圾工的服装都是橙色，橙色由于引人注目而起到保护作用。修路机器和垃圾车同样是橙色的；有轨电车和公共汽车常常涂有橙色的条纹。这些橙色表达了这样的含义："行车道上的行人请注意！"——"慢行的车辆请注意！"

在法国，黄色的交通指挥灯被称为"橙色"——虽然它和德国所指的是同样的黄色。

在工厂里橙色也被用做安全色彩，它标志着可能产生危险的机器零件，如切割机床的刀具。易燃、易爆或有毒物品的包装箱上过去使用黄色的标签，现在则越来越多地被橙色的贴纸所替代。

修路工人和垃圾工所穿的橙色越来越多地被公共设施所采用，则这种色彩在日常服装中越少见。虽然交通安全专家建议人们的汽车应选择在黑暗中和雾中容易识别的颜色，但几乎没人愿意拥有一辆橙色的汽车。只要汽车仍被视为地位的象征，相比之下安全性就显得不那么重要，因为在人们的印象中，黑色的汽车看起来比橙色的昂贵许多。

安全提示标牌采用醒目的橙色

色彩的性格
Wie Farben wirken

心理效果和象征效果
10. 创造性的橙色

对于今天的人们来说要找到一件不是橙色的日用品很难。橙色的产品为了吸引消费者的注意力而互相竞争,这样做的后果是,非橙色的物品反而最引人注目。

随着人们对广告的日益反感,表明事物特征的色彩效果也在发生着变化。消费者不再对橙色有所反应,没人去读橙色的招贴画,因为只要看一眼就足以确认它们是广告,仅凭这种识别就使人丧失了兴趣。从这一经验出发,创造性

橙 色

地使用橙色首先要建立在放弃橙色的基础上。

因为几乎不存在天然色彩为橙色的事物,所以随意运用色彩的空间便受到了限制。图87向我们展示了创造性运用橙色的一个极少的范例。在这张图上橙色外壳的典型色彩和典型结构与一个梨的典型形式相结合。——这是一张值得看第二眼的幽默画。

到目前为止尚未制成橙色的少数产品中,包括极其昂贵的奢侈品。但是对此也不存在需求:奢侈与橙色根本不般配,就像不可能有人生产橙色的豪华大型轿车一样。

布哈格万·施雷·拉内施(Bhagwan Schree Rajneesh)是宗教创始人及宗教领袖,他规定其信徒常年穿橙色衣服。这种色彩符合其学说的印度形象,橙色服装被他的信徒阐释为生命欢乐的表达。这种西方的男性根本不穿、女性不经常穿的服装色彩首先产生了巨大的宣传效果,橙色服装是布哈格万公开的信仰表白。

布哈格万自己从不穿橙色的衣服。并且他虽然拥有上百辆的罗尔斯·罗伊斯大型轿车,但其中没有一辆是橙色。一辆橙色的罗尔斯·罗伊斯显得自相矛盾:其豪华会因这种色彩而显得可笑。此外,布哈格万在一次记者采访时说,他不能忍受橙色这种色彩。

注 释

[1] 胡阿辛特(Hyazinth)是一种红色的锆石。
[2] 黑斯(Hess):《从瑟桑那到芒德里安——画家自我证明中的色彩问题》,21页。
[3] 歌德:《色彩规则》,775节。
[4] 同上,776节。
[5] 拉博:《政治象征词典》,167页。

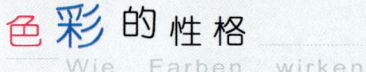

200种特性和情感的色彩调查结果

特性和情感	色彩调查结果				
拒绝(1)：	黑色20%	灰色18%	褐色15%	紫色8%	橙色8%
	银色7%	绿色6%	黄色5%		
进攻性(2)：	红色50%	黄色10%	黑色10%	橙色9%	绿色7%
活力(3)：	红色28%	橙色18%	黄色15%	蓝色15%	绿色12%
年老(4)：	灰色57%	褐色31%	黑色6%		
年龄(5)：	灰色32%	黑色22%	褐色20%	银色7%	紫色5%
过时(6)：	褐色39%	灰色21%	紫色9%	黑色9%	金色8%
初始(7)：	白色46%	绿色18%	蓝色8%	黑色7%	灰色7%
吹牛(8)：	金色31%	橙色18%	黄色10%	紫色9%	红色9%
	褐色7%				
令人愉快(9)：	绿色23%	粉红色18%	蓝色15%	白色8%	橙色8%
	黄色8%	红色7%			
合适(10)：	灰色33%	褐色25%	白色7%	绿色5%	蓝色5%
	红色5%				
芳香(11)：	褐色27%	橙色20%	绿色16%	红色13%	
吸引力(12)：	红色25%	蓝色12%	白色10%	金色9%	粉红色7%
	紫色7%	银色6%	黑色5%		
醒目(13)：	橙色22%	黄色16%	紫色13%	粉红色11%	红色10%
	金色8%	绿色5%			
兴奋(14)：	红色33%	橙色20%	黄色13%	绿色12%	紫色10%
坚持(15)：	绿色20%	蓝色12%	红色11%	黄色9%	白色9%
	褐色9%	灰色8%	紫色7%	橙色6%	
不寻常(16)：	紫色30%	金色21%	银色15%	黑色11%	橙色7%

色彩调查结果

困窘(17):	黑色 35%	灰色 18%	褐色 14%	橙色 7%	红色 6%
	蓝色 6%				
威胁(18):	黑色 51%	红色 14%	褐色 11%	灰色 10%	紫色 6%
欲望(19):	红色 34%	橙色 13%	黄色 11%	黑色 11%	金色 10%
	紫色 10%				
镇静(20):	绿色 40%	蓝色 15%	粉红色 9%	白色 7%	
谦虚(21):	灰色 22%	白色 17%	粉红色 14%	褐色 10%	绿色 10%
	银色 7%	黑色 5%			
平庸(22):	褐色 34%	灰色 32%	白色 9%	银色 7%	蓝色 5%
廉价(23):	橙色 19%	褐色 15%	灰色 15%	白色 10%	金色 9%
	粉红色 9%	绿色 8%	紫色 7%		
苦味(24):	绿色 27%	褐色 17%	黄色 17%	灰色 9%	黑色 8%
	紫色 7%	蓝色 5%			
邪恶(25):	黑色 62%	褐色 12%	红色 6%	紫色 5%	灰色 5%
残忍(26):	黑色 41%	红色 24%	褐色 18%	橙色 5%	
妩媚(27):	粉红色 19%	白色 16%	紫色 10%	红色 9%	蓝色 9%
	银色 8%	橙色 7%	金色 7%	黄色 6%	
愚蠢(28):	褐色 25%	灰色 20%	黑色 14%	黄色 9%	紫色 7%
	绿色 7%				
动力(29):	红色 25%	蓝色 20%	橙色 13%	银色 10%	黄色 9%
	黑色 6%	绿色 5%	白色 5%		
有棱角(30):	黑色 18%	灰色 18%	银色 15%	蓝色 15%	白色 12%
	黄色 8%	绿色 7%			
自私(31):	黑色 22%	黄色 17%	金色 9%	绿色 8%	红色 8%
	紫色 7%	蓝色 7%	褐色 6%	灰色 6%	
诚实(32):	白色 37%	蓝色 23%	绿色 17%	金色 6%	
猜忌(33):	黄色 43%	绿色 23%	黑色 8%	紫色 6%	

399

色彩的性格
Wie Farben wirken

明确(34):	白色 34%	黑色 24%	蓝色 12%	红色 8%	金色 5%
简单(35):	白色 52%	灰色 27%	褐色 8%		
孤独(36):	灰色 33%	黑色 20%	白色 16%	紫色 6%	蓝色 6%
	褐色 5%				
虚荣(37):	紫色 22%	粉红色 20%	金色 18%	黄色 13%	橙色 10%
	蓝色 8%				
优雅(38):	黑色 22%	银色 19%	白色 15%	金色 12%	紫色 9%
	灰色 7%	蓝色 6%			
多愁善感 敏感(39):	粉红色 36%	紫色 14%	白色 12%	蓝色 12%	黄色 11%
	绿色 8%	红色 7%			
结束(40):	黑色 59%	灰色 9%	褐色 7%	白色 7%	
能量(41):	红色 38%	橙色 18%	黄色 16%	金色 7%	蓝色 7%
狭窄(42):	黑色 48%	褐色 17%	紫色 8%	灰色 6%	
松弛(43):	蓝色 29%	绿色 22%	白色 10%	粉红色 9%	褐色 8%
	黄色 5%				
清新(44):	蓝色 25%	黄色 22%	绿色 15%	白色 12%	橙色 11%
	红色 6%	粉红色 5%			
休养(45):	绿色 57%	蓝色 16%	白色 9%	黄色 8%	
性爱(46):	红色 63%	粉红色 12%	黑色 9%	紫色 8%	
永恒(47):	白色 36%	蓝色 23%	黑色 18%	金色 7%	紫色 6%
	灰色 5%				
外向(48):	橙色 19%	黄色 17%	红色 14%	金色 7%	粉红色 7%
	白色 7%	绿色 6%	蓝色 6%		
懒惰(49):	褐色 42%	灰色 22%	黑色 10%	蓝色 8%	紫色 6%
遥远(50):	蓝色 54%	灰色 13%	白色 10%	黑色 6%	
欢庆(51):	金色 26%	白色 23%	银色 15%	黑色 15%	蓝色 8%
友好(52):	蓝色 20%	粉红色 13%	黄色 11%	白色 11%	橙色 10%

色彩调查结果

	绿色 10%	金色 8%	红色 8%		
友谊(53):	蓝色 28%	金色 17%	红色 15%	绿色 12%	粉红色 8%
	橙色 6%	白色 6%			
新鲜(54):	绿色 34%	蓝色 27%	白色 20%	黄色 11%	粉红色 5%
虔诚(55):	白色 34%	黑色 19%	紫色 9%	灰色 8%	蓝色 8%
	银色 6%	褐色 6%			
春天(56):	绿色 64%	黄色 12%	粉红色 11%	白色 8%	
功能性(57):	白色 29%	灰色 21%	黑色 19%	银色 10%	蓝色 5%
安全(58):	褐色 24%	红色 18%	粉红色 15%	蓝色 10%	绿色 10%
	橙色 8%				
危险(59):	红色 43%	黑色 24%	橙色 12%	黄色 11%	
无情(60):	灰色 26%	黑色 18%	黄色 11%	蓝色 11%	褐色 7%
	银色 6%	紫色 6%	白色 6%		
吝啬(61):	黄色 31%	绿色 26%	灰色 19%	黑色 8%	褐色 7%
舒适(62):	褐色 39%	粉红色 10%	绿色 10%	黄色 8%	蓝色 8%
	橙色 7%	红色 7%			
精确(63):	白色 23%	蓝色 20%	黑色 17%	银色 8%	金色 8%
	灰色 5%	绿色 5%	红色 5%		
享受(64):	金色 18%	紫色 15%	橙色 13%	粉红色 11%	绿色 11%
	蓝色 7%	褐色 7%	红色 6%		
合群(65):	橙色 22%	黄色 17%	红色 13%	绿色 10%	粉红色 9%
	蓝色 9%	褐色 7%			
健康(66):	绿色 30%	红色 21%	粉红色 12%	蓝色 12%	橙色 7%
	白色 6%	黄色 5%			
有毒(67):	绿色 56%	黄色 21%	紫色 5%		
信仰(68):	白色 37%	蓝色 15%	紫色 12%	黑色 10%	绿色 9%
	金色 6%				

色彩的性格
Wie Farben wirken

无所谓(69)：	灰色 52%	褐色 13%	黑色 7%	白色 7%	紫色 6%
幸运(70)：	金色 20%	红色 20%	绿色 14%	黄色 11%	粉红色 10%
	蓝色 10%	白色 7%	橙色 5%		
大(71)：	黑色 23%	蓝色 18%	白色 13%	红色 10%	灰色 10%
	金色 6%	黄色 6%			
好(72)：	白色 42%	蓝色 12%	金色 11%	绿色 7%	红色 7%
	橙色 6%	黄色 5%			
和谐(73)：	蓝色 28%	粉红色 14%	白色 12%	绿色 10%	紫色 7%
	红色 7%	金色 6%			
坚硬(74)：	黑色 43%	蓝色 15%	银色 12%	灰色 9%	红色 6%
仇恨(75)：	红色 47%	黑色 23%	绿色 7%	灰色 6%	橙色 5%
秘密(76)：	灰色 29%	黑色 19%	紫色 14%	褐色 8%	黄色 8%
	白色 7%				
兴奋(77)：	红色 23%	橙色 14%	黑色 12%	灰色 11%	黄色 11%
	紫色 10%	绿色 9%			
酸涩(78)：	绿色 34%	褐色 17%	灰色 10%	黑色 9%	银色 7%
	黄色 5%				
秋天(79)：	褐色 55%	金色 16%	橙色 10%	灰色 7%	黄色 5%
乐于助人(80)：	绿色 20%	蓝色 16%	白色 4%	红色 11%	金色 11%
	黄色 9%	橙色 5%			
炽热(81)：	红色 46%	黄色 23%	橙色 21%		
礼貌(82)：	粉红色 17%	银色 15%	白色 14%	灰色 11%	蓝色 10%
	绿色 9%	金色 6%	黄色 6%		
希望(83)：	绿色 52%	蓝色 23%	白色 7%	黄色 6%	
理想(84)：	白色 23%	蓝色 17%	金色 13%	银色 11%	黄色 8%
	绿色 7%	粉红色 6%	红色 6%		
冲动(85)：	红色 36%	黄色 21%	橙色 13%	紫色 9%	蓝色 7%

色彩调查结果

词语					
内向(86)：	黑色19%	灰色17%	紫色16%	褐色12%	白色7%
	蓝色7%	黄色6%	粉红色5%		
青春(87)：	绿色28%	粉红色20%	黄色13%	蓝色13%	白色12%
冷(88)：	蓝色47%	白色23%	灰色14%	银色11%	
童年(89)：	粉红色34%	绿色13%	黄色9%	蓝色8%	金色7%
	橙色6%	白色5%			
小(90)：	粉红色27%	黄色14%	白色12%	银色9%	褐色7%
	灰色7%	黑色6%	金色5%		
聪明(91)：	白色26%	蓝色22%	银色11%	金色11%	黄色8%
	灰色7%	紫色5%			
保守(92)：	黑色40%	褐色28%	金色9%	灰色8%	蓝色7%
专注(93)：	蓝色19%	白色19%	黑色13%	灰色9%	红色8%
	黄色6%	绿色5%	银色5%		
力量(94)：	红色33%	黑色21%	蓝色13%	褐色7%	金色6%
	橙色5%	白色5%			
凉(95)：	蓝色46%	银色14%	白色13%	灰色11%	绿色6%
人造(96)：	紫色23%	银色18%	粉红色15%	金色15%	橙色10%
	白色5%				
喧闹(97)：	黑色28%	红色18%	橙色12%	灰色12%	黄色10%
	褐色7%				
无聊(98)：	灰色45%	褐色24%	黑色9%	粉红色7%	
大声(99)：	红色28%	橙色21%	黄色19%	紫色13%	黑色9%
活泼(100)：	绿色38%	红色16%	橙色10%	黄色10%	白色9%
	蓝色8%				
生命的欢乐 喜悦(101)：	红色27%	黄色16%	橙色12%	绿色11%	蓝色11%
	粉红色9%	白色6%			
空洞(102)：	黑色37%	灰色21%	白色21%	蓝色5%	

403

色彩的性格
Wie Farben wirken

轻(103):	白色 37%	黄色 18%	粉红色 17%	蓝色 10%	银色 5%
激情(104):	红色 54%	紫色 12%	橙色 7%	黄色 6%	金色 5%
	粉红色 5%				
轻声(105):	白色 27%	粉红色 20%	灰色 18%	银色 10%	绿色 5%
	黑色 5%				
成绩(106):	蓝色 20%	金色 18%	红色 15%	橙色 9%	银色 7%
	黄色 7%				
爱情(107):	红色 70%	粉红色 8%			
可爱(108):	粉红色 58%	白色 10%	红色 8%	蓝色 6%	橙色 5%
谎言(109):	黑色 21%	黄色 16%	灰色 15%	褐色 11%	金色 8%
	紫色 7%	橙色 6%	绿色 5%		
乐趣(110):	红色 46%	粉红色 10%	黑色 9%	蓝色 7%	紫色 7%
	金色 5%				
有趣(111):	橙色 25%	黄色 23%	红色 19%	粉红色 11%	绿色 8%
	紫色 6%	蓝色 5%			
奢侈过度(112):	金色 40%	黄色 12%	紫色 11%	银色 9%	黑色 9%
	红色 7%				
权力(113):	黑色 48%	金色 14%	红色 12%	褐色 12%	
男性(114):	蓝色 35%	黑色 20%	褐色 13%	红色 7%	灰色 6%
魔力(115):	黑色 54%	紫色 25%	金色 8%		
柔和(116):	粉红色 26%	白色 26%	蓝色 12%	橙色 8%	褐色 7%
	绿色 6%	黄色 6%			
中等(117):	灰色 29%	褐色 27%	绿色 10%	黄色 9%	橙色 8%
	蓝色 5%				
现代(118):	白色 19%	黑色 14%	红色 13%	橙色 11%	紫色 10%
	蓝色 10%	银色 8%	粉红色 7%		
时尚(119):	紫色 20%	橙色 17%	粉红色 14%	黄色 12%	红色 12%

色彩调查结果

	黑色 8%	白色 6%			
勇气(120)：	蓝色 25%	红色 19%	黑色 14%	金色 7%	黄色 7%
	绿色 7%	银色 5%			
深思熟虑(121)：	灰色 21%	蓝色 17%	黑色 15%	白色 9%	褐色 9%
	紫色 7%	银色 7%	绿色 7%		
临近(122)：	红色 29%	橙色 15%	粉红色 12%	绿色 10%	褐色 8%
	黄色 8%	白色 6%			
天真(123)：	粉红色 27%	绿色 13%	黄色 13%	紫色 10%	灰色 7%
	褐色 6%				
天然(124)：	绿色 48%	白色 14%	蓝色 13%	褐色 10%	黄色 5%
嫉妒(125)：	黄色 44%	绿色 24%	灰色 8%	黑色 6%	
崭新(126)：	白色 30%	黄色 13%	蓝色 11%	粉红色 9%	绿色 9%
	银色 8%	金色 6%			
中性(127)：	白色 52%	灰色 31%			
乐观(128)：	黄色 19%	绿色 17%	蓝色 15%	白色 11%	红色 10%
	橙色 9%	粉红色 8%			
奇特(129)：	紫色 22%	橙色 17%	银色 11%	金色 8%	黄色 8%
	红色 7%	黑色 7%	粉红色 6%		
幻想(130)：	紫色 18%	蓝色 18%	黄色 13%	粉红色 9%	绿色 9%
	橙色 8%	红色 8%	白色 7%	银色 5%	
华丽(131)：	金色 50%	红色 16%	紫色 10%	银色 10%	
准时(132)：	灰色 20%	蓝色 17%	白色 10%	褐色 10%	绿色 8%
	金色 7%	银色 7%	橙色 6%		
财富(133)：	金色 53%	银色 16%	黄色 8%	黑色 8%	
浪漫(134)：	粉红色 36%	红色 14%	紫色 12%	蓝色 9%	绿色 9%
	橙色 7%	白色 7%			
安宁(135)：	绿色 30%	蓝色 21%	白色 15%	褐色 10%	黑色 9%

405

色彩的性格
Wie Farben wirken

	灰色 8%				
圆(136)：	红色 24%	金色 15%	橙色 14%	粉红色 11%	黄色 9%
	紫色 7%	褐色 6%	白色 5%		
客观性(137)：	白色 27%	灰色 22%	蓝色 20%	黑色 15%	
咸味(138)：	白色 36%	灰色 12%	绿色 12%	蓝色 12%	银色 8%
	黄色 7%				
温和(139)：	粉红色 41%	白色 17%	蓝色 10%	紫色 7%	褐色 6%
	黄色 5%	绿色 5%			
清洁／纯洁(140)：	白色 82%	蓝色 11%			
酸味(141)：	黄色 38%	绿色 38%			
坏(142)：	黑色 43%	褐色 22%	灰色 13%	紫色 8%	
迅速(143)：	银色 35%	红色 18%	黄色 12%	白色 11%	黑色 8%
	蓝色 8%				
过失(144)：	黑色 22%	黄色 9%	褐色 15%	紫色 12%	绿色 9%
	红色 8%	灰色 6%			
醉心(145)：	粉红色 38%	红色 14%	紫色 10%	橙色 10%	蓝色 9%
	黄色 7%	银色 5%			
沉重(146)：	黑色 45%	褐色 24%	灰色 10%	金色 6%	
渴望(147)：	蓝色 27%	绿色 13%	紫色 10%	白色 9%	红色 9%
	灰色 7%	粉红色 5%	金色 5%	黄色 5%	
独立自主(148)：	蓝色 27%	黑色 10%	银色 9%	金色 9%	绿色 9%
	红色 8%	橙色 7%	黄色 5%	白色 5%	
性(149)：	红色 48%	紫色 14%	粉红色 11%	黑色 6%	黄色 6%
	橙色 5%				
保障(150)：	绿色 23%	白色 15%	蓝色 14%	银色 10%	褐色 10%
	金色 6%	黄色 6%			
夏天(151)：	黄色 31%	绿色 24%	红色 10%	蓝色 9%	橙色 8%

色彩调查结果

庸俗(152):	金色 6%					
	褐色 32%	灰色 18%	金色 14%	绿色 9%	银色 7%	
	黑色 7%					
运动型(153):	蓝色 34%	红色 17%	白色 12%	银色 9%	绿色 7%	
	黄色 7%					
强大(154):	黑色 29%	红色 22%	蓝色 20%	金色 8%	褐色 8%	
寂静(155):	蓝色 22%	白色 15%	绿色 15%	黑色 13%	银色 11%	
	灰色 11%					
傲慢(156):	金色 21%	紫色 12%	蓝色 12%	白色 12%	红色 10%	
	银色 9%	黑色 7%	褐色 5%			
甜蜜(157):	粉红色 35%	橙色 18%	红色 17%	黄色 12%		
好感(158):	蓝色 28%	红色 17%	绿色 16%	粉红色 9%	白色 9%	
	紫色 8%					
昂贵(159):	金色 61%	银色 15%	黑色 10%	蓝色 6%		
宽容(160):	绿色 21%	蓝色 20%	白色 20%	紫色 8%	橙色 7%	
	黄色 7%					
梦幻(161):	粉红色 34%	蓝色 27%	紫色 9%	白色 8%	绿色 6%	
悲哀(162):	黑色 88%	灰色 10%				
忠诚(163):	蓝色 28%	绿色 17%	金色 10%	红色 8%	白色 7%	
	褐色 6%	银色 5%	紫色 5%	黄色 5%		
无边无际(164):	蓝色 35%	黑色 22%	白色 16%	紫色 6%	灰色 6%	
不合法(165):	黑色 32%	红色 22%	紫色 9%	橙色 9%	黄色 8%	
	灰色 5%					
非色情(166):	褐色 31%	灰色 16%	绿色 14%	黄色 8%	橙色 7%	
	白色 6%	蓝色 5%				
不友好(167):	灰色 30%	黑色 22%	褐色 18%	黄色 8%	绿色 6%	
	橙色 5%					

色彩的性格
Wie Farben wirken

不可食用(168)：	绿色23%	褐色19%	灰色15%	黄色11%	紫色11%
	黑色9%				
非常规(169)：	紫色28%	银色14%	橙色10%	黑色10%	黄色9%
	红色8%				
不道德(170)：	黑色24%	红色24%	紫色19%	黄色8%	粉红色7%
	褐色6%				
非自然(171)：	紫色24%	银色17%	粉红色15%	金色15%	橙色11%
	灰色5%				
不客观(172)：	粉红色20%	紫色20%	橙色14%	褐色11%	金色10%
	红色7%	灰色5%			
无辜(173)：	白色72%	粉红色12%			
不自信(174)：	灰色22%	黄色14%	粉红色12%	紫色12%	褐色11%
	白色8%	橙色6%			
不讨人喜欢(175)：	褐色27%	紫色12%	橙色11%	黄色11%	绿色7%
	灰色7%	黑色7%	粉红色5%		
不忠实(176)：	黑色20%	紫色17%	黄色15%	褐色12%	灰色12%
	橙色8%				
禁止(177)：	红色33%	黑色27%	紫色14%	褐色6%	黄色6%
腐烂(178)：	褐色26%	黑色22%	紫色14%	灰色11%	绿色7%
	黄色7%				
诱惑(179)：	红色31%	粉红色19%	紫色14%	黑色12%	
愉快(180)：	橙色20%	红色17%，	黄色13%	粉红色11%	紫色11%
	蓝色9%	绿色6%	金色5%		
引诱(181)：	红色26%	金色16%	蓝色16%	紫色13%	绿色7%
	银色5%				
虚伪(182)：	黄色26%	黑色19%	绿色14%，	紫色11%	褐色9%
	灰色6%				

色彩调查结果

信任(183):	蓝色 35%	绿色 13%	褐色 10%	金色 8%	灰色 8%
	黑色 8%	红色 6%	白色 6%	银色 5%	
贪食无节制(184):	褐色 22%	橙色 14%	紫色 13%	粉红色 12%	绿色 8%
	黄色 7%				
完美(185):	白色 30%	金色 26%	蓝色 16%	银色 5%	
温暖(186):	红色 42%	橙色 23%	褐色 12%	黄色 8%	金色 5%
真理(187):	白色 40%	蓝色 27%	金色 16%		
女性(188):	粉红色 34%	红色 16%	白色 13%	紫色 12%	黄色 5%
柔软(189):	粉红色 47%	白色 15%	黄色 8%	橙色 5%	绿色 5%
广阔(190):	蓝色 42%	白色 18%	绿色 15%	灰色 6%	
冬季(191):	白色 65%	灰色 15%	蓝色 10%		
知识(192):	白色 34%	蓝色 24%	黑色 8%	灰色 8%	绿色 6%
	银色 5%	黄色 5%			
肉欲(193):	红色 31%	紫色 22%	粉红色 17%	橙色 14%	褐色 7%
	黑色 6%				
愤怒/生气(194):	红色 55%	黑色 15%	橙色 8%	紫色 8%	绿色 6%
温柔(195):	粉红色 53%	红色 14%	蓝色 9%	紫色 8%	白色 7%
娇嫩(196):	粉红色 46%	白色 20%	黄色 12%		
可靠(197):	蓝色 27%	绿色 13%	褐色 10%	金色 8%	灰色 8%
	黑色 8%	红色 6%	白色 6%	银色 5%	
信心(198):	绿色 26%	蓝色 17%	黄色 9%	橙色 8%	白色 8%
	紫色 8%	银色 6%	粉红色 6%	红色 5%	金色 5%
暧昧(199):	紫色 22%	橙色 14%	粉红色 13%	灰色 12%	绿色 11%
	黄色 8%	金色 7%			
介于近与远之间(200):	绿色 20%	灰色 20%	蓝色 12%	紫色 10%	银色 9%
	黄色 8%	白色 6%	褐色 5%		

色彩的性格
Wie Farben wirken

书目索引
Shu Mu Suo Yin

1. 汉斯·贝希托德－施拖伊布里（Bächthold-Stäubli, Hanns）、爱德华·霍夫曼－克雷尔（Hoffmann-Krayer, Eduard）:《德国迷信简明词典》（10册），1927—1942年。再版本，柏林／纽约，1987年。

2. 《圣经》（Die Bibel），1884年的路德《圣经》修订版。（在较早的版本中"Purpur红"被译为"绯红"。）

3. 贝尔特·比泽尔（Bilzer, Bert）:《大师绘画时尚》，不伦瑞克，1961年。

4. 法贝尔·比伦（Birren, Faber）:《创造性的色彩》，温特图尔，1971年。

5. 马克斯·冯·贝恩（Boehn, Max von）:《时尚》（2册），第3修订版，慕尼黑，1986年。

6. 格奥尔格·比希曼（Büchmann, Georg）:《飘动的言语》，法兰克福，1957年。

7. 汉斯·阿道夫·比勒（Bühler, Hans Adolf）:《色彩的内在法则。一本艺术性的色彩规则》，柏林，1930年。

8. 让·克瓦里尔（Chevalier, Jean）、阿兰·格布朗特（Gheerbrant, Alain）:《象征词典》，巴黎，1982年。

9. 沃尔夫拉姆·埃贝哈德（Eberhard, Wolfram）:《中国符号词典》，科隆，1983年。

10. 利泽罗特·康斯坦策·埃森巴特（Eisenbart, Liselotte Constanze）:《1350年至1700年间德国城市的服装规定》，哥廷根，1962年。

11. 《标明色彩名称的色彩表格》（Farbtabellen mit Farbnamen），出自《哥克拉苏里特－拉克（Gklasurit-Lacke）》;《HKS色彩》;《鲁卡斯（Lukas）艺术家色彩》;《施万－施塔比罗（Schwan-Stabilo）》;《施明克（Schmincke）艺术家色彩》。

12. 让－保罗·法伍热（Favre, Jean-Paul）、安德雷·诺文伯（November, André）:《色彩及交流》，苏黎世，1979年。

13. 格雷特·费德森－非勒（Feddersen-Fieler, Gretel）:《大自然的色彩》，汉诺威，1982年。

14. 海因里希·弗里灵（Frieling, Heinrich）、克萨韦尔·奥尔（Auer, Xaver）:《人—空间—色彩。实用色彩心理学》，慕尼黑，1954年。

15. 海因里希·弗里灵:《色彩的镜子》，哥廷根，1955年。

16. 海因里希·弗里灵:《人与色彩》，慕尼黑，1972年。

17. 海因里希·弗里灵:《弗里灵测试。一种诊断性格及命运的色彩测试》，哥廷根，1961年。

18. 弗郎斯·格里特森 (Gerittsen, Frans)：《色彩——光学现象、物理现象和艺术的表达工具》，拉文斯堡，1975年。

19. 约翰·沃尔夫冈·冯·歌德 (Goethe, Johann Wolfgang von)：《关于色彩规则。教导部分》，1808年；《论战部分：揭穿牛顿的理论》，1810年；《色彩规则的历史资料》，1810年；《色彩规则附录》，节选自《科塔 (Cotta) 版全集》，斯图加特，1885年，第10卷。卡尔·格德克 (Karl Goedeke) 题写前言。

20. 约翰·沃尔夫冈·冯·歌德：《色彩规则》，约翰内斯·保利克 (Johannes Pawlik) 选编，第5补充版，科隆，1985年。

21. 约翰·沃尔夫冈·冯·歌德：《格言》第1卷，1976年，斯图加特，1885年。

22. 艾德蒙德·刚括特 (Goncourt, Edmond)、尤勒斯·德·刚括特 (Goncourt, Jules de)：《18世纪的女性》，巴黎，1862年；伯尔尼，1963年。

23. 蒂莫特·格林 (Green, Timothy)：《金子的世界》，法兰克福，1968年。

24. 里夏德·L.格雷戈瑞 (Gregory, Richard L.)：《眼睛和大脑》，慕尼黑，1966年。

25. 雅各布·格里姆 (Grimm, Jacob)、威廉·格里姆 (Grimm, Wilhelm)：《德语词典，1854—1984年》，慕尼黑，1984年。

26. 鲁道夫·格罗斯 (Gross, Rudolf)：《为什么爱情是红色的。几千年里色彩象征意义的变迁》。杜塞尔多夫／维也纳，1981年。

27. 罗泽—玛丽亚·哈根 (Hagen, Rose-Maria)、莱纳·哈根 (Hagen, Rainer)：《欧洲绘画杰作是其时代的档案。为何女神戴着雇工的帽子？》，科隆，1984年。

28. 爱娃·海勒 (Heller, Eva)：《广告的效用：理论与事实》，法兰克福，1984年。

29. 瓦尔特·黑斯 (Hess, Walter)：《从Cézanne到Mondrian画家的自我证明中的色彩问题》，米腾瓦尔德，1981年。

30. 赫德尔 (Herder) 出版社 (出版者)：《符号词典》，弗莱堡／巴泽尔／维也纳，1978年。

31. 《易经 (I Ging)。变迁之书》，由里夏德·威廉 (Richard Wilhelm) 译为德语并加以解释；杜塞尔多夫／科隆，1924年。

32. 《在化学王国里 (Im Reiche der Chemie)。100年巴斯夫》，杜塞尔多夫／维也纳，1965年。

33. 约翰内斯·伊滕 (Itten, Johannes)：《色彩的艺术》，拉文斯堡，1961年。

34. 卡罗尔·杰克森 (Jackson, Carole)：《色彩使我美丽。借助色彩发现您的自然美》，伯尔尼，1985年。

35. 瓦西里·康丁斯基 (Kandinsky, Wassily)：《关于艺术中的神灵，1912年》，慕尼黑，

色彩的性格
Wie Farben wirken

1987年。

36. 恩格尔贝特·基尔施鲍姆 (Kirschbaum, Engelbert)（发行人）:《基督教圣象学词典》(8册)，罗马／弗莱堡／巴泽尔／维也纳，1968—1976年。

37. 阿斯特里德·克努夫 (Knuf, Astrid)、约阿希姆·克努夫 (Knuf, Joachim):《护身符和吉祥物。日常生活中的魔力象征》，科隆，1984年。

38. 约阿希姆·克努夫:《我们的色彩世界。自然和文化之间的象征》，科隆，1988年。

39. A.科尔讷鲁仆 (Kornerup, A.)、J.H.万舍尔 (Wanscher, J. H.):《色彩小词典》，苏黎世／哥廷根，1963年。

40. 吉斯贝尔特·克朗茨 (Kranz, Gisbert):《彩色的反光。一种象征意义》，纽伦堡，1957年。

41. 海因茨·屈泊尔 (Küpper, Heinz):《德国口头用语图解词典》(8册)，斯图加特，1984年。

42. 奥托·劳弗 (Lauffer, Otto):《德国民间习俗的色彩象征性》，汉堡，1948年。〚ZK〛

43. 克雷门蒂讷·里仆佛特 (Lipffert, Klementine):《符号课本。有助于解读中世纪绘画作品》，卡瑟，1956年。

44. 马克斯·吕舍 (Lüscher, Max):《色彩心理学》，巴泽尔，1948年。

45. 马克斯·吕舍:《吕舍测试借助色彩选择的个性评估》，莱贝克，1971年。

46. 马克斯·吕舍:《四色人》，慕尼黑，1987年。

47. 曼弗雷德·鲁克尔 (Lurker, Manfred):《圣经图画及象征字典》，慕尼黑，1973年。

48. 曼弗雷德·鲁克尔:《象征意义字典》，斯图加特，1983年。

49. 曼弗雷德·鲁克尔:《神灵与魔鬼词典》，斯图加特，1984年。

50. 曼弗雷德·鲁克尔:《艺术中的象征、神话与传说》，第2增订版，巴登-巴登，1984年。

51. 曼弗雷德·鲁克尔:《古埃及神与象征词典》，伯尔尼／慕尼黑／维也纳，1987年。

52. 多丽丝·玛斯尼 (Massny, Doris):《古老德国民歌中的惯用语"褐色的少女"》，出自《低地德语之民俗学杂志 15》，1937年。

53. 海因里希·A.默尔滕斯 (Mertens, Heinrich A.):《圣经知识手册》，杜塞尔多夫，1984年。

54. 《A. 维尔特海姆商店时装目录 (Modekatalog Warenhaus A. Wertheim) 1903/1904年》，再版，希尔德斯海姆／纽约，1979年。

55. 弗朗茨·彼得·默勒斯 (Möhres, Franz Peter):《普紫色 (Purpur)》，引自《巴斯夫》，第4册，1962年。

56. 奥托-阿尔布莱希特·诺伊米勒 (Neumüller, Otto-Albrecht):《罗姆普化学词典》

(5 册),1979—1988 年。

57. 库尔特·尼科劳斯 (Nicolaus, Kurt):《油画艺术手册》,科隆,1986 年。

58. 海德·尼克斯多夫 (Nixdorff, Heide)、海蒂·米勒 (Müller, Heidi):《白色马甲—红色长袍——从中世纪的色彩规定到个人的色彩喜好》,柏林,普鲁士文化遗产国家博物馆,1983 年特别展览目录。

59. 格特·奥斯瓦尔德 (Oswald, Gert):《徽章学词典》,曼海姆／维也纳／苏黎世,1985 年。

60. 苏珊娜·冯·帕曾斯基 (Paczensky, Susanne von):《测试解析。人们如何成功地通过职业测试》,慕尼黑,1987 年。书中有关的色彩测试在 77—81 页。

61. 约翰内斯·保利克:参见歌德的《色彩规则》。

62. 埃米尔·恩斯特·普罗斯 (Ploss, Emil Ernst):《古代的普紫色印染》,引自《巴斯夫》,第 4 册,1962 年。

63. 埃米尔·恩斯特·普罗斯:《古老色彩的一本书。中世纪纺织品色彩工艺中的耐用色彩》,慕尼黑,1967 年。

64. 芳尼－伊尔莎·普拉克特 (Pract, Fanny-Ilse):《纺织品的印染》,科隆,1984 年。

65. 阿诺德·拉博 (Rabbow, Arnold):《政治象征词典》,慕尼黑,1970 年。

66. 《RAL－色彩目录 (RAL-Farbregister)》,RAL 德国货物保险及标记学会,波恩。

67. 英格里德·里德尔 (Riedel, Ingrid):《宗教、团体、艺术及精神疗法中的色彩》,斯图加特,1983 年。

68. 鲁茨·罗里西 (Röhrich, Lutz):《谚语式习惯用语词典》(4 册),第 4 版,弗莱堡,1988 年。

69. 菲利普·奥托·龙格 (Runge, Philipp Otto):《色彩球及其他有关色彩规则的文章,1810 年》,斯图加特,1959 年。

70. 卡尔·阿洛伊斯·申顷格尔 (Schenzinger, Karl Aloys):《苯胺》,柏林,1937 年。

71. 海因里希·施密特 (Schmidt, Heinrich)、玛伽雷特·施密特 (Schmidt, Margarete):《基督教艺术被遗忘的图画语言》,慕尼黑,1981 年。

72. 马蒂亚斯·泽费尔德 (Seefelder, Matthias):《靛蓝》,巴斯夫发行,1982 年。〖ZK)〗

73. C. H. V. 苏特兰德 (Sutherland, C. H. V.):《金子。权利、美丽和魔力》,维也纳／慕尼黑,1970 年。

74. 弗里德里希·特奥多尔·威舍尔 (Vischer, Friedrich Theodor):《关于当代时尚的理性思考》,斯图加特,1861 年。

75. 汉斯－海因里希·福格特 (Vogt, Hans-Heinrich):《色彩及其历史》,斯图加特,1973 年。

76. 延特·凡·德·弗朗德 (Vrande, Jet van de)：《自然色彩印染羊毛》，拉文思堡，1982年。

77. 威廉·瓦克纳哥 (Wackernagel, Wilhelm)：《中世纪的色彩及花的语言》，引自《短文》，第1册，莱比锡，1872年。

78. 库尔特·威特 (Wehlte, Kurt)：《绘画工具及技术》，拉文思堡，1977年。

79. 克里斯托夫·威赫尔密 (Wihelmi, Christoph)：《20世纪造型艺术的象征手册》，法兰克福／柏林，1980年。

80. 《德国民俗学字典》(Wörterbuch der deutshcen Volkskunde)，由里夏德·拜特尔 (Richard Beitl) 重新修订，第3版，斯图加特，1974年。

81. 海因里希·伍尔夫 (Wulf, Heinrich)：《彩色物品小知识》，科隆－布劳恩斯菲尔德，1983年。

82. 爱娃·翁德里希 (Wunderlich, Eva)：《希腊和罗马文化中红色的意义》，吉森，1925年。

插图来源索引

图1—4：爱娃·海勒（Eva Heller）：《色谱》。

图5：拉斐尔（Raffael）：《穿绿衣的玛利亚》，维也纳艺术历史博物馆。

图6：皮特·布鲁格斯（Pieter Bureghel d.Ä）：《荷兰谚语》，（西）柏林普鲁士文化遗产国家博物馆绘画馆。摄影：耶尔格·P.安德斯（Jǿrg P. Anders）。

图7，19，37，38，46：《安全及禁止标志》，出处：《信号板》，柏林博伊特（Beuth）出版社。

图8：《玫瑰》，柏林路德维希·贝克（Ludwig Beck）公司。

图9：莱韦·施特劳斯（Levi Strauss）：《骆驼》，霍伊森施塔姆（地名）。

图10：《驱逐出天堂》，出自《文策尔圣经（Wenzelsbibel）》。图片：《女作家文集》。

图11：多马尼可·吉尔兰达（Domenico Ghirlandajo）：《一位老人和小男孩的肖像画》，巴黎卢浮宫。

图12：胡阿辛特·理高德（Hyacinthe Rigaud）：《国王路易十四的鞋》，巴黎卢浮宫。图片：巴黎吉劳登（Giraudon）。

图14：摄影：米夏埃尔·吕茨（Michael Ruetz），《斗牛士》。

图15，32：科尼利厄斯·约翰森（Cornelius Johnson）：《亚瑟·凯贝尔男爵的家庭》，伦敦国家肖像画馆。

图16：《香烟广告》，雷姆特斯马（Reemtsma），汉堡。

图17：吕厄贝格基督受难画大师（Meister der Lvversberger Passion）：《给玛利亚加冕》，科隆。维特斯巴赫调节基金会（Witterlsbacher Ausgleichsfond），慕尼黑。摄影：J.布劳尔（J. Blauel），《阿托特克（Artothek）》。

图18：米夏埃尔·帕赫尔（Michael Pacher）：《魔鬼出示给圣奥古斯丁教修道士有关恶习的书》，慕尼黑老绘画陈列馆。摄影：布劳尔／格纳姆（Baluel／Gnamm），《阿托特克》。

图21：《穿绿衣的穆罕默德》，《女作家文集》。

图22：格奥尔格·弗雷德里克·瓦茨（George Frederick Watts）：《希望》，图片：柏林艺术及历史档案馆。

图23：《奥西里斯，埃及神》，《女作家文集》。

色彩的性格
Wie Farben wirken

图 24：爱娃·海勒：《文字的可读性》。

图 28：约阿希姆·冯·安格里 (Joachim von Angeli)：《成为寡妇的女王》，图片：《女作家文集》。

图 29：J.W.德尔夫 (J.W.Delff)：《带着狗的青年男子》，里克斯 (Rijks) 博物馆，阿姆斯特丹。

图 30：巴托洛缪·埃斯特班·穆里罗 (Bartolomé Esteban Murillo)：《三位一体及神圣的家庭》，图片：伦敦国家绘画馆，1981 年。

图 31：弗朗茨·温特哈勒 (Franz Winterhaler)：《维多利亚女王及她的家庭》，图片：《女作家文集》。

图 33：《粉红色的西服样式》。设计：凡·吉尔斯 (Van Gils)。

图 34：安托万·华托 (Antoine Watteau)：《爱情的导音者》。伦敦华莱士收藏品托管所 (Wallace Collection Trustees)。

图 36：《联邦铁道的广告》，联络及促销有限公司 (Kommunikations— und Vermarktungsgesellschaft mbH)，法兰克福／美茵河。

图 39：《在花园里的拉德哈和克利须那》(1780 年左右)，伦敦维多利亚和阿尔伯特博物馆。

图 43：《中国绘画：18 首游牧民族之牧歌。第二段插曲：从中国起程》，图片：首都艺术博物馆，狄龙基金会 (Dillon Fund) 赠送，1973 年。

图 44：胡戈·凡·德格斯 (Hugo van der Goes)：《原罪》，图片：维也纳艺术历史博物馆。

图 45：康拉德·维茨 (Konrad Witz)：《犹太教堂》，艺术博物馆，《巴泽尔公众艺术集》。摄影：彩色照片汉斯·欣茨 (Hans Hinz)。

图 47：《教皇约翰二十三世》，图片：《女作家文集》。

图 48—51：爱娃·海勒：《光的色彩》。

图 52：雅克—路易斯·大卫 (Jacques—Louis David)：《贵族卧榻上的太太》，巴黎卢浮宫。图片：柏林艺术及历史档案馆。

图 53：《约翰内斯福音传教士搀扶玛利亚》，珂尔玛 (Colmar) 博物馆，翁特林登。图片：巴黎吉劳登。

图 54：爱娃·海勒：《小丑》。

图 56：《皇后苔欧多拉及其随从》，拉文纳的圣威塔勒镶嵌画。摄影：柏林艺术及历史档案馆。

图 57：《王冠 (Imperial State Crown)》。图片：《女作家文集》。

图 58：《礼拜仪式符号》。摄影：爱娃·海勒。

插图来源索引

图61：保罗·高更 (Paul Gauguin)：《海滩边的骑者》，图片：布赫海姆的明信片。

图62：《蜜尔卡奶牛》，扬及鲁布里卡姆有限公司 (Young & Rubicam GmbH)，法兰克福/美茵河。

图65：圣泽韦林大师 (Meister von St. Severin)，乌苏拉圣经故事大师 (Meister der Urusla Legende)：《弗朗西斯教祭坛：神圣的弗朗西斯修道士接受耶稣的伤痕》，科隆瓦拉夫—罗亚茨 (Wallraf—Rocjartz) 博物馆。

图66：《梵高》：《阿勒斯一瞥》，慕尼黑新绘画陈列馆。图片：《阿托特克》。

图67：爱娃·海勒：《盛有意大利式细面条的盘子》。

图70：《戴安娜王妃》，图片：《联合新闻 (Press Associate über dap)》，法兰克福/美茵河。

图71：《玛利莲·梦露》，图片：美国明信片公司的明信片。

图72：斯特凡·洛赫讷 (Stephan Lochner)：《孩子的朝拜》慕尼黑老绘画陈列馆。

图76：爱娃·海勒：《银色的交通标志》。

图77：《手表》，欧米加、天梭表贸易有限公司，巴特索顿。

图78：吉奥托·迪·邦登 (Giotto di Bondone)：《嫉妒》。Fresko。Padua,Capella Degli Scrovegni All' Arena (此段话非德语，未翻)。

图80：班毕诺·维斯泼大师 (Meister des Bambino Vispo)：《上帝最后的审判》，慕尼黑老绘画陈列馆。图片：《阿托特克》。

图81：约翰·沃尔夫冈·冯·歌德 (Johann Wolfgang von Goethe)：《色彩规则插图》。《用于生理学实验的女孩画像》。图片，魏玛歌德国家博物馆，关于魏玛的古典德国文化的国家研究及纪念馆。

图83：马蒂斯·格吕内瓦尔德 (Mathis Grünewald)：《依森海姆的祭坛节选：复活》。

图84：《布拉玛及其夫人扎拉斯瓦蒂在其骑乘动物——天鹅上》，出处：《古瑟瓦 (N.R. Guseva)》，印度。米勒及基盆霍伊尔 (Müller & Kiepenheuer)，哈瑙/美茵河，1978年。

图88：亨利·德·图卢兹—劳垂克 (Henri de Toulouse—Lautrec)：《简·阿戊里尔 (Jane Avril)》，图片：《女作家文集》。

图89：罗伯特·德劳奈：《生命的喜悦》，(L & M SERVICE B.V. 阿姆斯特丹990903。

色彩的性格
Wie Farben wirken

原书插图	中文版所在页	原书插图	中文版所在页	原书插图	中文版所在页
图 1	第 5 页	图 31	第 153 页	图 61	第 254 页
图 2	第 5 页	图 32	第 154 页	图 62	第 254 页
图 3	第 5 页	图 33	第 155 页	图 63	第 305 页
图 4	第 5 页	图 34	第 153 页	图 64	第 305 页
图 5	第 6 页	图 35	第 168 页	图 65	第 295 页
图 6	第 11 页	图 36	第 168 页	图 66	第 12 页
图 7	第 59 页	图 37	第 186 页	图 67	第 306 页
图 8	第 42 页	图 38	第 186 页	图 68	第 306 页
图 9	第 43 页	图 39	第 31 页	图 69	第 43 页
图 10	第 53 页	图 40	第 138 页	图 70	第 372 页
图 11	第 63 页	图 41	第 138 页	图 71	第 276 页
图 12	第 63 页	图 42	第 138 页	图 72	第 73 页
图 13	第 75 页	图 43	第 194 页	图 73	第 279 页
图 14	第 80 页	图 44	第 98 页	图 74	第 283 页
图 15	第 49 页	图 45	第 189 页	图 75	第 283 页
图 16	第 79 页	图 46	第 167 页	图 76	第 284 页
图 17	第 30 页	图 47	第 202 页	图 77	第 284 页
图 18	第 98 页	图 48	第 345 页	图 78	第 334 页
图 19	第 105 页	图 49	第 345 页	图 79	第 348 页
图 20	第 90 页	图 50	第 345 页	图 80	第 168 页
图 21	第 90 页	图 51	第 345 页	图 81	第 348 页
图 22	第 90 页	图 52	第 215 页	图 82	第 311 页
图 23	第 88 页	图 53	第 208 页	图 83	第 394 页
图 24	第 75 页	图 54	第 230 页	图 84	第 390 页
图 25	第 132 页	图 55	第 145 页	图 85	第 390 页
图 26	第 48 页	图 56	第 239 页	图 86	第 390 页
图 27	第 191 页	图 57	第 239 页	图 87	第 42 页
图 28	第 112 页	图 58	第 241 页	图 88	第 386 页
图 29	第 50 页	图 59	第 241 页	图 89	第 40 页
图 30	第 152 页	图 60	第 247 页		

京权图字:01-2003-8358

Originally published under the title WIE FARBEN WIRKEN

Copyright © 1989 by Rowohlt Verlag GmbH, Reinbek bei Hamburg

本书简体中文版由德国 Rowohlt Verlag GmbH 出版社授权中央编译出版社独家出版发行。
版权所有,未经许可,不得翻印。

图书在版编目(CIP)数据

色彩的性格/(德)爱娃·海勒著;吴彤译.—北京:
中央编译出版社,2016.7(2020.4 重印)

ISBN 978-7-5117-3042-8

Ⅰ.①色… Ⅱ.①爱… ②吴… Ⅲ.①色彩学-应用
心理学-通俗读物 Ⅳ.①J063-05

中国版本图书馆 CIP 数据核字(2016)第 140065 号

色彩的性格

出 版 人:葛海彦
出版统筹:贾宇琰
策 划 人:苗永姝
责任编辑:苗永姝
责任印制:刘 慧
出版发行:中央编译出版社
地　　址:北京西城区车公庄大街乙 5 号鸿儒大厦 B 座(100044)
电　　话:(010)52612345(总编室)　　(010)52612335(编辑室)
　　　　　(010)52612316(发行部)　　(010)52612346(馆配部)
传　　真:(010)66515838
经　　销:全国新华书店
印　　刷:佳兴达印刷(天津)有限公司
开　　本:787 毫米×1092 毫米　1/16
字　　数:323 千字
印　　张:28
版　　次:2016 年 7 月第 3 版
印　　次:2020 年 4 月第 3 次印刷
定　　价:158.00 元

网　　址:www.cctphome.com　　　邮　　箱:cctp@cctphome.com
新浪微博:@中央编译出版社　　　微　　信:中央编译出版社(ID:cctphome)
淘宝店铺:中央编译出版社直销店(http://shop108367160.taobao.com)　　(010)55626985

本社常年法律顾问:北京市吴栾赵阎律师事务所律师　闫军　梁勤
凡有印装质量问题,本社负责调换。电话:(010)55626985